U0142057

文學叢刊

死的巖層

無名氏全集第五卷上冊

卜寧（無名氏）著

文史哲出版社印行

國家圖書館出版品預行編目資料

死的巖層 / 卜寧（無名氏）著. -- 初版. -- 臺北市
：文史哲，民 90
面； 公分. --（文學叢刊；120）（無名氏全集；
第五卷）
ISBN 957-549-356-9（一套：平裝）

857.7 90005946

文學叢刊 ⑫⓪

無名氏全集第五卷

死的巖層（上下冊）

著　者：卜　寧（無名氏）
出版者：文史哲出版社
登記證字號：行政院新聞局版臺業字五三三七號
發行人：彭正雄
發行所：文史哲出版社
印刷者：文史哲出版社
臺北市羅斯福路一段七十二巷四號
郵政劃撥帳號：一六一八〇一七五
電話 886-2-23511028・傳真 886-2-23965656

平裝二冊售價新臺幣八〇〇元

中華民國九十年四月初版

ISBN 957-549-356-7

謹以本書

獻給

瘂弦先生暨柯明期先生賢伉儷

「無名書」修正定本共六卷

第一卷　野獸・野獸・野獸
第二卷　海　艷
第三卷　金色的蛇夜
第四卷　死的巖層
第五卷　開花的星雲以外
第六卷　創世紀大菩提

書中人語（代序）

某些宗教的堅固存在，主要是由於人類對神祕事物的追求的疲倦，因而選擇一種極簡易的解脫——一根魔杖，把全部宇宙謎底戳穿，這樣，人們就自以為：在一秒鐘內，獲得全部宇宙真理。歸根結柢，世界一半在神祕中，一半不在神祕中，人們對神祕力量的追求，是必然的。雖極度疲倦，但為了讓狂熱的餘火不熄，就更必須有永恆的寄托。宗教畢竟已給予人類近兩千年的永恆寄托了。

就目前情形看，宗教命運將成為人類永恆命運，正如藝術命運與哲學命運一樣。宗教不只不會消滅，在幾百年內，現存各種宗教，甚至不會大大削弱，即使削弱，也必由另一種宗教或類似宗教者所代替。一切改革或革命，只是宗教外形的變革，不是宗教基本命運的變革。我們能消滅一切足以產生宗教勢力的各種因素，但不能消除那最具決定性而又幾乎與大自然一樣命定而客觀的因素：痛苦。

天主教最主要的特徵，是情感的皈依，不全是理智的歸宿。它也有理智，但只是附帶用來解釋情感規律，並予一切情感及神祕事物以合理的哲學論點。它先情後理。由於合情，才合理。它是知識的形而上學打入情感後的最好表現和最高表現。人們常以為獨斷與一偏是它的最大缺點，其實，這正是它最大特點和優點。這裡面含有最徹底的精神。我們明知宇宙萬象不能獲得一個最簡單的總解決，但心理上依然渴盼一個徹底解決，特別是當精神苦痛時。天主教給予我們一種總解決，雖然它常是一種很勉強的總解決。但有些人寧願選擇一種勉強的解決，不願永恆的自然的懸空。用科學、哲學，或其他觀點來駁斥宗教，絲毫不能搔到癢處。它主要那一套，不容許其他觀點駁斥，用科學哲學來駁斥，等於用量米的斗來量布，用解剖刀來解剖人臉上的笑，一無是處。

有些人常以為宗教的最大弱點是崇拜神，其實，這正是它的最強點，也是它最精彩處。一切宗教哲學、戒律、社會性，甚至道德，也全是它的附產物，是次要，只有「崇拜神」，才是它最主要之事，最智慧之事，是最神祕之事，也是最美麗的事。在這裡，我準備從宗教中抽出最新因素，即「美的崇拜」。這種新因素，不是從宗教、藝術或文學中來，是從「崇拜神」而來。拜神本身，就含有超越一切美學的純美。不，單單「神」、或「主」、或「上帝」這一字，就代表一種最偉大的美。第一個發現「上帝」這一字的人，他的偉大，幾乎部份的等於上帝。因為他發現了一個比一切存在更偉大的存在。他的功績遠超過神話中的開天闢地的盤古氏。

我們全知道，愛情是一種美，一種藝術。建立在愛上帝和被上帝所愛的基礎上的宗教，實在是一種最偉大的美的探險。也只有在這一場合，神的存在才具有最新的也最健全的意義。崇拜神是人類對美的最高崇拜的表現，也是人對最高美的無止追求。我們儘可把這當作一種偉大理想，因為它裡面包括一切文化的最高特點：真理、美麗、智慧、善良、勇敢、道德。必須站在純美立場，上帝才是一個最偉大的榜樣。這樣一種偉大人格，雖尚未經證實，但人仍可以把它當做一種象徵存在：不只象徵神本身的高潔，也象徵人性本身的高潔。一切藝術的最偉大特點，是象徵，上帝是一種最偉大的象徵主義，因而也是一種最偉大的藝術。我們說，未來世紀的文化享受，應以藝術為主要特點，這在宗教方面，也找到最確切的基礎。

作了以上分析，那麼，在我們新的宗教觀點中，過去所有為世人詬病或批評的宗教缺點，全可一掃而空。因為，或者，它們原是宗教中較不重要的部份，或者，它們本是宗教的主要特點。

經過一番蒸餾澄汰後，保留下的，盡是宗教精華。

我們可以說，人們崇拜神，是一大美學，一大詩情，一大藝術，從這裡，庸俗狹窄的信教者，可以受到一種極深刻的教育。宗教所以比道德偉大，因為它含有比後者更深湛更廣泛的東西。

（以上為書中主角印蒂的沉思錄的片斷）

死的巖層 目錄

第一章

一

十字架，烱金，爍光，燁燁於一片爐爐燭光中。這是高空十字形的眼睛，以十字狀的奇特視覺，凝視這方痛苦空間，這個痛苦地球。視線是如此凄厲，彷彿每一閃、都滴著一千九百年前各各他山上的血，每一砣、全含蘊萬萬千千人的悲劇。祭壇上，猩紅燭穗在搖舞，瀏亮鈴聲不時震響，神父白色法衣悠悠粼漾，信徒們誦經聲喃喃不絕。這西藏紅花似的光，這金屬聲音，這白雪色彩，這如夢的唸誦聲，極怪突的烘襯出教堂穹窿的巨大陰沈、空寂。只有十字架下面的白衣聖母像，以她的阿爾卑斯山頂冰河式的透明，和她頭上的金碧輝煌的光輪，才真正止住了四面八方襲來的黲黯，喚醒人們內心深處的午夜幻覺。她那純潔的橢圓臉孔，和旋轉著的星球一樣燦爛、發光，吸引了這裡全部生命的視覺、聽覺，與一切感官。雖然這樣，一個異教徒走進來，仍會呼吸到一種太濃烈的痛苦風格，太嚴厚的黑暗氣味。那些冷冰冰的石柱，粗獷的環拱，綠色玻璃圓窗，窗上壁上的聖畫，祭壇上的聖油、乳香、白蠟、石灰、水、火、鹽、酒和沙，全表現一種原始的魔魅，發散史前人繪在洞壁上的巫覡化裝施術的味道。特別是那些聖畫：耶穌受磔刑圖、聖母撫屍圖、耶穌治病者圖、耶穌復活圖，沒有一幅不給人以血淋淋的慘景，呼天搶地的印象。甚至像耶穌降生圖那樣美麗的畫幅。圍繞著白床的那許多臉孔，仍充滿過度的嚴厲、陰森與凜冽，似乎生命從一開始起，就注定要受盡滔天苦難。

在這片陰暗的穹窿空間，誦經聲幾乎一直很少停過。群眾聲音有一份夢魘式的發酵力量，給予發聲者以巨大沈醉。當然，沈醉不是從今天開始的。一千多年前，它就泛濫於古羅馬鬥獸場，激盪在許多獅子嘴邊。也許，這份酲酣，發軔得還更早點。早在史前時代，當原始奧日貝人施行「徬徨的魔術」時，當務都神巫對異族採用傳染的魔術時，當最初的印度人崇拜麻醉草「蘇馬」與葡萄藤時，這份醲醉早就淹沒那些原始血液了。此後，它熠耀在那最黑暗的一千年，又從梵蒂岡飛翔到全世界。它飄浮於同溫層高空、廣闊的大海上、月光中、高峰頂、草原上，又下降到礦井底層、海底深處、古巖洞中、人跡罕至的大森林裡。正是這種波浪味的醇醉，叫人們感到，痛苦是一杯美酒，給予生命以刻骨的酩酊。凡是走入這座神聖空間的人，沒有一條肉體不浸透鉅大沉酣。有些信徒，簡直是燃燒的礦物，臉上輻射一片瑪瑙紅，眼球裡煠爚著黑煙水晶的光；每一個教徒，一走進教堂，立刻跪下來，畫十字，接著，隨著彌撒儀式的進行，一個十字又一個十字的畫著，直到離開時，跪下畫最後一個十字。但這並不是真正的最後一個，以後，人們還要在夜裡畫，在早晨畫，在正午畫，在生命所可能有的各種時間各種空間畫。這個無跡而有力的十字形，幾千年來，人們不知畫了多少億億兆兆。它是一種最奇麗的語言，最帶燔燒味的沈默，和那旃檀味的誦經聲一樣，是這個神聖彌撒的一部分。

祭壇上，神父的動作、像水浪中一束海藻運動，說不出的自然，優美，充滿海水味，也洋溢著大海的節奏。這是創造主最深的海洋韻律。他穿上白衣，他灑聖水，他走到台中，又退下畫十字，他悔罪，他到台左念古經，他兩手展開，又合掌，他開聖杯，奉麵餅、斟酒，他手捧聖杯，他洗手，他親聖石默祈天主，他又合掌為生者、病者、患難者祈求，他舉揚聖體，三次拊心跪下來，他在聖體上畫十字五次，他又在聖杯上畫十字，他高聲朗誦天主經，他請小分麵形，入聖杯，他捧聖體，又轉身向大眾，最後，他捧聖體送下。這一切，全有海藻運動的嫻雅，海水節奏的自由、莊嚴。是神的海洋性浸透他的動作、姿態、聲音，又從他高大的、年輕的肉體上，傳染給每一個信徒，使這裡所有靈魂都沒頂在主的偉大海洋中，因而激盪起一種極度的醰醉、狂熱。領聖體時，這種狂熱達到最高潮。

『祈望耶穌靈魂聖我。耶穌聖體救我。耶穌聖血淨我。』

一片如幻如醉的念誦聲淹沒整個教堂。

『我謝天主。我感天主。今日臨我胸中，比死後援我升天，厥恩更親，厥功更大。我今永時永日永歲、常憶天主救贖之奇愛，常思聖母敬供之隆情，常如三王來朝之聖禮。周日存想，一生不變，庶得天主常存我心，常持我口，常保我身。亞孟。』

領聖體時，第一個從座位上走到這個意大利中年神父面前的，是一個身材魁梧的中年黑衣修士。他輪廓端正的淡咖啡色臉上，有一雙極強烈深邃的眼睛。我們都認識這雙眼睛的主人——印蒂。

二

鬱：從莊隱那裡、獲得你在重慶的消息後，我心頭充滿激動，感謝。我彷彿又找到舊日的友誼星光。我把這一切歸功于主的恩賜。只有主，才給予我們最大的祝福、最崇高的光與愛。

維也納飯店那場「再會宴」後，三年來，我們遭遇了許多新的風、新的浪、新的海水。你和我一樣清楚，最主要的風和海，就是抗戰。一整個民族爭生存權利的鬥爭，澄清了我們精神中的所有分歧、混亂與龐雜，把我們推向一個單一真理，一個純樸理想：四萬萬五千萬人必須活下去！戰爭一開始，我就參加戰地工作隊，奔走于大場一帶鎗林彈雨中，擔任救護工作。淞滬撤退，我隨軍隊後撤蘇州、無錫、南京；接下去是徐州大會戰、中原會戰、大武漢保衛戰和其他戰役。這兩年，我只有一個最簡單的欲望，我必須以我這份最微小的力量、貢獻給我的祖國，我的大地母親。我絕不考慮用什麼形式，也不計較效果如何。只要我竭盡一個中國人的最起碼義務，我就算稍稍滿足了。這一切，只為了一個目的：包紮良心的創傷；不這樣，它的傷口將出血，發生急性休克。儘管在這以前，我——以及我們大家，曾對這個國家抱著各種各樣觀念，產生過各式各樣感應，甚至懷過最黑暗的想法，但現在，在遍地火與劍中，當千千萬萬人的血水噴泉樣湧出來時，我們那些觀念、感應、想法，就變得微不足道了。

時代的大海嘯正衝入雲天，一切全淹沒於巨大氾濫中。

在武漢戰役，一次飛機轟炸，我受重傷，兩條腿炸壞了。在鄂西後方醫院，我醫治了大半年，僥倖漸漸恢復。以後，我後退到陝南，不久，又轉到這個西北古城：西安。

這大半年中，國內外形勢發生巨大變化，我個人思想也起了巨大變化。

這個時期，各戰場暫入平靜，沒有特別重大戰役。抗戰初興時那份狂熱怒潮，也暫時降低了些。戰爭不再可能在一年兩年內結束，勝利將取決于恆久的堅持。沒有人敢預測戰爭將要繼續多少年。可能，這是一個新的「三十年戰爭」，也可能，它是一場現代「百年戰爭」。我們至少得具備一個平凡人的決心，愚公的決心：一代又一代，努力把壓在我們頭上的敵人——那座富士大火山，搬移開去——甚至徹底摧毀它！戰場的比較平靜和初期戰爭的失敗，影響了國內形勢。我們的團結堤防、出現裂痕。而大後方的過度沈靜、太平，也痲痺了一些人的鬥志。汪精衛的叛國，是這一新形勢發展後的明顯高峰。

在國外，歐洲戰爭爆發了。很可能，歐亞兩大戰爭會溶合成一個戰爭。

就我個人來說，變化是另一方面的。

你當然明白，我在一九三七年的心情，不再是一九二五——二七的心情，也不是那以後兩年的心情，更不等於一九三一到關外時的心情。對我，這只是履行一種契約，一份毫不含糊的責任。這個契約，這份責任，作為一個中國人，是不得不履行的。千千萬萬人既在履行，我自然也得履行。別人履行時，可以加上許多美麗幻想、花朵、情感、形容詞或語助詞，甚至一大套理論，我卻絲毫不能加這些。對我說來，它只是一種純粹機械的履行。至少，當我還沒有能找到一種近於真理的解釋和永恆的光輝時，我只能作一種機械反應。我只是在完成什麼，卻不打算解釋什麼。

至於戰爭本身，我早就看清它的嘴臉，早在一九二五——二七時，我就看清了。我不喜歡它，而且，我本能地不歡喜任何暴力。其次，這個戰爭究竟為哪些人帶來金羊毛，為哪些人帶來羅馬獅子，哪些人又借「戰爭」這幅輝煌神像，來掩蓋自己的黑暗企圖？這些，加上我站在永恆觀點對「戰爭」、「國家」、「民族」這類名詞的一貫看法，以及多年來我對人生本質與世界本相的觀察與體驗，就不得不迫使我在履行上述責任時，偶爾也感到暗淡——

假如上帝容許我們在最狂熱時也兼有一份暗淡的話。

一年多的鎗林彈雨中，我沒有很多時間思想，這大半年躺在病床上，卻有機會思想了。上述的暗淡霧幕，也開始侵襲我。隨著許多人的「狂熱」退潮，或多或少，我那份「履行」情緒，那份「包紮良心傷口」的熱情、也褪了點色。我覺得，我儘有理由用另外方式來「履行」，來「包紮」。

戰爭本是殘忍的，但人類卻永遠重複錯誤和殘忍。許多哲學與信仰，許多年的詭辯和鑼鼓，就為了用最華麗的綢緞，打扮這種殘忍和錯誤。人類是生在一個殘忍的時代，一個錯誤的時代，站在高峰頂上望望下面，覺得一切很滑稽。人們一面決心在獻出自己鮮血，一面卻又想到：這些血將來是給哪些人添資本？這樣，人類不免生活在矛盾中。

躺在病床上，冷靜點了，於是那個永恆「？」又出現了，我又陷入兩年半前的泥沼中。我總覺得，那個永恆問題一天不解決（至少要為今後三五百年解決），我們現在的出血，將來就有可能重複，時代錯誤將接著時代錯誤，像波浪駢連波浪。我有理由，使自己在這一方面找一個較堅固的回音——不只是一個空洞的回聲。

我絕對無意停止履行我和國家之間的契約，也絕不低估這場戰爭對被壓迫民族的將來影響。但是，一切奴隸掙脫鎖鏈後，假如只為了做新的主人，而把新的鏈條又套在一些新的奴隸身上，那麼，這個戰爭就算白打了。歷史上無數例子，曾說明過這一類滑稽戲與惡作劇。

我們這個世界，依舊是一幅最大的錯綜、最高的複雜，我們必須求得最起碼的統一、最低的和諧。這一些，過去我既找了十幾年，今後仍得繼續找下去。

在鄂西後方醫院，在西安古城，我有機會接觸幾位神父。出我意料的，由於認識他們，幾年前本就孕育在我心中的一些新情感，竟找到新的出口。

你是詩人，關於宗教問題，你可以有許多許多說法，這裡，我不想和你爭論，我想說的是，起先，這些神父感動我的，不是他們的理論，而是他們本人。可以說，一生中，我幾乎從未見過比他們更誠懇、善良、更可愛的人。

這些神父中的一個，意大利籍的梅良，他在戰地醫院服務，後來調到西安，能操流利華語，很快的變成我的朋友。

每一次，看見他，就被他的臉孔和聲音所感動；我奇怪：一個人居然可以如此誠懇、善良、仁慈，幾乎是耶穌化身。後來，我才明白，我錯了，他和他這一類人、原是耶穌最忠實的信徒，日日夜夜在學耶穌榜樣，耶穌的整個精神早已滲透他們表皮層，化為血，變為肉，所以他們才那樣跡近像耶穌。這一切，原無足怪。怪的是，多少年來，我自己本來一直如此愛慕耶穌，卻從未考慮過他在人間的千萬化身，更未企圖接近這些耶穌的人間代言人，這倒真是個大錯誤。一看見他們的臉，一聽見他們的聲音，我就想接近他們。後來，我就自問：為什麼他們能如此感動人？他們如此誠懇、善良、熱情、可愛，一定有一種力量在支持他們，感化他們。

能創造出這些仁慈的善良靈魂的原始力量應該正是我所追求的力量。能形成這樣樸素無華的人物型態的真理，應該是我所追求的真理。過去，我曾從母親那裡，略略感受到一些。現在，我才理解這一切真原委、真面目。

我發現，站在他們背後的力量是公教，領導他們的大師是天主、是聖母；他們全部生活的光與熱來自聖經；他們所棲息的空間是神聖教堂。

這些答案，解決了我多年來一些精神懸案。從那時起，約在一九三九年冬，我自動受洗，皈依公教。幾個月後，今年初春，我被批准為一個修士，到現在為止，將近四個月了。

修士有各種派別，一般分兩種。一種是苦行派，在「靜院」修行，足不出院，除早禱晚禱和自己研究外，其他時間，在院內做體力勞動，如種種菜地之類。另一種，除早晚祈禱外，可以出去工作。我是後一種。每早四點，我起床做早課。早餐以後，七點到八點，讀聖經與神學書籍，從事研究。八點至十二點，下午一點到四點，我在附近一個天主教醫院做護理工作。晚禱後，我也可運用一部分時間，從中英各種書籍和經典裡鑽研神學。今後，如有時間，我很想把幾種英文神學書籍譯成中文。

不明白公教生活的人，總以為持齋的日子很多，甚至要禁食。實際上，全部禁食日子並沒有。每星期五，守小齋，小齋只吃素，不吃豬肉，不吃長毛的，只能吃魚類，可以說，只吃水裡的涼血動物，不吃陸上的熱血動物，但青蛙可以吃。就是這樣的小齋，有的日子，如逢端午節、中秋節，也可免守。大齋很少，像耶穌受難日、聖誕前日，雖守大齋，也僅是早晚不吃飯，中午仍能吃飽。所謂空心齋，指領聖體前三小時內，不能進固體食品，前一小時內，不能進飲料，但清水與正式藥品不在禁例。假如主日你吃了早餐，你仍可參加彌撒，祇不去領聖體罷了。

因此，公教持齋不會特別增加教友肉體負擔。

唯一嚴格要求是，神父和修士不可結婚。然而，准許他們吸煙、飲酒。主對我們的眷顧，真是無微不至。

我們這裡的主教與幾位神父，都有吸煙嗜好，而且，每餐必酒。我為了嚴肅自己生活，完全戒絕煙酒。

現在，我向你談談這裡的幾位神父。

你千萬不要以為，每一位神父永遠無比嚴厲，毫無輕鬆的時辰。他們只在神聖時間、神聖空間，舉行神聖儀式與祈禱時，才極其嚴肅。日常生活中，他們也像平常人一樣，非常和易可親。

首先，我要向你提出梅良神父。他畢業於羅馬公教神學院。廿五歲時，來中國，現在已三十五歲，看上去像二十多歲，年輕而美麗。他能看中國書。他是掌管我們唐坊街教堂的神父，也是我的導師。他給我深刻的影響。主要是，他的人格深深感動我。為了傳佈公教，一個二十五歲年輕人、就永遠離開祖國和家鄉，僑居一個陌生國家，單這一點，就說明他自我犧牲的精神。抗戰後，他一度到戰地醫院服務，我就是在那裡認識他的。每一個意大利男子都是好歌手，這話一點不假，未入神學院前，他曾攻讀羅馬歌劇學校，音樂造詣很深。他唱得極好的男中音。這裡一些中國音樂會，常請他獨唱，他從未拒絕過。

協助他管理我們這個教堂的，是徐神父，本地人。他精通拉丁文。他雖然沒有梅神父那種獨特風度，可是，和他在一起，卻仍叫我感到愉快。

西安總主教也是意大利人，我們稱他萬主教。他對神學和藝術，都有淵博的知識。由於我是意大利文藝復興的熱烈崇拜者，這就給予他一個深湛印象。我之能很快批准為修士，一部分也得感謝他的幫助。我本應在他教誨下，從事修士鍛鍊，因為總教堂人手較多，唐坊街神職人員較少，經過梅神父請求，主教便同意讓我調到梅神父這裡。

主教左右，有好幾位神父，史神父蘇格蘭籍，是一個幽默的教士，閒談中，愛說笑話，不脫蘇格蘭本色。法國籍加昇神父，年紀最輕，現在只有二十七歲，說話非常羞澀。荷蘭籍田神父，年紀最大，有五十多歲，一副長鬚，對人和藹極了。這些神父、國籍雖不同，卻像親兄弟一樣。這說明，主的愛是多麼偉大，在全世界各個角落，能把各民族凝聚、溶化成一片。

有生以來，我從未度過這樣安靜而幸福的生活。在我四周，溢滿神聖光輝。有時候，雖然魔鬼試探我，促使我內心重捲過去黑暗風暴，但只要匍匐在主的面前，虔誠的請求主的幫助，沒有一次，他不幫助我擊退這些黑暗襲擊。謝謝天主與聖母，現在，我終於獲得最大的生命圓全了。在人間，我所尋不到的，在神的面前，我找到了。

有機會，我真希望，你能走進教堂，參加彌撒。自然而然的，你將感到那份深沈的神聖力量。經過主的啟示和指導，你會像我一樣，心甘情願，皈依這個世界最偉大的創造主。

這封信寫得太長，我應該結束了。請替我向你的妻子、以及在重慶的朋友們楊易、歐陽和幻華他們問好，並向他們轉告我的近況。我在西安的朋友們——鏡青、莊隱、天漫他們，也托我問侯你們。

最後，我願天主降福於你們夫婦以及我的朋友們。今夜，我在晚禱時，一定替你們祝禱，祈求聖母保佑你們。

印蒂　×月×日

印蒂放下鋼筆，眼睛離開那糾纏他兩點多鐘的幾張信紙，轉到牆壁一幅白色聖母像上。他對白頭巾披肩的美麗少女，怔怔看了許久，不時又望望桌上這幾張墨跡未乾的白紙，彷彿不大相信：這兩種白色之間，會有什麼聯繫。在同一種人類時辰，在他同一種視覺中，這兩種白色應該同時存在麼？為什麼一種白色上面出現那神聖的光輝？另一種卻又爬滿這些多餘的藍色痕跡？

自從皈依天主教，正式變成修士後，一年多來，這是第一個下午，他思想出現類似「？」的符號。由於他向林鬱寫這封長信，埋葬了許久的一些記憶骸骨，又一次從遺忘的墓窟底挖掘出來。雖然那個裝著無數回憶的肉體早不存在了，但這些白色的骨灰片斷，依然在這張白紙上閃射殘光，有時，它們甚至也照射壁上那幅聖母像。『我為什麼會這樣呢？』他的視線、從聖母白色光輝、轉移到像頂的金色十字架兩側的高高燭臺，白色的燭枝，以及她腳下的鮮花叢。在這個小小房間，四壁掛了七八張彩色聖畫。耶穌受難圖、耶穌騎驢到耶路撒冷圖、耶穌復活圖、聖母撫屍圖等等。靠入門處，是一幅道林紙精印的西安教區瞻禮單，單的中央，是一幅彩色耶穌降生圖。這一年多來，他整個生命、就被這張單子所排的節目佔有著：自第一個節目「耶穌聖名」至最後一個節目「聖若望宗徒」或「主日聖史若望宗徒」。假如他的重慶老朋友們知道他現在生活，比如說，林鬱收到這封信後，他或他們作何感想呢？人們如何理解他這許多年幻變中的最巨大的一次幻變呢？不，這是最巨大的一次執著和穩定。比起這一次，過去那些臨時靈魂穩定，根本不算什麼了。自然，西安幾位舊友，像鄭天漫、唐鏡青、莊隱他們，是了解這些的。他們依然在陳舊風沙中旋轉，他卻獲得一個最堅固的核心。他所有肉體細胞與靈魂血液，此刻都黏結和迴旋於這片偉大核心了。

他是幸福的，因為，宇宙間那個最偉大的生命，與他同在。他自己也赤裸裸的變成這偉大生命的一部份。像人們蒐集郵票，二十多年來，他是一個蒐集電光者。畢生蒐集中，他現在所蒐集到的最最大的電光是——主！這個比喻也許有點褻瀆，可他確實像愛惜最罕有的珍品一樣，愛主。『哦！主！我只有在你的燈光裡游泳，才能獲得最大的靈魂安定。』

然而，這封信——收信人林鬱必然會詫異；我們的印蒂先生為什麼變得這樣呢？

要談他目前心靈與生活最大單純，一切還得從那最複雜的說起。

一下！兩下！三下！——再一下！再兩下！再三下！這是什麼？這是一擊！這是兩擊！三擊！這不是說說玩玩、寫寫湊字數的。這是生活絕巖上最沈重的岩石聲音。人們用大錘搡打岩石時，是如此，生活的可怖力量擊打人類時，也是如此。當第一擊打來時，你可以熬，當第二擊搥來時，你可以頂，第三擊擊來時，你可以撐，第四擊砸來時，你可以閃，但當第四十擊撲來時，你撐不了，也閃不開。就有人這樣狠心，一定要這樣搥你，把你當個鐵砧。就有那麼一種因素、力量、重壓，這樣殘忍，獵狗樣緊跟你，除非你變成粉碎，再擺脫不了。可一時它又並不要你齏裂。只叫你苦，無比苦痛。一擊又一擊，搥下來時，你只不過苦痛、昏眩，無數次奇苦特眩後，你卻麻木了。怎麼回事？為什麼，我楞了，呆了？一柄兇獰的鐵鎚日夜毒打我，我倒彷彿什麼事也沒有？打的不是我，是另外一塊石頭，一段木柱，不是我。坐下來，不，滾在地上，慢慢細想，想個一會——不給你多少時間想，只許想一剎，幾秒鐘，最多幾分鐘。啊！腦子變了，完全不是我的思想了，連感覺和本能也不是我的了。我的反應從來不是如此。我從不是一個白癡、一段樹塊。這是岩石的頭，不是我的頭。這是海龜的血液，不是我的血液。我怎麼了？連手腳也不是我的了。天沒有崩，地沒有坍，但我的空間完全坍塌了，我的時辰整個粉碎了。

漁夫是怎樣痛打鯊魚的？那倔強的固執的動物！牠被拖上船後，還要亂蹦亂跳，要咬人，於是給牠一棍子，不，兩棍子，以至五六棍子，擂得牠不動了，呆楞了。人們像笞撻鯊魚一樣，全力摑擊我，有時揍我肉體，有時搗我靈魂，有時兩樣都揍。打得我麻木了，才住手。當我稍一有點知覺，他們又舉棍猛舞起來。

麻木本不是我的手、我的腳，麻木本不是我的眼睛、我的耳朵，麻木也不是我的鼻子、我的嘴。可我現在全部官能被麻木佔有了。好像宇宙間再沒有生命，再沒有人，只有最簡純的麻木。不，一整個星球也昏眩了、痲痺了。地球的痲痺感覺，傳染所有森林、河流、花草，它們不能感覺我，我也不能感覺他們。

這些話，我向誰說？不，這不是我的話，我本不是說這些——這完全不是我真正的字。但那麼多棍子，把我所有的話都打掉了，打變樣了，變成大群的字，我所不認識的、最粗拙簡單的字。彷彿我那些複雜反應、奇妙的字，全被擊麻木了，一點動彈不得。我的天，這是真正可怕的我——一個最複雜的人在棍子底下變成一個最單純的人了。

當生活的沈重巖石、促人每一粒細胞化成單純時，當暴風雪的過度鞭撻，逼每一條複雜血流變成單一時，人就有理由追求宇宙間那最單純的、真正的單一。人必須軟化他在現實低地所遭遇的單純危境，靈魂單純化後的黑暗，使它們不再更深的硬化，像嶙石那樣刺割他，於是，他便找那最單一的教主——宗教。這也是生命中唯一美麗的單純。也許，自從一九三一年冬到東北後，將近十年的動盪與錯綜，叫他再也無法忍受了，他得擺脫一下，輕鬆一番，讓長期鬥爭的靈魂休息一會。在這片陰霾的、靜謐的教堂內，他可以避免強烈日光的昏眩，與市場上各式各樣喧囂。超於一切的，他不需要再蠶食自己靈魂、苦惱自己肉體，把一切全交給那最一元化的天主和聖母。他不需要讓自己負巨大責任了，讓那創造世界者肩負起這個地球的一切責任。

多少年來，他就找尋一種一元，一種偉大的單純。在一草一木一山一石上，他曾發現過這種自然的單純、寧靜。在一蟲一魚一花一鳥上，他也曾呼吸到這份單一、素樸。只有在這種純粹境界，那隻最可怕的複雜恐龍——「自我」，才能真正消滅，代以一種瑰麗的純粹自然體，忘我的一元體。真正，他是多麼羡慕這種可貴的單純呵！像一只金色甲蟲一樣簡單。牠爬走，牠振翅，牠暗啞的嗡鳴，牠飲食露水，牠沈默於人手掌中，這一切，都極其簡單。牠是美麗的、善良的，然而牠又是極度單純。你刺死牠，解剖牠的軀體，不只牠神經系統，就是牠整個機體構造，都是單純的，像一隻單純的瑞士手錶。單純是牠的世界，單純就是牠的一切。只要沒有意外災難，牠的出生、存在、死亡，都是單純的；即使遇到意外災害，牠的反應也是單純的，牠會在第一個打擊下簡單的死去。當他凝視一隻金色甲蟲時，他感到牠的世界是如何安靜、如何自足，但又如何寂寞啊！一切如此輕便，生命是如此容易，牠以如此簡單的反應，接待那最離奇的宇宙變幻。是的，牠自足於單純，「複雜」兩字對牠是不可想像，也不可能存在的。

一切複雜的，牠全以最純簡的直覺納入牠單純的軌道，正如構造複雜的火車頭，被納入單純的鐵軌。那偉大的聖主和聖母，正是這條又單純又偉大的鐵軌！

除了這種偉大的單純，有時候，生命也渴望一種偉大的虔誠。沒有這份虔誠，正像沒有靈魂空氣，人就不能算活著。近十年的過度生活幻變，叫他越來越虛偽、越驕傲了，漸漸的，他幾乎喪失真正的人味。只有一種巨大虔誠，才能復活他的深沈人性。既然他對一切已失去信心，失去一整個地球上的虔誠對象，只有在主的面前，他才能謙虛的跪下來，重新燃燒起虔誠的火光。它將再度錘鍊他身上所有澆薄屑片，輕浮的色素，使它們變成新的深沈、集中與統一。目前，日日夜夜，他所以這麼愉快、平安，正因為肉體四周有虔誠的火焰環繞燔熾，它熱他、光他、照明他。

比這一切更重要的，是那一脈不知名的因素。不知從何時起，有一種質地在強烈潛變，潛變中，突然，有一天，他發現一個偉大形象了，他匍匐下來，他看見他了——哦，偉大的主！過去他沒有看見主，他是個瞎子。現在，他兩眼再度發射光明了，因為他看見他了——

啊，主！

四

按一個非教徒看來，一個神父或修士的生活，似乎繁文縟禮太多。但對一個修士說，這一切儀式，正好使他的生活充滿生氣。每年那些重要的活動占禮、封齋前第三主日、聖灰禮儀、耶穌復活、耶穌升天、聖神降臨、耶穌聖體、聖誕前第四主日，和耶穌聖誕，沒有一種不是莊嚴隆重，洋溢極感人的神聖氣息。就連那些較次要的占禮，像立耶穌聖名、記憶耶穌受洗、耶穌受難、聖母領教、聖母升天、聖母誕生和聖母玫瑰等等，也同樣代表人類歷史中一些最神聖的回憶、最純潔的故事。一個人的生活，不斷沐浴于兩三個偉大靈魂的光輝記憶中，自己靈魂也就純潔起來。由於同樣理由，那許多聖者的名字，與紀念他們的占禮儀式，才使印蒂現在的心靈無限溫暖、虔誠。從聖多祿致命到聖若望甘爵顯修，自尋獲聖斯德望聖骸，至聖女加大利納童貞致命，這無數殉難的故事、成道的經歷，沒有一樣不激動人的勇氣，給予人至崇高的道德榜樣。像印蒂這樣一個靈魂曾陷於四分五裂的人，這些勇敢的例子，正好重新錘鍊他的已鬆弛的生命意志。

當然，對於像他這樣的人，一個攀越過那麼多生命山岳的人，眼前的修士生活，絕不是一條透明溪流，水清見底，游魚可數。在聖母光輪四周，依然晃動風浪黑影。但比起這片神聖空間以外的狂風急浪，這裡風浪、到底是你靈魂中最小的。唯其渺小，他這才幾乎獲得一個時期心靈的完全寧謐。他戀戀於這一圈美麗空間，一想起它外面的世界，就有點抖顫。地球上是如此充滿可怕的火花、刀光，那種陰冷的恐怖，差點叫他發狂。過去，他從不真正相信：任何一個兩肩架一隻腦袋的人，有一天，會真正走進瘋人院，此時，他相信了。人活到某個時候，鮮紅的太陽圓球、會變成巨大黑色煤球，每一夜，會呈顯妖裡妖氣的幻象，燈光變為野獸，窗外每一個腳步聲、彷彿是骷髏頭在滾動。無緣無故的，眼前眼後，會掠起一條條血紅的光，鬼蜮的光。最致命的是，不管你走到哪裡，似乎總有個人跟著你——不，一條不可見的幽靈，跟住你。真不敢想，再多想一分、一秒，你就會絕望的大聲慘叫。可能，下一幕就是瘋人院的大門。從戰地踏入醫院，躺在病床上後，有一個時期，他的心靈正經歷這種怪誕境界。假如當時他不緊抓住這張聖母像，也許他已變成他完全不認識的人了。這一切是悽厲的、獰醜的，卻是絕對真實。在這份黑暗真實中，主的光輝，是唯一光輝。它拯救了他，使他從萬千個破碎中、又一次獲得暫時完整。

真正，有的時候，一個最勇敢的人，也會越來越膽小。他幾乎完全忘了，世界上還有勇氣存在。為什麼會這樣呢？是過多的血與黑暗麼？是過多的爆炸與死亡麼？他不知道。他只知道，從那一刻起，他必須馬上匍匐在主的腳下，再遲一步，他將後悔不及。感謝聖母，十字架的形相來得正是時候，剛好把他從瘋人院的大門邊緣拖出來。不管怎樣，現在，他居然又能平平靜靜的生活了，只要這一次他不發瘋，他將永不會發瘋了。

在歷史上，不少天才靈魂常瀕於瘋狂邊緣，他並不是唯一的例子。一些比他才華更豐富的大師，就曾經以瘋人院為最後歸宿。詩人布萊克瘋狂了。完成不朽巨作「蘇魯支如是說」的尼采，瘋狂了。文學大師莫泊桑，瘋狂了。後期印象派巨匠梵果，瘋狂了。浪漫主義音樂之花修芒，也曾瘋狂過。另外，還有一些大師瘋狂的例子。生命如要探索那嶮巇的真理高峰，就得冒從峰頂摔死的危險。即使已登峰巔，也仍有可能跌下來，假如你失去那最重要的精神平衡力。在這裡，智慧不一定是決定因素，感覺觸鬚已伸入宇宙核心的人、就必須冒一切風險，接受那份宇宙核心力量，以及它的平衡偉力。主要是，你得有一種盲目的向心力，而不是那過度清明的分析力和離心力。在這裡，一切向心力之中，宗教的向心力量是最強項的，也是最偉大的。

在梅良神父身上，他就感到這種堅固的宇宙向心力。這個有濃厚棕色鬈髮的意大利人，臉上滿溢一種強烈光輝，說明他的靈魂是一支向日葵，不僅在白日、在黑夜，也傾向宇宙間那片最偉大的核心光芒。他的舉止是那樣溫柔，聲音是那樣誠懇，印蒂幾乎從未見他重言重語過，更不用說發怒了。『這是一個永遠不會生氣的人。』印蒂想。『他簡直是愛的化身。』接觸這樣一個純潔的人，自己心靈就會光明、潔淨。假如不從公教紀律著眼。單從私人情感出發，他對這位神父的敬慕，幾乎超於對萬主教的崇拜。也許，這位神父身上，浸透太多的藝術氣質，太深沈的意大利歌劇音樂的魅力，這就使他顯得與別的神父不同。可是，歸根結柢，印蒂仍把這歸諸於神的薰陶。天主的感染。

只有一次，某日上午，印蒂準備到醫院去工作時，他看見梅神父用一種較異樣的眼色望著他，他聽見後者有點侷促的聲音：

『印修士，最近醫院進來一個新病人，鄔瑪麗小姐，她是老公教徒。她家世世代代都信公教。她現在患胃潰瘍，住在醫院裡，我希望你能多多照顧她，我已經為她祈禱，求主保佑她早日痊癒。』

『好吧！我一定好好照顧她。』

五

這個新病人、剛入院兩天，由於教堂另有一些事物，必須協助梅神父辦理，這兩天，印蒂湊巧沒有到醫院去。

普慈醫院座落唐坊街教堂貼隔壁，名、系統上，它歸主教領導，實際上，總攬行政事務的，卻是梅神父。不僅因為與唐坊街教堂有血緣關係，也因為它是神父一手擘畫建立的。主教和梅神父的原意，本想請印蒂擔任醫院的秘書主任，將來，再請他兼副院長主持行政與人事。但印蒂婉謝了。他願以整個精力獻給教會與醫院，卻不打算接受任何較高的職位。

『我既然接受主的偉大真理，我就該實踐這個真理中最重要的一條：在這個世界上，做一萬人中最卑微的。我願用最卑微的服役，來補贖自己過去的一切罪惡，以便得到主的寬恕，獲得拯救。』

即使在一個最傳統的天主教徒或神父看來，印蒂的風度，依然有點迂直，幾乎是太古典太傳統了。但迂直總比跌宕好，它寧是虔誠的最高標誌。印蒂這一請求與願望，受到神父的尊重。

在醫院內，印蒂雖然擔任護士，但文書方面工作一繁忙，有時他也協助料理，其他事務也做一些。不過，他盡量用最多時間從事護理。院內大部分是女護士，男護士是少數。女病房一般由女護士負責，人手不夠時，男護士才過來幫忙。最近一個時期，女病房的一部分注射工作，由印蒂兼任。

鄔瑪麗患胃潰瘍，急性胃出血，入院前嘔吐五六百CC的血。經緊急搶救，立刻輸血後，現在雖已大體停止出血，有時卻仍咯吐少量的血。印蒂現在的工作，是每天給她注射止血針及其他針藥，起先用法國貨古澾果烈，後來用國貨仙鶴草素，此外，又注射維他命K和肝針，並嚴格照料她的飲食。目前，她已能飲流汁了。

『此刻，請你暫時不必說話，聽我告訴你幾件事。這是每一個吐血病人都應該知道的常識。』一個下午，印蒂站在病床旁邊，輕輕對她說：『最要緊的，是保持安靜，不可驚慌。

一慌，神經緊張，心跳更快，血反而吐得更多。你必須相信，只要安靜，吐血一定會漸漸自動停止。吐血時期，你必須臥床，不可坐起來。我們已經用草紙墊襯在你下巴頦下，吐血時，你可以先吐在紙上，再撳鈴，我們會來收拾，你絕不可以坐起來，或半抬起身子。吐血時，不要把血嚥下去。在血未完全停止前，你絕不可起床，大小便也在床上，吃飯可以由護士餵你，你不適宜喝太熱的開水，它會刺激胃部血液循環，誘致吐血。最好用小茶壺飲水，如用茶杯，你得抬起身上喝，睡著飲水，一不當心，會嗆咳。你應該避免劇烈的咳嗽，它會引起胃部震動。可能，你會嫌你現在的枕頭太低一點，吐血時期，枕頭低點好。等血完全止了，再慢慢給你換點高枕頭。就胃出血說，它的主要原因，是由於胃部潰瘍，目前給你注射止血針藥，只是解除你的臨床症象。要徹底解決，就得根治你胃部潰瘍，除針藥和治療外，還得靠你靜養。我希望你能好好靜養。』他輕輕重複了一句：『嗯，你真得好好靜養，萬一不當心，你的病可能還會反復。』

『謝謝你。』病人低低道。

『你好好休息。這兩天不要說話。有事可以按鈴。我已問過陳院長和張醫生，你的病，危險期已過去，目前不要緊了。你必須多多靜養。神父和我，早晚祈禱時，都替你作禱告，祈求天主保佑你。主將賜福給你，幫助你早日痊癒。』

這幾天來，他似乎沒有看見她的面孔。現在，才第一次望見她的臉，一張極度蒼白的臉，像床上白色褥單一樣蒼白，在這白色背景上，她那副眼睛分外顯得突出：這是一雙像湖水一樣澄澈的眸子，帶著濃厚的日本女人的眸子氣味。這個少女，此時正用這樣澄清的視覺凝視他。

她大約廿五六歲，還沒有結婚。抗戰那年，在S市一個天主教大學畢業，讀外文系，法文英文都不錯。現在，她在西安一個天主教中學教英文，父母都卜居S市，為了參加抗戰，她這才直接從S市來西安。她到的那年，武漢剛淪陷。她的教職，是教會幫她找的。

印蒂極專心的看護她，就像她的家屬一樣。這一時期，梅神父也來探望過她幾次。因為她孤身一人在外，大家都關心她，幾位女護士也特別加意照料她。

大約半個月後，在醫生和護士們醫療看護下，她的病勢終於穩定了。這一期間，由於她不當心，曾反復過一次，但經大家悉心醫治，護理，又恢復正常。此時，她吐血完全停止，大便也不再出血。一個胃潰瘍患者的種種臨床症象，也大大減失了。

經她請求，有時印蒂也讀點聖經。有一次，印蒂帶了一本盧南的「耶穌傳」，選裡面最精采的篇章，讀給她聽。

『你歡喜克羅岱的詩麼？』

她點點頭。『我們在大學裡，幾乎讀遍他所有重要的詩。』

『這是當代極偉大的詩人，也是現代偉大的天主教詩人。』停了停。『在他以後，只有英國的T・S・伊利奧特。』

第二天，他從圖書館借來一本「頌歌」英譯本，選了幾首讀給她聽。這位法國大詩人的詩篇像催眠曲，聽著聽著，她那雙湖水樣澄明的大眼睛閉上了。

有一天，這是她入院後精神最健朗的一天，她已開始坐起來吃東西了，她對他的照料表示感謝。她已經發覺，他所選擇的食物，都是最易消化、最富營養，味道也極鮮美。

談話中，她第一次岔開一般話題，問到他另外的事。

『修士，』她和藹的笑道：『我覺得，您知道的東西非常多，您的知識極其淵博。』

『在這個世界上，我已生活了那麼多年，當然，或多或少，我是知道一點東西的。』

病人在床上略略轉動一下身子，把面孔正對著他。多少天來，第一次，這張玉蘭花一樣白淨的臉孔，出現一種與平日略略不同的情調

『您似乎走過許許多多地方。』

他沈思一下。『這個國家大部份省份，也許，我算是走過吧！』

她秀美的大眼睛望著病床欄杆。『聽說，從前，您曾經從事過著作，以寫作為職業。』

他微微笑了。『過去，我所幹過的職業，算是不少了。』他沈思的看著她所凝望的那些白色欄杆。『我不能算什麼作家，我只是歡喜弄弄筆墨罷了。』停了一會。『寫作的工作，是很空虛的，把整個生命消耗在一堆白紙裡，對人對己，似乎不見得有什麼好處。』

『這以後，您就改變您的生活，偏重於行動了？』

他的臉色有點陰暗。『那也不是正當的行動。今天，照主的教義來說，那是違背天主訓誨的。』

『因此，您就皈依我主？』

他點點頭。「我的良心，從來沒有像現在這樣平安過。這是我主的賜予。」

她默思了一陣子，終於，有點靦腆的慢慢道：『修士，我很冒昧，要問您一個問題，我早就想問您了。』

『您問吧——在日光下面，沒有一個問題不可以提出來的。』

『修士，您不覺得：以您這樣學識淵博、極有能力的人，從事現在這樣的醫院工作，不是完全不能發揮您的潛在力量麼？』

他聽了，溫和的微笑起來。『多少年來，我就懷有一種秘密願望，想放棄一切，把自己變成千萬人中最卑微的一個，但我總不容易達到我的願望。直到皈依我主，受到主的啟示和保佑，我才能稍稍如願。我從沒有考慮到屬於我自己的一切，我只是不斷苦思焦慮，怎樣我才能得到主的歡心？』

『是的，主所歡喜的，就是我們放棄一切。』她低下頭。『可是，就一般公教徒說來，這——實在是一個不容易的課題。』她抬起大眼睛，誠懇的瞧了他一眼：『拿我說，我就常覺得：我還不能放棄一切。因此，對您的謙虛、自我犧牲，我，以及另外一些教友，都表示敬意。』她的眼睛又低下去。

他柔和的輕聲道：『哦，這一點，根本不算什麼。我們都是主的兒女、主的僕人，在主的偉大光輝下，我們的靈魂完全是平等的。再說，主既能把他最寶貴的兒子——耶穌，獻給我們，讓他釘十字架，受盡人們嘲弄，那麼，我這一點點小小虛心又算什麼？我們的絕對幸福，在未來的天國裡，不是在這個世界，對麼？』

她睜大那雙像湖水一樣澄清的眸子，瞪了他一下，然後，低下眼，輕輕「嗯」了一聲。

這一夜，晚課以後，印蒂心情有點不能平靜。許多過去的事，似乎朦朦朧朧的映現在他心頭。他把晚禱延長得很久，直到深夜。最後，他情不自禁，用自己的語言，創造了一篇新鮮禱詞，來慰藉自己靈魂。

六

啊！啊！主！我曾舉起千式萬樣杯子。現在，終於擎起你的。不，是擎「你」！我的嘴唇在擁抱你的邊緣，匍飲你的泉源。

二十年來，那些紅色的杯子，金色的杯子，黑色的杯子，……全都吻過我枯槁的唇，和我的渴「露水」過；但它們從沒有像太陽，永恆沈睡在我液化的心裡，滲透它，火化它；也沒有像蛇雨，淋浴在我焦涸的心，海化它，或河化它。我的心依舊是一片無沙的沙漠。我的渴永遠是個寡婦，愛了，又迅速死去被愛。

啊！主！今後，我終於擎起你——你，最圓最圓的。我羚羊樣匍匐於你圓形的液體，願永醉於你的邊緣，讓你的流汁變成我的血液，你的香味變成我的思想。

啊！主！世界正患永恆不治的癌症。我被毒素傳染，也患心靈癌症。我曾施行過各種手術。從我大動脈，曾流出火紅血液。在我肉體上，曾作過可怕的殺戮。我昏眩過。我掙扎過。我忍耐過。我希望過。我等待過。但那隻毒癌，老槲樹根樣長在我心底，沒有任何現代外科手術能割掉它——除非也連帶割掉我的生命。在一切療治失敗後，此刻，我終於跪在你腳下，願你給我奇蹟式的最後一刀。啊！主！即使不能拯救世界的癌吧！請先拯救我。

啊！主！世界已經是個太舊的屍體。一切新屍轉眼也變成舊屍。在屍體四周，饑餓的獅子在嗥吼，詛咒的石塊滿天飛，性感的幽靈在狂舞，野蠻的蟒蛇在搖顫紅舌頭，花朵的嫩蕊裡，蠕動著梅毒螺旋體，瘟疫在曠野裡疾走，邪術在街頭燃燒，人們睜著狂人的眼睛，到處有血液從動脈裡汩汩流出，……啊！主！只有你的宇宙，才使我暫離一切魔窟，我碎裂的心暫時拼全，我瘋者的眼睛暫時安靜。啊！主！讓我永離這些腥味的屍體，做你光輪下的一星一滴吧！讓我的肉體在光你的光吧！讓我的靈魂在靈你的靈吧！讓我的心在心你的心吧！

啊！主！地球的旋轉是可怕的。地腹噴出的熔岩是可怕的。人們的頭髮是可怕的。河水是有毒的。大地是發臭的。花朵是邪惡的。月亮是發霉的。我願離開地球表面，投入你永恆旋轉中。啊！主！你是我的新球，你帶給我簇新旋轉，簇新眼睛，簇新河水、大地、花朵、月亮。

啊！主！萬能的主！我的記憶已成為梅毒，帶來一個可怕的頭，一張腦門開天窗的臉，鼻子坍成一個黑洞，嘴唇像一串爛葡萄掛著。我的思想已變成鼠疫，要瘟死一切，也瘟死自己。我的情感已變成痛苦坩鍋，痛急我的肺臟，痛徹我的心臟，絞痛一切和我接觸的人。我的血液不再為新陳代謝而循環，它是為疼痛而循環。我的精力不再是精力，是新的放射體，放射的不是光、色、香，是奔騰不憩的痛苦。

啊！主！每一個日頭，每一個夜頭，屠殺從門外擁入，從窗口跳進來。千萬把非洲「殺加」（註）在我四周閃電、開花，邀請我加入殺戮，誘惑我奔入電流，刺激我衝進它們的猩紅筵席。啊，主？每一分、每一秒，誘惑和邀請堆砌在我四周，我的生活日程就是一片片閃避、遲疑、抵抗與恐怖。我不知道血從哪裡流來？我不知道，血何時沈默？我不知道，血將作何新扮演？奔向哪裡？結穴在哪裡？啊，主！萬能的主！為什麼這樣美麗的太陽光下，有這麼多的廝殺？為什麼人們要用刀子作語言？用炸彈作文字？為什麼你不叫地球上安靜一點？植物一點？

啊，主！落塵隨地球旋轉而旋轉；苦痛比地球旋轉得更癲狂、更猙獰。苦難是這一星球的統治者，皇朝亙延到千萬年。痛苦帶給我們以光、以色、以香、以酒，但這光是黑的，色是腥的，香與酒是苦的。啊！主！地球從沒有像今天這樣痛楚。人類從沒有像今天這樣相互痛苦過。每一個人在相互扼緊喉管，呼吸最後一口呼吸。啊，主！這一切是為什麼？又為了什麼？為了什麼？

啊，主！黑暗是我的頭。黑暗是我的胸。黑暗是我的四肢。黑暗是我的嘴。黑暗是我的聲音。黑暗是我的呼吸。黑暗是我的走動。超於一切的，黑暗是我的心臟。我不明白：人類何以是如此黔黑的動物？——比最古的爬蟲、巖石還黑黯！比地底下最深的煤礦還黝黑！啊，主！什麼時候，你才叫肉體再變成光明，叫嘴唇再開始發亮？啊，主！回答我！回答我！

啊，主！我的快樂是燒盡了。我的歷程是耗盡了。我內心是一個電燈泡，不，比電燈泡還真空的空虛，連氧氣也早耗完了的空虛。我什麼也沒有了，只有一顆虛廓的頭，比埃及大金字塔更古老更空廓的頭，此外，是一個不能叫我躺下來休息的終點。可是，主！啊，主！當我的肉體已耗乾了，為什麼我的痛苦還沒有耗盡呢？我的黑暗還沒有耗空呢？我的感覺還沒有耗完呢？啊，主！你把一切正面的都從我奪去了，為什麼不把一切負的幻想從我奪去呢？啊，主！告訴我！你究竟要我怎麼樣？你究竟把什麼代用品給我！

啊，主！我該往哪裡走呢？我的腳該舉向哪裡？插向哪裡？我的眼睛該看往哪裡？我的耳朵該聽向哪裡？我的言語該交給哪裡？哪裡是我的東？哪裡是我的南？我的西？我的北？

啊，主！把東給我吧！把西給我吧！把南給我吧！把北給我吧！啊，主！把前面給我吧！我該有個前面。但我現在連後面都沒有，我不知道我自己在哪裡？要往哪裡？你說過：一切是「虛空的虛空」，但我連真正的「虛空的虛空」的虛空全沒有。我所有的，只是有與無以外，非有亦非無的不可名狀的東西——一個怪物，從沒有人類語言能真正把它說清楚的怪物。啊，主！帶我往前走吧！教我能「走」吧！

啊，主！給我吧！給我跑馬表上十分之一秒的謐靜吧！給我比芝麻更小的一粒寧靜吧！讓血暫停千分之一秒流吧！讓淚暫停萬分之一秒流吧！讓黑暗暫停千分之一秒扮演黑暗吧！讓太陽給人以萬分之一秒真太陽吧！

啊，主！我常常自詡是寧靜的、平安的、快樂的，但在最深午夜，有時，偶爾我也不是寧靜的、平安的、快樂的。今夜，正是這樣。

啊，主！請保佑我！賜福我！亞孟！

註：「殺加」是非洲人格鬥的武器——類似刀子。

第二章

一

孔雀可以知道自己華麗尾巴什麼時候開屏。鳳笙可以知道它槎枒的簧管何時鳴奏。菓子可以知道自己何時下墜。蛇可以知道自己豔皮何時蛻落。奧賽羅可以知道自己的巨大黑手何時扼緊德斯蝶摩娜喉管。丹東可以知道自己獅子頭何時墜地。但唐鏡青就不知道：有一天，自己會落戶在這樣一間兔子籠中，一共才十平方公尺，伴著一個壁虎式的湖南女人。

十五年前，假如有人預言、十五年後，我命定要流落在一片荒漠，在一座可以放入古董陳列館的古城，靠製造肥皂泡過活，住沒有窗子的房間，走沒有地板的泥地，我會大笑他的夢囈。但今天，夢囈的不是這個不可知的預言家，而是我這個兔子籠主人。我已經陷入貧窮泥沼深處了，卻還在夢囈它的象徵主義。

當然，窗子是有的，但一層厚厚白色皮紙拒絕了大部分空氣和陽光。北方人對窗子的觀念，和我們南方人如此不同。他們把窗子當作專門驅逐陽光空氣的東西。在他們觀念內，從不展現「窗明」這兩個字。

莊隱！你的小眼睛不要睜得像銀圓大。天漫第一次來訪我時，他的眼睛睜得比你還要大半英寸。我們習慣於傾聽歡樂，不習慣於諦聽悲哀。我們閉上眼睛接受幸福，卻睜大眼睛凝望痛。現在，我的眼睛既不閉上，也不睜大，它始終保持原來九分直徑、四分半徑。我必須面對我應面對的。

記住，這是泡在流沙裡的西北。沒有水。沒有船。沒有花。沒有樹。沒有纏綿的雨。沒有歌台舞榭。沒有笙簫管笛。沒有老虎灶。沒有茶館。沒有玻璃。沒有刺繡。沒有羅衫。沒有紗衣。三月天一片黃沙，到處是厚騰騰的黃雲黃霧。黃昏時一片烏鴉，到處是黑色翅膀。新城廣場，簡直是一片鴉海，烏海，成千成萬隻漆黑動物、像一場噩夢式的大出喪；你走到蓮湖公園，隨時會有烏鴉糞落到你髮上、眉毛上、肩上。蓮湖公園，這唯一的花園，既沒有蓮，也沒有湖，湖乾了，變成足球場，蓮謝了，化為幾十年前的回憶。在這個古城，人們住著四四方方厚厚墩墩的土房子，四堵黃土牆包裹得那麼厚，你幾乎變成棺槨裡殉葬的陶俑。在這兒，人們嚼著像巖石一樣硬的鍋盔，吃著羊肉泡饃，十里外就可以嗅出一股羊羶氣。在這兒，人們用粗大的飯碗喝茶，碗面只偶然飄掠幾莖茶葉如萍錢。……

是怎樣一場噩夢、叫我飄到這片荒漠上呢？

……過去我和景藍的悲劇，你們已經知道了。這以後，我又經歷另一幕。天定我要演黑色角色，一直扮到做這個兔子籠主人為止。誰又知道，這古城是不是我最後卸幕舞台？

抗戰發生，我在杭州。西湖淪陷，我逃到上海。我經歷了一個慘厲的亂世。燒毛黨滿天飛，到處綁票，把人兩手兩腳的大拇指拴牢，平吊在半空，背向上，胸部朝下，架起稻草，狂燒胸膛，你答應了勒索的數字，才把你從火燄裡移走。從武林門到拱宸橋，不到短短十里，有十三道稅卡。下午才四點，許多店家都關上排門。有些小康人家，早上買小菜，有時也得化裝乞丐或難民。一幢幢無主房子，螞蟻搬家似地被搬光，連一塊磚瓦也不剩。上火車站買票，要出兩倍票價，托流氓和燒毛黨買，才能買到。東洋兵刺刀到處找人肉，人肉吃膩了，它就逼善良男女行人表演性交。我親見一個日本兵，用刺刀逼一部洋車停下，叫包車夫與車上女人——他的東家，當眾作性遊戲。

那是一個野獸世界。每一個人全變成才出籠柙的老虎、獅子，看見什麼，就撲什麼。

我在杭州的不動產，全部毀滅。一些動產，也大半變成灰燼。從灰燼中救出來的殘餘火星，只能維持我們一家三口暫時不死。我們在沸騰的戰爭油鍋裡打滾、喘息。

這是一陣時代大旋風，它比任何天文記錄上的龍捲風還猛猘，比新疆能吹走巨大岩石的大黑風還兇狂。任何人遇見它，全被刮到自己也不知道的地方。大風中，思想沒有了，只能暫找個小小巖洞避避。然而，還是避不了。洞內太悶。洞外風又太兇。

這些日子裡，我唯一的飲料，是酒，以及午夜無聲的眼淚。

在大旋風中，我和繆玉蘭並沒有再「圓」。我們的孩子娟娟也沒有能促成這「圓」。大風只能叫已經碎裂了的更碎、更裂。

就在這個時候，一個湖南籍老同學準備投入戰爭，把他廿二歲的妹妹托付我。她是一隻青色的菓子。她唯一的特徵，是那片青。除了這片青色，她什麼也沒有。可是，除了這片青，我什麼也不要。我饑渴於菓子上的那片青色朝露，像夏夜麋鹿饑渴於清涼泉水，為了它的鮮涼暫叫我忘去一切。

我能忍受全世界，但不能忍受我的妻子，因為她是我過去悲劇的唯一證人。一看見她，我的心便在流血，我的一生便在記憶枝頭上痛苦的抖顫。

在這個湖南少女身上，毫沒有一根與我過去噩夢聯結的枝條。

莊隱，你還記得，三年半前，在你們船隻出事前，那頓晚餐麼?我曾在餐桌上說：你們知道黃蜂麼?假如她的窠巢給徹底搗翻了，她的瘋狂!……在那種瘋狂下，什麼事都做得出來。

戰爭的龍捲風、使我們都變成毀滅了蜂房的蜂群，又失望、又憤怒，我們到處亂飛、亂衝，找尋任一出口，放射我們的毒焰。

你們知道湖南女子的熱情與大膽。時代大旋風、更煽旺了這類熱情。我們很快戀愛了，相互佔有了。

這時，南方已經淪陷，整個江南陷入最大混亂。一個夜裡，在一次熱烈的歡樂後，我問她：

『你敢跟我走麼？』

『……』她沈默。

『只要你肯跟我走，無論到哪裡，都好。』

她仍不開口，卻緊緊抱住我。

六年前，我甘願付出一切代價，拒絕我生命中唯一愛人的提議。現在，卻甘願付出一切代價，重複了六年前我唯一愛人的那個提議，彷彿我又一度在扮演我生命中那個偉大的女人。這真是一個最殘忍的懲罰和諷刺。

我把流亡寓所裡剩下的一切、留給繆玉蘭和娟娟，另向幾個世交和友人湊借了一些錢充旅費，在一個夜裡，我和這個湖南少女——賈蝶，悄悄逃亡遠方。我們的終點是西北，因為這是一片荒漠，沒有一個熟人，沒有一絲蔓藤牽連我的過去，卻又有一個最必要的友人：鄭天漫。荒漠，這正是我目前心靈最渴望的空間。路過重慶，一個交響樂團想留下我，充當第四小提琴手。我拒絕了。我怕有一天景蘭會坐在聽眾席上，（這時她在重慶），發現她舊日戀人和他的學生們同坐在樂師席上。那第一提琴師是我的學生。

過寶雞時，賈蝶以一個男友名義，寄快信、打電報給滬杭所有親戚朋友，包括繆玉蘭在內，說我原定到新疆，在廣元朝天驛山澗邊翻車，心臟受嚴重挫損，發生內出血，不治而死。我們在信內附了寶雞報紙上的訃告。這樣。我斬斷了與「過去」世界的一切糾纏。那許多我熟習的生命，現在除了共住一個地球外，和我再沒有別的關係了。

天漫把我介紹到國營雍興肥皂廠當技師。廠裡又把我送進這個兔子籠宿舍，叫我做籠子主人。我的荒漠上的妻子，正在讀助產學校，將來準備做一個收生婆。我們的夫妻工廠，現在出產了第一個產品：一個男孩子，鐵牛！

經過大旋風恐怖吼捲後，這個時代總要發生幾件大事。唐鏡青失掉他西湖畔的華麗洋樓、汽車，到西北荒漠上吹肥皂泡；印蒂變成天主教修士；莊隱掛冠離開蘭州，來西安收集破銅爛鐵，做舊貨商；一向以「一路嫖過去」姿態出現的范惟實，目前也身穿二尺二，在黃河前線上動員民眾了；還有，發誓終身不續弦的鄭天漫，終於也——，哈哈哈。

頭是我們的，主意卻屬於天空，它常常從半天裡掉下來。

我們仍得受天空支配。

可能是印蒂對。

二

這正是一年中夢季的尾聲，一個少見的風寂沙靜天。牆上是紅色日曜日，門外是黃色大地氈。黃土層上的夢季，不像夢，洋溢高原特有的豪邁，是男性的季節。它沒有江南三月那樣多情的雨，燕子似的雨，女人頭髮似的雨，只是火車站上候客，才留下腳印，就匆匆離去。永遠是太陽。太陽是天，是雲，是空氣，是大地，是花，是樹，是蜜蜂，是蝴蝶。南方來的人，從未見過這麼多的太陽。宇宙間、彷彿永遠在開太陽展覽會。高原上的風，也是太陽風，風裡夾太陽、光熱、火焰、色素。在唐鏡青的兔子籠四周，沒有庭院與籬牆，只有一片廣闊的黃色大地氈，氈上沒有花，沒有草，沒有假山石和水池，只有紅色太陽，紫色太陽，橙色太陽……。

客人們凝望外面世界，只能通過那唯一的大門兼後門，進口和出口。人只能說「門外」，不能說「窗外」；因為，窗子只能叫人看見裡面，不能看見外面。這裡窗子，屬於希伯來神學一類觀念，是永恆的，不變的，不像希臘哲學觀念，以風與水象徵萬物流變。一座窗子，就永遠是固定不變的窗子，人不能開它，也不能關它，沒有窗景，也沒有窗口。當一隻房間具有終身凝定的窗子後，就像有一雙永遠不動的眼睛，那是一種可怕的靜的諦視。

就在這樣一片充滿太陽而又看不見太陽（門是關著）的空間，一個上午，唐鏡青敘述他投入這兔子籠的歷史。

他的常客鄭天漫先生聽完了，翻了翻棕褐色龜眼，打了個呵欠道：

『人們歡喜自號「紅豆館主」、「桐花館主」，你可以用嶗山水晶石刻一方印章，自號「兔子籠主」。』

『與其刻「兔子籠主」，不如刻「火車頭主」。你看整個一排房子，長長的，像一列火車，鏡青住在第一間，不是火車頭主麼？』莊隱微笑道。

『就算「火車頭主」吧！』主人沈下陰霾眼睛，無可奈何的嘆息道：『人生不正像坐火車？也許，建築者預見到這一點，才把住室造成火車格式。』停了停，抑鬱的道：『天知道，這火車今後會把我們載往那裡？我已坐了四十一年火車，頭髮都坐白了。想不到有一天，火車竟會開到這樣一片沒有花卻充滿烏鴉糞的荒漠上。』

主人感喟的撫摸著頭髮，順他的手指，三年來第一次造訪他的莊隱發現：老朋友鬢邊已有十幾莖白髮，而且，這個一向充滿教會大學紳士氣派的化學家，不再擁有梳得溜光的烏髮，漿得挺硬的領子，燙得嶄亮的西服，卻顯出蓬頭散髮，滿腮鬍髭，一條棕色領帶，像一根乾臘腸，一件藏青西服的領頭、前襟和袖口，都綻露出破敗麻線。

看見主人這副模樣，莊隱的一些句子隱遁到後臺，又一次化妝，重新打扮，才安安靜靜走出來。

『這座古城還不算荒漠；沒有花總算有石頭。你要是到這個省份的北部去，不要說花、樹，一路上連石頭都不多見。我參加過一次官方旅行，每到一縣，茶酒果菜，全臨時從西安用火車、汽車趕一百幾十里運去。地上黃沙，厚得隨時會埋葬你。每到一站，渾身上下變成個宜興泥人。』沈思一下，望望那扇不透明的紙窗。『我同情你的奧勃洛摩夫式的獨白，卻不能同意你的全部牢騷。它的玫瑰氣味太重了。』聲音更低了。『這是一場決定性的戰爭，正像我們祖先黃帝和蚩尤的那場戰爭一樣。許多生命都無聲交付出去了。做做「兔子籠主」或「火車頭主」，並不算駭人聽聞。』

『那麼，你為什麼掛冠呢？』

『你誤會了。我的「冠」並沒有「掛」，它是被打掉的。』

莊隱原任某航空公司蘭州站主任，一度隨幾個專家、騎駱駝到南疆勘查航線。南京淪陷、武漢緊張，為了這是一場地方長官獨立戰爭，一場新的「三十年戰爭」或「百年戰爭」，他放棄自己成見，接受地方長官邀請，擔任蘭州市黨部書記，並且拖佘良弼與甄俠出來，分任組織科長和總務科長。可是，因為他風格有點紅色，俄語又太流利，而且間或又和蘇聯外交使節接觸，便引起黨內一些「棍子」不滿。他們到處偵察他的漏洞，終於發現：這位領導蘭州市黨部的大書記和他的科長們，竟連黨籍也沒有。在一次群眾集會上，一陣暴雨式的吼聲，硬把他們三人轟下去。

『為了抗戰，我本想盡一個中國人應盡的起碼責任。可是，這個古老國家、究竟年歲太大些，又是在奇形怪狀的西北，多少年來，人們做奴隸已做慣了。你不能一把火立刻把一切妖魔鬼怪燒個乾淨。』沈思了一會，慢慢道：『雖然如此，戰爭本身卻是清潔的，因為它是這一千多萬平方公里上大掃除的開始。你的那些洋樓、工廠、汽車，也屬於掃帚下的垃圾。……不幸的是，這柄偉大掃帚，竟把你掃到這片荒漠上的「兔子籠」中。』

『我並不埋怨這把掃帚。使我不安的，只是另一把掃帚。』楞了一下，加了七個字：『我自己房間裡的。』

於是，兩個客人的眼睛在室內逡巡，卻沒有發現什麼。主人知道他們誤會了。他用手指了指壁上照片，那是鐵牛滿月時的「全家福」。

一開始就叫客人詫異的、「壁虎式的湖南女人」那個名詞，現在總算得到點註解。對此，化學家又加以化學分析。在最古的古代，壁虎是王，牠是原始動物中現在最後留下來的。也許，因為牠曾是王，今天依舊保持那種可怖形狀，冷酷動作。牠永遠沒有聲音，卻永遠叫你發抖。賈蝶正是這樣一個壁虎型的女人。湖南人個性，本是中國各省中最頑強的，她又是湖南一百縣中最頑強的：平江人，比西安鍋盔還難下嚥。流亡以前，這些還並不顯著；戀愛期間特有的溫情，是一片峨嵋山雲霧，遮陽蓋月，一顆星也透不出。逃奔到這片荒漠後，她的靈魂古玩店，才逐漸展覽出貨色。今天一塊漢磚，明天一片漢瓦，後天一具漢魚洗；星期一是晉朝燈，星期二是唐陶，星期三是五代金石，接著是汝窯瓷器，明代朝珠，乾隆的御碗，以及磁銅、古墨、雕漆、補掛、顧繡、竹刻、扇骨。凡屬於這個民族遺產中最古最老最舊的，色色俱全。在荒漠上，巖石似的現實更刺激她個性中的巖石成分。在學術上，她變成地質學家的對象；在生活裡，她便變成一把又大又長的竹掃帚，他的心肝脾臟、喉管內的魚骨頭、頭髮裡的皮屑、眼膜上的網絡，以及神經系統中的樹枝狀神經，都在她打掃範圍之內。

『賈蝶和繆玉蘭這兩個女人、專為表演人性的兩極對照而生的。繆玉蘭是蔦蘿，軟弱得毫無一丁點個性，另一個卻硬得像花崗石，「個性」得叫人不能忍受。上帝懲罰我逃避蔦蘿，給予我巖石。她什麼事都管，什麼事都要作主，真正是古代萬物之王壁虎投胎的。她的話語不算最多，卻叫你感到恐怖。她只要瞪我一眼，我就不得不閉口無言。這不是一個女人，簡直是個女兵、是水滸傳上的差人，衙役，她不是和我共同生活，卻是把我當犯人，押解發配到滄州的，可怕得很。』

許久以來，鄭天漫卻一直沈默靜靜笑道：

『巴黎的視覺與聽覺太精緻、太嬌嫩了，一點狃獷也經不起。粉搽得濃或淡點，口紅塗得深或淺點，畫眉彎度大或小點，髮捲的波浪多或少點，晚禮服的顏色明或暗點，一個字的吐音圓或方點，……這些全會引起天坍式的震動。假如把他或她放在大場戰爭裡過幾天，試試看！過度精緻是一種危險，正像太單純的玫瑰花是一種危險。你用提琴腰身的曲線美來衡量一切線條，你用它的紅色來品評一切顏色，你用它的聲音來對照一切聲音，你的失望是命定的。』停頓一下，慢慢道：『我熱愛法國文學藝術。但當我從照片上發現：巴黎許多櫥窗競賽坦克式飛機式女帽時，或當我從報上看見：甘末林將軍用那麼多時間觀賞玫瑰花時，我就預感，法蘭西失敗定了。這兩天你們看報麼？納粹軍隊已洪水樣衝進巴黎了。坦克式女帽和玫瑰花，並不能保衛巴黎。』輕輕嘆息。『在這個時代，也許巴黎本身就是一個錯誤，正像玫瑰是一個錯誤。我不想替我的故鄉辯護，但我覺得，黃土高原上沒有玫瑰花，也許是一種幸運。』

『錯誤的不是玫瑰，不是戰爭，也不是人們對戰爭的狂熱，而是人們初期狂熱的退潮。我們現在面臨的、是退潮後的海灘悲劇。我們命定必須忍受海灘的寂寞、污泥，死去的臭魚爛蝦，單調的貝殼，蚌殼，海螺獅，碎裂的海葵，海盤車。我們必須把殘餘生命當祭品，消磨在這些瑣碎海產物上面。』莊隱望著他們慢慢道：『你在湖裡游泳時，你視覺只充滿美麗的湖水。一旦湖水乾涸，你才發現：湖底呈顯出腐泥、碎石、破瓦、爛布、朽木、荊棘、死蛙、死蟹、菓子皮、骯髒菜根。你就正站在這一片醜惡上。當初，你足下空間也是一片醜惡，但你眼睛裡、思想裡只有一片藍色湖水，你忘記湖底一切。戰爭初起時的狂熱，正是這片湖水，水乾涸了，我們就得接受腳下的醜惡。這是游泳的代價。抗戰中，許多悲劇正是如此。我們究竟是第一次遭受這樣巨大的戰爭，一切是陌生的。大後方的氣氛，和火線上又是兩個天地，在這座古城裡，即使是愛特納火山，也得化成一口古井。』

『莊隱的比喻很對。我們現在所遭遇的，是退潮後的海灘悲劇，和乾涸後的湖底悲劇。坦白說吧，假如不是抗戰，我也不會續絃。我本抱定：一輩子獨身的。虹橋機場鎗聲響了，我以為整個大陸要天地變色了，便改變獨身的決定，打算從此好好為抗戰做點事。可是，南京、武漢淪陷，局面暫時偏安，一場火熱的鬥爭，又沈靜下去了。除躲避過許多次空襲警報外，這座古城依然是一口古井。漸漸的，我執教的那個中學，人們依舊在追逐上課鈴，下課鈴，早飯鐘，午飯鐘，晚飯鐘，睡覺鐘。這是最古老的追逐。從一千五百年前起，我們第一個和尚，就是這樣追逐的。我只好參加這支追逐隊伍。儘管飛機在一百里外摜炸彈，我仍舊在課堂上搖頭擺尾吟誦「歐陽子方夜讀書，聞有聲自西方來……。」人的視線又從窗外轉入窗內，發覺屋內有一柄可怕掃帚。當然，掃帚的類型很多。……可是，掃帚總是掃帚。』

唐鏡青輕嘆道：『我們兩個交的都是掃帚運。』

接著，他問起莊隱和那位學體育的少女的命運。

『在維也納那場告別筵上，你們知道，我來西北，是為了建一個「小小煙囪之家」。我計劃，在蘭州安安靜靜釣半生魚。可是，蘆溝橋炮聲，把我的魚竿震落了。這以後便在城市大海裡沈落又浮起。關於我的「小小煙囪之家」，這個，說來一言難盡。你們不久將會發現它幕後一切。』

鄭天漫笑道：『算了，算了。我看我們也哈姆雷特得夠了。不彈這些黑色調子吧。下星期天，范惟實一個人前線回來，我請你們吃晚飯，飯前可以先來八圈；大家玩玩。』他從身上掏出銀色香煙盒，一剎那間，一片青色雲霧裊溢室內，人彷佛坐在雲霧間。他噴吐出一口青色煙雲，下結論式的道：『總之，我還是剛才意見，——這也是我個人的苦痛經驗，假如你要活得愉快，你最好不要用你的提琴聲來衡量世界上一切聲音。』停了停，又加了幾句：『我是一個法國文學研究者，但我有時也不用它做天秤，來衡量一切生活。否則，我現在就不會安心做個中學教員兼報屁股作家了。』

主人聽了，半晌不開口，只是苦笑。終於，他噴吐著青色煙霧，陰鬱的凝視斜掛在牆壁上的黑色提琴匣，慢慢的，幽黯的道：

『我過去的世界早已死了，唯一殘留下來的遺物，就是這隻琴。可是，它已經好幾年沒有發過聲音。……剛才你說錯了，其實，在我心靈裡的最後一滴提琴聲，早已死了。』

說到這裡，他的聲音忽然停住了。

於是，兩個客人突然看見：那個曾為古代萬物之王的壁虎女人、屹立門口，她從外面回來了。她懷裡嬰孩匐在肩上睡著了。她有一具高大的並不苗條的身軀，一頭短短的黑色鬢髮，一副白雪雪的臉，一雙巖石似的小眼睛，又冷又黑，一雙屬於侏羅紀或三疊紀的眼睛。

她冷冷的黑黑的凝望他們，一動也不動，兩隻黑睛彷彿是兩張巨口，要把他們囫圇吞下去似的，跟著是一陣冷冷聲音：

『鏡青　！你只顧談閒話，怎麼連晚飯米也不去淘？現在是什麼時候了？一定要等我回來淘麼？我不回來，你們就不必吃晚飯，打算絕食麼？』

兩位客人瞧著她，有點心驚肉跳，好像她是一個網球練習手，她的嘴巴是球拍，她的話語是網球，他們三個人是水泥網球壁，由她任意揮拍舞打。

三

在所有亞洲腹地遊戲中，這是最東方最霑露帶水的一種，它放射晉代清談的香味，流露唐朝詩行的花韻，且渲染宋代詞格的雅麗。它把中國山水畫特有的神秘氣氛動作化了，現實化了，是夢也是醒——人從夢到醒，從醒到夢，從恍惚抓住實體，又從後者的硬度回到幻覺。遊戲者呢，又緊張又美，也哲學也抒情。就那麼一寸牛骨，一抹象牙白，纖纖的雕刻，翠綠的線條，暗黑的筆觸，棕絳的圓形，摸在手指尖上，羅衫樣光滑，看在眼裡，一片新碧、掛紅、插墨。每一張是一個命運，人們不直接揭開、凝視，卻用拇指扣住它的脊背，用中指尖螺紋處緊貼它的肚腹，慢慢的、細細的搓摸，比午夜摸女人肉體還精心，那是摸歡樂，這是摸自己命運。一條、兩條、三條、條條摸到。一筆、一劃、一勾、一捺，筆筆觸到。一圈、兩圈、三圈、圈圈撫到。對於許多大陸城市人，這是生命歡樂頂點的一種摸觸，與其他任何官能滿足一樣。摸完了，一個失望——一個謐靜——一個微笑——或者，一個羅馬狂歡節。一張張，翠竹轉形體，光滑、瀟灑、空靈，它滿足你視覺、觸覺、聽覺，更滿足你內在深處那份原始狩獵慾，和古典哲學慾。你願意，它是一些沈魚，或者古琴聲。你願意，它是一陣中元夜的爆竹煙火。你可以寂寞、可以狂熱、可以清談、可以講戀愛、談生意、政治，以及決定千千萬萬人命運的軍事計劃。許多將軍們，一方面建築這個小小竹城，四四方方，又一節節拆開，一張張揭開，一面卻談定了一小時後的鎗炮血肉攻城戰略。這個小小築城又拆城的遊戲，封閉又推開的幻術，帶給人各式各樣的靈感，它拒絕你孤注一擲，卻引誘你參加一種悠閒的節奏，從容的拍子。它是一片綠竹、一湖荷葉、荷花、荷水，一份超越的清鮮與幽香，會昇華你狂烈火燄，你幾乎可以像道家煉丹，午夜參星拜斗。於是你銷金、鑠銀，捧出全部生命，在白晝光中、雨聲中、黃昏、破曉、子夜、一盞孤燈、兩支白燭、整個地球都燃燒盡了，只剩下這一片竹籟、竹綠、竹的節奏與旋律。

「嘩喳」一聲，主人把面前竹牌的牆堵推倒，大聲叫道：

『海底撈月！……好一個海底撈月，我和了。一般高，斷么九，自摸雙，卡當，再加海底撈月，啊，滿貫！』

『這個海底撈月，撈得你今晚要笑得一夜睡不著覺了！』范惟實笑道。

『啊！硬是要笑得睡不著覺。啊！舒服！舒服！真舒服！這個自摸卡當，比浴室老師傅的殺手鐧，兩手突然猛力搓揉腳指上濕癢，還舒服！我一生的許多鳥氣都可以消了。你想，這是八圈中最後一副，這又是最後一張，又是卡當四條，外面已出了兩張，上家又扣我一張，只剩最後一張——偏我海底撈月，哈哈哈哈！』

主人鄭天漫像陸軍大學戰史教授，細細分析一場戰爭的各面情況，那一片笑聲，就是他分析的最後結論。一個將軍的最大喜悅，是勝利後的追憶及縷述，一個叉麻將者也是如此。可是，那陣笑波振動不久，他就聽出一點不協和音。他開始沈思那幾個字，一面沈思，一面慢慢道：

『我們吃晚飯吧。荔紋！荔紋！開晚飯，先把酒燙出來。』

蘇荔紋是他第二個妻子，一個本地女人。在她身上，只有她的頭和腳，說明她曾和ABCD、三角形、多角形、氫、氧、氮、氦、細胞、原形核等打過交通。她有一頭叫做「二道毛」的學生短髮，在她腳上，是一雙新式黑皮鞋。她的其餘部份，則與本地關在閨閣中的女人沒有多大分別。她穿一件褪色藍布旗袍，一張牲口樣忠實的南瓜臉，一雙牛眼形的棕色眸子，似從未望過天空，視線彷彿也從未畫過補角、直角，永遠是餘角，八十度是她的最大限度。人們要正確捕捉她眸子的神情，是困難的。

『唉！我要你開那瓶汾酒。誰要你燙白干？真是！』

酒一獻出來，主人立刻大聲斥責。蘇荔紋臉上一陣紅暈，馬上又去換酒。

『你看，就是這種地方，叫人不舒服。記住總那麼壞。唉！』主人在嘆息。

『白干也一樣。不必太麻煩大嫂了。』三個客人同聲說。

『哪裡話！哪裡話！難得老朋友相聚一堂。「人生不相見，動如參與商。」今天是我最愉快的一個下午。天南地北好幾年，總算又相聚一堂了。不飲汾酒，何以祝賀？』主人一談到汾酒，立刻就激動了。他細敘這瓶酒的來歷，像剛才分析海底撈月一樣。據他形容，這種酒，喝下去，有一股氣，像一根線一樣，從舌尖一直貫通小腹丹田處，就如名貴鴉片煙，從嘴裡直穿丹田，能產生「一條龍」一樣。『既有美酒，須有佳餚。今天沒有別的待客，一盆紅燒甲魚，特地從聚興樓叫來的，又肥、又壯，肉厚，脂肪多，乳汁燒得黏極了。等等，嚐一嚐，就知道。唉，講吃魚蝦，又要「憶江南」了。』

在南方，紅燒甲魚，本不算什麼，肉老，又太油膩，算不得上品菜。然而，這片西北沙漠缺魚，甲魚也就唱壓軸了，像鰣魚、鮭魚一樣名貴了。

三杯汾酒下肚，果真如三條神秘的線，直貫丹田，再加上那盆異香撲鼻的甲魚，人們又一次從杯盤碗碟進入夢幻，變酒化魚——一片酒的芬香，魚的逍遙游。可以說，人們酒極了，魚極了。主人鼻尖已沁出紅點點像星星，他那雙千年神龜式的眼睛、縮得更小了，幾乎只白不粽了。他喝乾門前杯，仰起頭，繼續沈思先前沈思過的那幾個字，終於，輕輕嘆息道：

『「海底撈月！」這四個字，多美！那樣一片藍色大海，那樣一輪圓圓的明明的月亮。

剛才在牌桌上，我算海底撈月了。但在這個大千世界，我撈了四十年月亮卻什麼也沒撈到。』

『也許，你本不該撈。』范惟實說。

『也許，海底本不該有月亮。』莊隱說。

『也許，海底從未有過月亮。』范惟實說。

『也許，這個世界從未真正有過月亮、大海。』主人說。

『那麼，你看見的是什麼呢？』莊隱問。

『我們看見的，既不是月亮，也不是大海，是我們自己。』

三個客人聽見這樣一個結論，都停下筷子，望著主人，等他繼續說下去。

『是的，我們所看見的、永遠只是自己。』主人又著力的重複一遍，他為自己篩滿一杯新酒，一面呷，一面慢慢道：『番紅花紅的是自己。茉莉花香的是自己。凌霄花爬的是自己。棕櫚樹綠的是自己。香樟樹壽的是自己。波浪運動的是自己。魚游的是自己。鳳凰飛的是自己。野獸吼的是自己。月亮亮的是自己。大海藍的是自己。人彈的唱的畫的，永遠是自己。「自己」掛在秋天果樹枝頭上，是圓；抹在額非爾斯峰頂，是高；映在深冬雪夜裡，是白；貼在巨大帆篷上，是飄。自己可以變成剩餘價值，也可以變成狂暴工潮，可以化為老僧木魚，也可以化為上元夜輝煌燈火。我們眼球的玻璃體，永遠纏繞自己，正像大穿衣鏡，永遠纏繞我們的臉與肉體，湖水永遠纏繞天空和兩岸樓臺花樹。』他的小眼睛瞭望窗外。『人類從海底撈了五千年月亮，卻沒有真撈到過，正因為人類永遠不可能真從海底撈到「自己」。』

『可是，今後人類還要繼續撈下去。』莊隱替他補充一句。

『這正是人類的悲劇。』主人舉起酒杯。

『真正的悲劇是太陽、大海。太陽不該用自己的光和色彩畫出月亮，大海不該用自己的水流與波浪描出月亮。一切本不過是畫畫描描的，然而——據說我們古代一個偉大詩人卻用他最後的生命來交換這片空渺靈幻。』范惟實低低嘆息。

談到這裡，不久，菜大部份已運輸到各人胃囊內。於是麵點。接著是飯後煙捲、茗茶。大家站起來，稍稍活動一下四肢，又懶洋洋躺在沙發裡。暈黃電燈照出他們酡紅的臉，發光的眼球。他們抽著紙煙，在藍色雲霧間，繼續談論悲劇。這時，一直未參加辯論的唐鏡青，下最後結論似地，表白他獨特的意見：

『一切悲劇在於形相。一切錯誤也在於形相。形相給予一切，也收回一切。我們感覺熱帶的葉子是綠的、闊大的，是由於形相。我們感覺戈壁是黃的，湖水是藍的，女人的嘴唇是紅的，也由於形相。大貍貓蜷臥，陽光攀爬窗帷，牧童騎牛背吹笛，漁夫緊張的拉起魚網……這一切全是形相建築。我們眼球水晶體每一次屈折，我們肺葉每一次張翕，我們交感神經每一次波動，我們脈搏每一次振擊，全和形相幻景虬結成一片。即使是幻影，但因為是形相，便迷住我們，抓住我們，彈奏我們的生命，燃燒我們的血液。

『我們的紅色血液循環，也是一種形相表演。

『我們既依賴形相，像森林依賴大地，我們就不能不忍受它的剝削、詭詐、壓搾、無情，以及它的太大的高利貸。

『一張臉，即使騙過一千人、一萬人，假如以耶穌形相出現，我們依然虔信它，像亞當夏娃，信賴樂園的蛇。一雙眼睛，即使導演過千百次謀殺，假如投射出釋迦的透視，我們依舊匍匐在它下面。一張嘴，即使說過無數句謊，假如現出聖馬利亞的微笑，我們依然跪著用膏油塗它的主人的腳。

『形相是如此精美的演員，它能從阿高（「奧賽羅」劇裡的）演到摩利莎，從聖佛蘭西斯演到靡斐斯特，從西哈諾演到猶大，從庇利克理斯演到第拜。在正常生活中，我們還常愛坐在戲院池子裡、舞台前，愛信假為真，為一個無辜的岳飛跳上台去殺秦檜。不要說這是一個沒有舞台標記的舞台，一些不作任何廣告的演員了，而且，每一秒每一分鐘都在向我們扮演。我們已習慣於信賴，正像鴿子習慣於自己翅膀。

『除非是職業間諜，正常人和正常生活，不能忍受那種每秒每分鐘的間諜視覺、聽覺、嗅覺、觸覺。我們要的是較持久的，不是那片千變萬化。我們的時間、是以一小時兩小時為單位，不是以千分之一秒為單位。

『就這樣，形相賜給我們一切，也糟蹋一切。花是形相，草是形相，垃圾是形相。卜內門肥田粉也是形相。嬰兒是形相。愛人是形相。尿布是形相。大便也是形相。斐底斯的雕刻是形相。萬金油的商標也是形相。我們永遠陷在形相網罟裡。我們永遠陪演著形相的悲劇。

『海底撈月不過是許多形相悲劇裡的一齣。而且,是典型的一齣。因為,海底月亮其實是形相的形相的形相。』

四

在唐鏡青的悲劇哲學與主人的海底月亮之間,本有橋有軌,可以泛舟通車。這舟楫,車馬將載他們到一片深邃的新天地。但現在,他們還不想通航太遠,更沒有聯想到一派廣闊的新空間。他們所能抓住的,只是黑夜電光石火,被過份強烈的黑暗逼出,迅速發光、燃燒,又迅速返回黑暗。

這時,唐鏡青的聲音,誘惑他們再一次凝視四周:這究竟也是形相。這究竟也是空間。他們下意識的本能的睇視著。

人們空間縮小,慾望也就縮小。宇宙變成一隻乾漿菓,可以抓在手掌裡,它就不再發光、放色、反映一切,而它的各式慾望,也就暗澹、褪色。然而,即使人們的空間縮小成一隻蟈蟈籠,籠子內的蟈蟈還是要流瀉聲音,而且,它翅翼的振幅並不渺小、纖弱。此刻,在這片古老空間,他們都是南方燕子,第一次停羽於沙漠。他們回憶且渴望南邊的陽光、空氣、天穹、湖水。比起唐鏡青的兔子籠來，這個小小客廳，總算還有點「南」味。白籐書架上，陳列一些法文原版小說，凸現於客人視線裡的，是主人最心愛的綠蒂：「拉曼卻」、「菊子夫人」、「土耳其女郎」、「冰島漁夫」；只要一瞥見這些書，客人們會呼吸到一種拉丁的溫柔、精緻，沈悶的肺葉也就舒展得輕快點。沒有花，黑漆方形雜木茶几上，卻有花瓶，那隻景泰藍細口瓶在開無花之花，展無葉的葉子。几後貼書架的粉壁上，是一幅馬蒂斯的紅衣女像，鑲在金黃鏡框內，女人那麼老，卻又那麼美，磁力樣誘惑人，這是現代派的時間魔術。比這幅畫更魔術的，是那四張米色沙發，雖然髒破、舊醜，坐在上面，像坐海船，要暈船，服藥，但人們仍覺是沙漠上的奇蹟，古董空間的摩登享受。超越這一切的，是這裡有一排真正的「窗子」。透過它們，人們可以看見窗外，而不是窗內。這一排玻璃窗為室內帶來雲彩、星光、鳥翅、颶風。當然，腳下也不錯，有地板，讓人們暫時忘記那滾滾茫茫的黃土，那吸乾所有記憶與花朵的黃土層。

客人們凝視著。漸漸的，菊子夫人、景泰藍、紅衣女、窗外的星斗，全沒有了，他們只看見主人的千年神龜的姿態。照理說，具有這種姿態的人，可以長生不老，實現了連秦始皇也沒有能實現的夢想。但主人仍那麼蹣跚、懶散，唉聲嘆氣，他們有點不解。然而，他們很歡喜主人的孟嘗君風格，待客慇懃，款款的，一杯杯勸酒，一筷筷奉菜，又一盞盞獻茶，一支支敬煙，一碟碟遞南瓜子。雖然這是一隻千年古龜，但八卦龜殼內層，卻有一份女人的精巧、細膩、柔情，正像綠蒂的文筆。

遺憾的是他的嘆息。假如一個人說話，也有標點符號，那麼，嘆息聲就常常是他的標點。而且，這種標點，往往點在句子前面。這一會，他又先點標點、後寫句子了。

『唉，形相也好，悲劇也好，大海撈月撈了幾十年，我撈到一隻地瓜，鏡青撈到一把掃帚，莊隱撈到一副鐵啞鈴。惟實，看你將來撈出個什麼吧！』

『我得聲明，我太太現在不玩鐵啞鈴了。』莊隱笑道。

『不玩啞鈴，總還打拳吧！』主人笑道。

『也不打拳了。』莊隱笑道，『你忘記了，全國短跑女冠軍孫桂雲，一個十九歲少女，一到上海，就跑不動了，不要說我太太是兩個孩子的母親了。中國女子教育，永遠是嫁奩的一部份。她在體育學院裡常玩的那副鐵啞鈴，早在蘭州賣給收舊貨的了，可惜我沒趕上收羅。』他最末一句話，是有「的」放矢，因為，這時他正做收舊鐵的生意。

唐鏡青道：『我看蘇小姐還算賢慧，比我那把鐵掃帚體貼多了。她不是讀過初中麼？』

『她就是劍橋大學博士，也不能減少我對她的反感。』鄭天漫頭靠在沙發背上，臉上每一條紋線全充滿回憶情緒。『當你喝過諾曼第的蘋果白蘭地後，別的酒就不想喝了。當你抽過三五牌或茄立克後，別的本地煙捲就不想抽了。當你吃過嘉興南湖大蟹後，別的小河螃蟹就不想吃了。人的記憶，就是這樣一個怪物，它專貯積最美麗的，摒斥最簡陋的。只要我記憶花瓶中還插有美綉的薔薇，我就無法不對身邊的黃土沙漠嘆息。隔岸觀火的人，總覺對岸火光火色極其華豔，他們從沒有想到：火會燒死人，會毀滅一切。』

『我同意天漫意見，雖然我的妻子早就不玩鐵啞鈴了。』莊隱苦笑道：『人對人的反感，特別是，對妻子的反感，不是一天兩天發生的。它是一分鐘又一分鐘、一天又一天、一年又一年、一件事又一件事、一句話又一句話、一個情緒又一個情緒、一個觀念又一個觀念，無窮的堆積起來的。在堆積的垛子未達某一高度時，還不怎樣；一越過那個高度，一切就很可怕了。』

主人點頭道：『正是如此。你可以忍受一件、兩件，但你不能忍受十件、二十件。你可以忍受十件、二十件，但你不能忍受一百件、兩百件。你可以忍受一百件、兩百件，但你不能忍受一千件、兩千件。終結，你總不能無窮無盡的忍受——等待死亡那一秒獲得最後解放。』

原先不同意主人的化學家，終於也接受他的結論。而且，還加了點補充。就是：『兩個人可以在一起生活，但不能隔著兩條街講話，更不能隔著一座撒哈拉大沙漠思想。這是兩輛車，在兩種軌道上駛走，永遠平行的走，不能碰頭，正像幾何學上早證明過：兩條平行線永遠不能相交於一點。』

范惟實聽完了，用中指彈了彈紙煙，諷刺的微笑道：

『幾個男人坐在一起，免不了要挖苦自己老婆，你們解剖她們，像醫學實驗生解剖女屍——這已經成為中年人的一種風氣。』他搖搖頭：『我不能同意這種風氣。』

『這因為你還是個獨身漢。』主人說。

『結婚生活是一齣走繩索戲，你還沒有走上這根繩索。』唐鏡青說。

范惟實繼續搖搖頭，只輕輕說了一句：

『這因為我剛從前方回來。』

這句話雖是輕輕的，卻沈重地擊打另外六隻耳鼓，有點像禰衡那隻鼓捶子。他們不響了，六隻疲倦而微醉的眼睛，凝望著這唯一的「異教徒」。

他們聽見「異教徒」安靜的卻有點痛苦的聲音。

『我過去是怎樣一個人，怎樣的生活作風，你們全知道。就連我這樣落花流水的人，現在，也不能不較沈重的凝視現實了。時代投影在我身上，像兩岸倒影投映在湖水上。

『每次返回後方，呼吸到這座古城的墓窟謐靜，我就覺得自己有點變態。昨天，我還命令部下埋葬最後一個士兵屍首，今天，我卻坐在這裡靜飲汾酒、喝紅茶，而且，談論海底撈月。沒有人記憶死者，沒有人看見太陽下發臭的血腥，沒有人回想昨天黃河邊的炮擊、轟炸。我自己剛從死者、腥血和彈片中來，但也迅速忘記它們。也許，明天我會倒在一顆流霰彈的碎片裡，但今夜我可能再走進開元寺，愉快的燒一炷肉香（註一）。我們在戰爭，我們又不在戰爭。我們不希望戰爭，我們卻在戰爭。我們不歡喜戰爭，我們卻在戰爭。

『黃土高原上，夏季是一座火燄山，人們流著汗。人們奇渴著。人們一面喘息，一面傾聽：穿過火燄山，敵人是不是突然衝來？是什麼慾望，逼人們去傾聽？是什麼因素，使敵人衝過這火燒的荒漠，在華氏一百度——一百一十度的奇熱下衝鋒？他們能得到什麼？是匈牙利舞曲？印度象牙？女人胴體？永久幸福？什麼也沒有，只是一片血肉淋漓！為什麼他們要這樣呢？

『人真是奇怪動物！幾乎毫無所為、毫無所得的，把自己變成一片恐怖、一個魔鬼。』

『我們呢，是為了保衛生命，保衛大地和孩子。然而，我們的心理也是怪誕的。我們並不想死，我們並不想吞服養血龜板丸似地，吞服大批子彈。每一個頭腦生在脖頸上的人都知道：這是一場強迫的無益的戰爭。只因為對手愚蠢，用屁股而不用腦袋思想，我們才不得不陪他們演一場蠢戲。彷彿推牌九，既然對方下了最大賭注，逼我們做莊，我們就不得不擲骰子、發牌。

『人為什麼專玩死的遊戲？人為什麼專製造痛苦的遊戲？在這個美麗星球上，難道沒有別的戲好做麼？

『我回來，走在T字形大街上，黃土層呈現一片原始的純粹的靜。我可以在這張馬蒂斯紅衣女像下靜靜喝一杯祁門紅茶，抽一支河南天仙牌煙捲。而且，我還輕鬆的打了八圈，一張張，細細摸觸那牙骨牌。可是，最好我們靜靜打牌吧，飲酒吧，抽煙吧，喝茶吧，大嚼甲魚吧，可不要多談，多發聲音。一談，特別是看見你們以自己老婆為圓心，不斷畫圓周時，我就煩。我會想起昨夜的死，明夜的死。我會想起：今後千千萬萬個死。死比生命更豐富的包圍我。這支天仙牌，是在死的飛翔翅膀下抽的。這杯紅茶，是在千萬個死的眼睛凝視下喝的。我努力想忘記。於是我暫時忘記了。但太陽仍舊會從明天窗下爬過來，死也會從明天窗下爬過來。不錯，我們打的是神聖戰爭。但我們仍得死。不錯，對手打的是卑鄙的戰爭，但我們仍得死。

『然而，你們卻靜靜舉起解剖刀，來解剖自己老婆。』

『我過去是個最饒舌的人，但你們注意到麼，在今天牌桌上，我幾乎一句話也沒有。

『這樣下去，我真怕自己會發瘋。也許，我應該從前方調到後方了。我正在考慮。像我這樣的人，也許不適宜在死亡機器旁邊操作。』

另外三個人聽了，陷入沈默中。有好一會，唐鏡青才慢慢道：

『也許印蒂對。』

主人的千年神龜似的小眼睛，射到肥皂製造者的臉上，正想說什麼，被他稱作「本地煙捲」的蘇荔紋突然出現了，手上是一封信，由於她一時疏忽，更由於這一場繁忙夜宴把她攪昏了，這時才交給她的丈夫。她似乎預感到將受責備，更銳感自己的菸草氣息不受歡迎，一遞過信，馬上退出去。

從主人看信時的神色上，客人們敏感有什麼事要發生。鄭天漫才一放下信，三人連忙問：

『有什麼事麼？』

『真奇怪！我們正在共同為這片黃土荒漠唱輓歌，有人卻要奏瓦格納「結婚進行曲」。當我們被這個古城的墓窟死寂悶得透不過氣時，有人卻羨慕它是一個天堂，歌頌這片死寂是陶靖節的寧靜。』

三個客人一再追問，究竟是怎麼一回事，主人卻苦笑道：

『我那位紅色哥哥要回來做陶淵明了。他在異鄉漂泊近二十年，現在要唱「歸去來辭」了。』停了停，仍然苦笑。『他請我把他東關外的故居和田園初步整理一下。』

『你說的是天遐麼？』莊隱與范惟實詫異的問。

『是的，你看，這封信一開首就是：「歸去來兮！田園將蕪胡不歸？」』

夢幻一樣的暈黃燈光下，主人在書桌上攤開信。於是，一剎那間，莊隱與范惟實記憶裡，突然浮起他們的老朋友——在所有老朋友中，最後留在原陣地的兩人中的一個，那個彌勒型的胖胖的大個子書生，那個戴圓圓黑玳瑁眼鏡的教授，那個二十年來一直株守自己信仰的聖保羅型的理論家。

五

熱。熱。沙漠上的熱。赤道的熱。蠱惑性的熱。鋁質寒暑表白色玻管中的紅色水銀柱不斷上升：九十度，九十二度，九十四度，九十六度。大太陽底下是沸水鍋，可以煮熟人：紅燒亞洲人，或清燉亞洲人！熱！毒蛇樣固執的熱。熱，而且單調。人昏、暈、眩，視覺輪轉各色霓虹光，不知怎樣才好。肉體是蒸籠，蒸氣冒著，汗水流著，無窮的水蒸氣與酸氣。肉體熱，肉體外熱，肉體內那片抽象也發熱。黃土層上毒太陽是西域火燄山，在燒，在焦。大地狂燎。樹木熾熱。牆壁熛熇。窗子熔化。人在燃燒。思想也在燒。心臟也在燒。仲夏季猛熱，教人血液裡也突然捲起一大陣炎爇。情慾彷彿一直被忘記、在睡覺。一百廿度的太陽，忽然又叫它恢復記憶，喚醒肉體地平線下的一切。窗外白晝，甦醒了那最原始的。沙漠黑夜，召來那最野蠻的。這樣瘋癲的季節，流火的土壤上，只有非洲大蠻琴、林鼓、夜火，和那原始胴體上的蟒蛇刺青花紋，才能叫人饜足。或者是阿拉伯女人的古埃及舞。幾乎赤裸裸的滾在地上，滾舞著，慢、幽、沈，配著鈴鼓，單調而又重複。或者，是古代身毒舞，或野性菩薩舞。但這座古城裡，沒有這一切。在蘭州，每當內心燒得緊時，莊隱便跳上馬背，在大平原上，一陣疾奔電馳，讓積聚心之暗室的火花，隨馬蹄急雨而發散，讓一切本能衝動化成沙上一片馬蹄印。現在，沒有馬。借馬，大熱天也不宜瘋狂馳騁。垂釣吧，沒有水，得搭一小時火車，到九十里外去。而且，水裡不一定有魚。他懷念起南方的綠：水的綠，草的綠，樹的綠，女人的綠，紗帳的綠，扇子的綠，燈的綠。這樣大火燄天，只要深深喝一口綠，就像喝一口冰凍可口可樂，會大大降低火的熱度。這古城裡的綠，太淡、太淺、太薄、太稀，沒有那種海洋樣濃濃濃濃的綠，無極無限的綠。在熯熾的夏季，他一見黃色，就恨。黃得很可怕，黃得像火，要燔，要灼。黃土層的荒漠，在太陽光下冒火，燂炙，大地在燒人。既沒有那真正非洲的，也沒有真正江南的，然而，就在幾百里外燃燒的大地上，人們卻在火燄中廝殺、搏鬥。

莊隱內心那股離奇衝動，就是這樣離奇出現的。不知從哪一分哪一秒起，它被滾燙的溽夏呼喚出來了。盛夏，是肉體的季節，在南方大海邊、江裡、河裡、湖裡，無數個肉感體撞擊著水液、陽光、空氣。這裡卻是一片爆爍的黃土。越是沙漠，越是刺激單純的官能。於是，漸漸的，那個病態卻仍然豔麗的綠色女人，從沒有水份的黃土層上昇起了，隱隱向他走來。

在沙漠上，或者戰爭，或者女人。古代阿拉伯沙漠上，有那麼多英雄故事，也有那麼多愛情故事。在這片沒有精緻調節的荒漠上，沒有魚、水、花、湖，沒有音樂、詩畫。人們或者完全像本地人，被暖烘烘的日光晒麻痺了，或者動蕩、苦悶，像一些外來人。後者在掙扎，反抗麻痺或靈魂活埋。

接近這個綠色女人，就是被這片荒漠空氣促成的，又被夏季紅熱大太陽燔熟，像蘋果被日光燒熟。

荒漠上，靈魂常震蕩一種狂渴，渴望在原有生活中，再多加進一些什麼：香料，或者油彩，或者煙霧。所有奇渴的箭簇，第一支的箭靶，照例是女人，這是最古老也最自然的靶子。只有一片豔麗胴體，才能把這片沙漠打扮得花枝招展。只有女人的髮香，才能叫高原風砂變得柔和些。在荒漠風沙的蠻獷背景下，介於青年與中年之間的男女，他們有年輕的火，也有把火變成現實的中年手法與腕力。很自然的，那些比較飽滿的生命力，在第一面，就被雙方的突出部分焊接在一起了。

他在蘭州認識這個女人。她，一個高中畢業生，意志堅強，只因家道中落，命運困苦阢隉，不到幾年，竟成為巨商溫夢岩的第×號夫人。溫是西北封建幫會領袖之一。近年來由於莊隱在各縣收集舊鋼廢鐵做生意，在一場買賣上，他們結識了。打過幾次牌，喝過幾次酒，按一般商業規律，他們很快變成「朋友」。

遷居這個古城後，他開始接近她。他抵達前，她就先搬來了。這裡是溫的商業據點之一，也是他的「金屋」據點之一。

這個女人，有駿馬式的衝動，也有白鴿子的柔和。她有一頭繁密的黑髮，常梳成一捲捲大波浪。在黑色壯麗波浪下，一張橢圓的蒼白女臉，蒼白得很逗人，帶挑釁味。她愛穿綠色的或綴綠花的袍子。她也愛紅色罌粟熬煉成的黑色漿液。正是這種毒汁，使她具有一份病態的吸引力。在她這種環境裡，罌粟花是極自然的生活點綴，特別是一些被編號的女人。

促成他們真接近的一次談話，就是從這種毒物開始的。那是一個像罌粟花一樣夕紅的黃昏。他們單獨坐在他的長方形客廳中。

『你年紀這麼輕，為什麼一定要吸這個呢？』

『在我這個天地，每個人都在吸。不會吸的，遲早總得吸。』她吐出一片剛強的聲音。『你知道，一個姨太太的事業之一，就是燒鴉片，把煙泡打得熟熟的，熱熱的，透透的，香香的。會燒，就會吃。會吃，就會上癮，假如我不吃，人們倒會奇怪的，好像母雞不會生蛋。』

他知道，她的聲音是誠摯的。在西北，特別是甘寧青某些地方，抽鴉片跟抽紙煙喝茶一樣，不算一回事。在蘭州，為了應酬，他自己也咬過廣竹槍，在錦記斗的蠶豆燈火邊，躺過十幾次。這時，一些人用「冷籠烘膏」製煙造霧，煙死霧死別人，也煙死霧死自己。

『可是，你得設法戒掉才行，我可以和夢岩談談。拿你現在體質說，再不戒，有點危險。』

他的話語，含有很大現實意味。她四周那些男人，體格都遠比她強，拿溫說，簡直就是一隻大牯牛。她和他們作吸毒競賽，先倒下去的，注定是她。再說西安這座古城風氣，比起甘寧青一帶的封建死硬，要彈性得多，靈活得多，大有利於她持戒。

他說明許多理由，鼓勵她，勸告她，安慰她。他甚至提出一些具體辦法，與醫藥經驗。

『一個人活在世上，最低限度，總得自我保存。這是生物的起碼原則，也是做人的起碼策略。你年紀這麼輕，不該在這個嗜好上浪費全部生命，全部青春，你有你的將來。』他想，她最多不過二十六、七吧。

她苦笑。『我也有將來？』病態的黑眼睛裡，閃起一片紅火。『我的「將來」，就是被人玩，被人取樂，被人扔掉。』

『不，話不能這麼說。一切得靠你自己。』

『我的自信，早磨光了，七年前，當姓溫的第一次把我從少女變成婦人後，就磨光了。』她陰暗的沈思著，聲音仍是剛性的。她慢慢道：『我沒有一個朋友，除了那個鼓勵我吸毒的，叫做「我的丈夫」的那個人。』

『——你有朋友！』

他也慢慢說，深深深深瞰視她：那片黑色大波浪下，反映出罌粟花的有毒的豔麗的臉。她那雙病態的黑眼睛、也深深凝望他：這片黃土層上的江南紳士，他那張清秀臉孔，他那派瀟灑風度。

一剎那間，他們沈默了。他們肉體裡一些神奇東西在相纏相結，開始捲滾在一起。

真怪，開始不過是一片同情心，屬於基本人性的憐憫，這以後，他們卻各自走入一個神秘深處，只有他們自己才知道的深處。在這裡，正像在蒙古戈壁，草原帳篷中，感覺上只要發生剎那化學作用後，男女雙方就決定了一切，而剎那密接後，就永遠密接了。

她接受他的意見，開始戒煙，忍受許多苦痛。有好幾天，她簡直像一隻火燒了的野獸，滿床亂滾，看樣子（別人看來），她是熬不了、受不住，但她卻咬緊牙齒，堅持下來。他盡可能暗暗幫助她、鼓勵她，像拯救一條淹在水底的生命。

與毒品鬥爭，是溫度表上一條水銀紅線，感情就順著這根紅線蜿蜒上升。

這一切不過是三個月的事。

今天下午，是她服完最後一對戒煙藥水，注射畢最後一針馬加羅爾的第四天，也是鬥爭勝利的第一天。她就要來看他。另幾個朋友，也將過訪。他準備一頓豐盛晚宴，誰也不知道它的內在目的。只有她知道：這是他在慶祝她的勝利。

事情簡單，又不簡單。她有丈夫，他有妻子兒女。他和她丈夫又是朋友。當然，他們的友誼，是畫在鈔票紙上的，他毫不惋惜，而且，內心一向蔑視他，這個西北大流氓！他甚至也不怕他報復，假如他們的愛情一旦從暗室出顯在明室。繩子結頭在管曉菡，他的善良妻子，他沒有理由背棄她，但事實上確已在背棄她。這個「小小煙囪之家」，真不容易搭造。愛情不是英國大憲章，不是銀行存摺，也不是糧食口袋，同時，也沒有一種靜靜的萬年青盆景式的愛情。它永遠是許多激盪、不安，以及激盪不安中的甜蜜。也許，毛病正出在這裡。她未免過分的安靜、善良和服從了。假如她辛辣一點，可能他大腦皮層早不會滋生任何幻想了。自從這位體育學院畢業生把那副鐵啞鈴賣給舊貨商後，由於西北風砂的磨鍊，她精神裡的許多鋼鐵成份，只好打發給命運了。他呢，與唐鏡青正相反，他需要辣椒，後者卻喜歡香菇，也許當真有那麼一大盤紅紅辣椒放在桌上，他的胃口究竟能持續多久，也還是個問題。人就是這樣一個不可思議的動物！

六

『你一個人孤獨坐在這裡，想什麼？』

他抬起頭，是印蒂站在他面前。說不出為什麼，每次看見這個身材魁梧的生命，他精神狀態總要孿生一點神秘變化：那最紛亂蕪雜的，彷彿單純了，那最衝突激盪的，似乎統一了。在這位黑色修士身上，似凝鑄一種神像似的虔誠、莊嚴；他那雙深邃強烈的眼睛，本棲息一隻鷹隼、一隻白鶴，現在，那鷹隼變成神話中振翮九千里的大鵬，那白鶴化為一片瑞雲，這二者帶給他視覺一種崇高的超脫。他那副常緊閉的嚴肅嘴唇，此刻閉得更緊了，是一座古代堡壘，表現一派森羅氣象。他那副寬大肩膀，罩在一襲宗教性的黑色長袍子裡，分外流露出輝煌、偉博，就說這件黑袍吧，可真不容易穿呀啊！今天下午，室內華氏九十二——九十四度，他自己穿一件薄薄麻紗汗衫，還嫌熱得透不過氣，而這位客人的高大軀體，卻包裹著長長厚厚的黑色布袍，裡面還著襯衫、背心。在他看來，實在有點驚心動魄。客人剛從外面太陽裡進來，汗水溼透脊背，褐色臉上，幾乎「淚下如雨」。主人連忙遞一把蒲扇過去，他婉謝了。請他寬衣，他也溫和的拒絕了。他只掏出一方白手帕，不斷拭去頰上汗液。對於這位修士，一點太陽熱似乎是極渺小不足道的事。他整個肉體與靈魂都沈浸在一份最謐靜的莊嚴與神秘中。邂逅他這樣一種頑強的虔誠，莊隱很感不安，好像莫名其妙的，自己的靈魂與形體，忽然渾濁不潔了。他遞給印蒂一支煙。

『你還是不抽煙嗎？』

『謝謝你，我已經一年多不抽煙了。』印蒂溫和的道。

莊隱立刻吩咐男僕李文打一盆井涼水，客人總算沒拒絕，洗了個臉。

『聽說天主教士是可以抽煙喝酒的。』

『是的，這與教規並不違背，我是自動戒除的。』他安詳的慢慢的說。

主人似乎有點埋怨這位老朋友，好幾次約他，臨時他總覆信婉謝，害得大家空候。自從遷來西安後，古城空間這麼小，教堂與莊宅不過二十分鐘路，三個月中，這僅是他們第二次見面。

『不是我不願出來，我是怕你們拘束。』印蒂慈藹的道。

『我們絕不介意你在座，我想，老朋友總是老朋友。在一個天主教修士與老朋友之間，不應該存在太大隔閡，是麼？』莊隱幾乎有點懇求的說。在一生中，他最敬重的朋友，就是印蒂。當他數說這些時，過去許多年來的友誼生活，一片片、一段段，彩虹樣閃射於記憶的天際。『我們總算十五年的老朋友了。』

『我知道你們絕不介意我在座，可是，能讓你們更自由的展露自己，不更好麼？我願意你們更愉快，更自在些。』他刪除了下面兩句話：在一個輕鬆的筵席上，他這件黑袍，可能嫌分量太重些。

莊隱想，多玄奧，就是這件黑袍，叫他們站在兩座峰頂，相互可以用眼睛摟抱，卻不能用肉體擁抱。在這個宏麗時代，每個人都在變，但變得最兇的是印蒂。千幻萬奇中，別人改變的，只是肉體，以及靈魂一小角，印蒂卻儼然是兩個人了。

『印蒂，有一個問題，我早就想問你了。我提出來，你不會怪我冒瀆吧？』

『傾聽每一個問題，盡自己所知答覆它，是每一個天主教徒的義務。』印蒂溫藹的說。

主人躊躇一下，慢慢的謹慎的道：『我早就想問你了。你這次皈依，僅僅是你一個時期的心靈需要呢？（像你過去那幾次過渡性的皈依？）還是由於你永恆的信仰？』

客人毫不沈思，迅捷的、婉和的道：『我相信這將是我的永恆信仰。除非主拋棄我。可是，我相信：神聖的主永不會拋棄祂膝下子民的。』

他的黧褐色臉上，閃出無比虔誠，話語卻極其自然、從容，像光與風一樣自然，花和水一樣從容。莊隱不禁有點慚愧，自己會在光、風、花、水面前，提出一個否定光、否定風、否定花、否定水的意見。

客人見主人有點不自然，便岔開話題。

『半齋、良弼他們呢？』

『在廂房裡「做夢」。』

「做夢」，是五個人搓麻將，每一圈終了，輪流有一個人下去，讓旁邊的「夢家」上來。

假如照幾年前習慣，印蒂很可能走進那陣牌聲裡；現在他卻坐著，睇望粉牆上一張彩印洋畫，畫上一個漁夫坐在巖陰深處垂釣，這是一張完全似照像的畫，也是主人最喜歡的一幅漁隱圖。真怪，這裡任一幅畫，如果不是為了要望一件東西，就不會吸引他。這間精緻客廳，比起唐鏡青的兔子籠、和鄭天漫的可以看見星星的客室來，那是另一個世界，屬於古城處長級以上高等人物的世界。鋼鐵商人雖然應和人們的咆哮、埋怨，這是無花無樹的荒漠，卻不忘記替自己製造一個綠色角落。院子裡植兩棵青楓，一株刺柏，窗前點綴兩盆金絲荷葉海棠，窗台上置一盆瓜子黃楊，一盆細葉黃楊。紅木寫字檯上，舒展一盆點紋十二卷。即使無水無魚，他也會掛一幅巖陰垂釣圖。這家不掛招牌的華達貿易行、使印蒂想起S市那個大通貿易公司，除了他已走進教堂，與它無關外，它的成員大體還是S市原班人馬。這家貿易行主要就靠這隻客廳做招牌，裝潢，給一些來往商人以深刻印象。客廳長長長長，像一條迴廊，它的陳設、也叫他聯想起那個巴比倫大城的一切。莊隱施展他那點江南智慧和過去商業經驗，僅僅利用一點有限材料，就在這黃土層一隅，再雕塑出一幅小小江南夢境。印蒂佩服主人的翅膀似的想像力。但對這些，此刻他毫不感興趣。他的感覺、對這一切完全陌生，彷彿又回到十五年前，第一次從北方歸來，走進自己的也是生物學家的那座幽美古宅一樣。

他正想著，廂房裡「做夢」已經結束，「嘩」的一聲，一下子，人們水樣衝進客廳，包括幾個「看斜頭」的女人（註二）。跟著進來的，還有一架大達牌電風扇，登時捲起一陣陣風浪。人們談著笑著，一個個喊熱，好像「做夢」時，世界像一隻溜冰鞋，直滑到北極。「夢」一停止，世界又滑向赤道。

『這樣熱法，簡直要投河了！』鄺半齋喊道。

『誰叫你豬八戒投胎呢？』佘良弼笑道。

『我道這麼熱，原來是印蒂來了，你是從天國來的，天國就在太陽旁邊，他把太陽裡的火燄全帶來了。』

大家都笑起來。

這幾個人還和當年巴比倫大城時代一樣，彷彿地球並沒有自我旋轉過四個三百六十五次、東海邊沒有死過千千萬萬人，黃浦江水沒有紅過，世界幽靈的數目也沒有增加過。稍微不同的是，他們的活動空間，從海上搬到陸上，他們的型態由魚類進化到走獸類。從前，他們與海浪鯊魚打交道，現在，和沙漠大風沙纏在一起。比較起來，他們的「龍頭」莊隱，對時空的反應要尖銳得多。也許，他們曾經反應過，只由於那帖最古老的「習慣」藥劑，一切「臨床症狀」已漸次解除了。

走進客廳的，還有兩個非正式的「夢家」；范惟實與鄭天漫。仗著上層社會關係，這時范已調到古城一個訓練班擔任上校教官了。

莊隱的老伙伴們，全住在這個院子裡，大多帶家眷。四年半前，甄俠發願要找一個黃臉婆，結果卻找到一個白臉少女，而且頗俊美，使朋友豔羨不置。鄺半齋的獅子夫人，今天下午也是「看斜頭」者之一，但並沒有作霹靂吼，因為「土豪」（鄺半齋越來越胖，大家都叫他鄺「土豪」）交獅子運，一路順風，不斷五番六番或「滿貫」，幾乎把其餘四個殺得片甲不留。只有佘良弼還是獨身。曾有人問他：你是「獨」全身，還是「獨」半身，他笑而不答。不過，在蘭州時，這個獨身漢卻臨時借了個女人肚皮，生下個女孩子，叫「心心」。從名字看，這個肚皮，顯然不是根據合同租借的，她是中世紀浪漫傳說的尾聲。據說，一些有丈夫的女人很怕他，因為他專借這類婦人肚皮，為人類繁殖生命，雖然順利借到的機會並不很多。

不久，唐鏡青也來了。唐和鄭天漫一樣，從不帶妻子赴宴會，不同的是，鄭酒醉飯飽，回家可以倒頭大睡，甚至由夫人脫鞋卸襪，唐返舍，卻免不了要挨幾掃帚。可是，他寧挨也不帶她，除了極少的例外。

當溫夢岩與喻綠影蒞臨時，主人馬上吩咐男僕李文，從井底吊起醉瓜。這是蘭州的著名瓜菓，與新疆哈密瓜齊名，最近熟人捎來送他的。一共八隻，裝在一隻大布袋內，沈入井底，袋口用繩子縛緊，繩端拴以大石頭，壓在井邊。從早上浸起，浸到現在，簡直像冰瓜一樣。

這正是最後的下午，黃昏序曲尚未演奏，太陽已經開始從地面撤退火力，這座院落是它最先撤退的防地之一。不久，由於習慣，人們都聚坐在院子裡，其實，即使樹蔭下，溫度也比室內高，對面高高白粉牆，就是一隻大熔爐。但人們仍感到院子比較透氣，因而心理上便錯覺：窗外總比窗內清涼。

醉瓜小而白，甜而香脆，從井底取出後，一陣冷颼颼的，一片寒氣，吃時涼徹骨髓，香浸血液，甜入纖維，大家不由大呼「好瓜」！「好瓜」！「好瓜」！

佘良弼嘴裡嚼著瓜肉，大叫道：『在這個時辰，吃這樣的冰瓜，真賽似活神仙了。』

甄俠笑道：『比令女友的肚皮如何？』

佘良弼不開口，只笑。

參加瓜會的，還有鄺、甄、莊三家的輜重隊：鄺的獅子座，他們的大女兒、二女兒、三女兒，甄太太，甄的大兒子、大女兒，莊隱的長子「小弟」、長女「小妹」。這些輜重隊的出現，使人聯想起馬爾薩斯「人口論」和蝗蟲。

遺憾是，瓜雖八只，體積太小，如南方「棗兒瓜」。院子裡嘴巴這樣多，每人真正是「嚐鼎一臠」。佘良弼等人大叫「好瓜」，只不過自我陶醉罷了。

唯一沒有參加的，是女主人管曉菡女士。她正在廚房裡，扮演火頭軍薛仁貴，與鐵鍋、鏟子、油、火，作鬥爭，與雞鴨魚肉番茄茄子在肉搏。這是莊隱老脾氣，每逢請客一定，一定勒令太太親上戰場。他嫌館子裡菜肴格調不高，正如明清以後詩詞，比起唐宋來，俗陋多了。儘管他們之間，有某種距離（這是他的感覺，不是她的），但在烹調上，卻完全「八弦一宇」（註三）。這樣，當年表演鐵啞鈴的健將，現在便轉變為舞弄鐵鍋鏟的能手了。

流火在最後的太陽防地燃燒。瓜汁在青楓樹蔭下濺滴。人們的話聲隨醉瓜香氣四溢。話題是午夜大流星，從一點流閃到千萬里外，又從千萬里外回到一點，它又是孫悟空的觔斗，一路翻下去，無窮無盡。從醉瓜扯到哈密瓜，又到西瓜、馬鈴瓜、德州瓜、廣東瓜、平湖瓜、三白瓜、棗兒瓜、黃金瓜、雪瓜、霉天的瓜、伏天的瓜、秋後的瓜，又到宜興瓜、香瓜、黃瓜、菜瓜、南瓜。鄭天漫更把雨水滾到杭州老正興醬園逢頭伏開缸的雙插瓜。於是，圓圓的瓜便滾到西湖邊，三潭印月，雙峰插雲，蘇堤春曉，孤山看梅。梅花經風一吹，吹到女人旗袍的花色上。接著，流星軌跡是：上海老大綸綢布莊——女人——老婆——怕老婆——創世紀——伊甸園——亞當夏娃——神父的獨身——佘良弼的獨身——佘良弼的夏季攻勢——華達貿易行所收的鋼鐵——黃河岸上的炮聲——隴海路——火車——汽車——飛機——新疆南部航線的勘察——新疆大黑風——新疆維吾爾族的歌曲——蕭邦小夜曲——鄺「土豪」「二、二計劃」的破產——淪陷區上海許多中國商號的破產——舶來品——法蘭西的投降——康邊協定——「我是希特拉的女僕」（註四）——戈林的一百九十磅體重。

起點是蘭州醉瓜，暫時的終點是戈林的一百九十磅體重。

假如人們把每一次話題的起點與終點串在一起，像串念佛珠一樣，會發現那是一個有趣的旅程。假如把一個人每次思想起點與終點，作一個記錄，那也是一條燦爛詭譎的軌道，一串串閃電又閃電，一鏈鏈跳躍又跳躍。這就說明了，何以追蹤戈林胖跡的溫夢岩會和主人坐在一起，而修士印蒂也變成一個座上客。在人們心裡，本就有各式各樣花朵。一朵花紅並不妨礙另一朵花紫，一盆洋石竹並不妨礙另一盆月月紅。一座花園並不妨礙另一座花園。

在這片話語的流星雨簇中，最後一個露現的，是管曉菡。當她的中等身影浮顯時，暮色也影子樣昇起。一張象徵靈魂善良的圓圓臉，有火光烤成的紅色，血液的紅色，口紅的紅色。一雙圓圓的大大的黑眼睛。黑本不亮，黑夜就不是亮的，但黑在她眼睛裡，卻特別亮。人們可以說，黑夜在亮了，——不，是星亮，火亮，燈亮，月亮亮，是夜自己亮。一襲紫地紅花綢旗袍，裹住她豐滿胴體，她的誠懇，也隨旗袍上的一朵朵紅花開出來。齊腰一條白圍裙，說明她和火焰、鋼鐵的鬥爭正在高潮。她剛從鐵火交響樂中走出來，她身上還沾帶多種蔬菜的氣味、調味的氣息，以及一些家禽的香味。她額上鑲著一顆顆白色朝露——汗珠，彷佛戴了頂鑲滿鑽石的女皇冠冕。

『我們開飯吧！』

這個聲音和她的出現是一種信號，客人們馬上感覺・一頓豐盛的晚宴立刻上場了。這似乎不是一個女人，而是一個食櫥，裡面儲滿紅色的蕃茄、綠色的青菜、白色捲心菜、透明的雞蛋、香撲撲的嫩雞、油浸浸的肥鴨……。

主婦與幾個女客寒喧一番，那些顏色鮮麗的冷盤、熱菜，就陸續上來了，直似一個色彩展覽會。

主人給客人篩滿酒，眼睛火灼灼的望著那個綠色女人，那張在一堆一百九十磅戈林式胖肉旁邊的豔麗的臉——今夜，她那件綠地白花旗袍像荷葉，她是萬片荷葉叢中一點紅。

『我提議，大家舉起杯子，敬溫太太一杯酒，祝福她永遠像今夜這樣美麗、健康！』

喻綠影也舉起杯子，火灼灼的凝望他。

所有客人中，唯一杯中空空的，是印蒂。他也站起來，卻舉起空酒杯放在唇邊。他看著他們。他覺得自己是在另一個星球。只有他一個人看出來・有四隻火焰似的眼睛，正閃電樣交流著，他們屬於第一個舉杯祝賀者和受祝者。

按照他過去對這位江南紳士的記憶，以及後者的個性，沒預感・在這兩隻杯子之間，命定要發生一幕中世紀式的戲劇。

席間，他很少說話，大約坐了三十分鐘，藉口要參加宗教儀式，向大家告辭了。說不出為什麼，他極不習慣這裡的氣氛。

『願主保佑他（她）們，我希望這個家庭不致發生什麼事變。』臨行前一分鐘，他一面默默在心中為主人禱告，一面望望那個綠衣女人，她的媚眼正似流星，不時閃射到莊隱的清秀臉龐上。他們的臉上洩露一派祕密的興奮。這種興奮色彩，只有他清楚。

『沒有一片永遠平靜的樹葉子。』踏上火熱的大街時，他不禁想。『也許，這就是世界——包括家庭世界。』

註一：「開元寺」是西安妓院，「燒肉香」指嫖妓。
註二：「看斜頭」——即打牌時旁觀。
註三：「八弦一字」——是日本軍閥們的常用名詞，意即渾然一體。當時，他們想佔領全亞洲，使亞洲各國渾然一體。
註四：「我是希特拉的女僕」，是希氏女僕逃出德國後寫的一本書。

第三章

一

一千九百四十一年初夏，唐坊街教堂舉行一次聖體瞻禮和聖體遊行。它的盛大儀式，不止震動西安宗教界，也轟傳文化界。為了大辦這次神功，梅神父足足籌備一個多月。

由於印蒂轉托范惟實、莊隱介紹，梅神父聘請兒童劇院的管弦樂隊參加這次大典，負責伴奏。另外，又邀音樂界幾個熟人協助這支樂隊。他選了些聖曲。自己配上伴奏樂譜。合唱隊是他一手訓練的，他任指揮兼男聲獨唱。合唱未開始前，他親自襄贊主教主持儀式，合唱時則由徐神父和別的神父匡助，印蒂也從旁充當助手。

他們邀請一些文化知名人士參加典禮。因為，這次瞻禮，所有公教徒都替抗戰陣亡將士祈禱，求主保佑他們。這樣，此次神功，便有了一層進步的新意義。

教堂內，那些輝煌的燭光，豔緻的鮮花，青翠的柏枝，芬芳的乳香，五彩的玻璃窗，濃烈的聖書，嘹喨的聖樂，給人一種極五光十色的印象，使人聯想起傳說中的聖伯多祿大教堂的奇異圓頂以及給人的紛披幻覺。據說，從那個圓頂上射入的一條長長太陽光帶，落在許多鑲石彩畫上，會發出各式各樣神秘色彩。現在，這個上午，一個非公教徒走進教堂大典中時，有點像置身於羅馬那座偉大教堂，心靈也會立刻變成一些鑲石彩畫，反射一片片微妙光綵。祭壇上的聖物、聖器，充滿詩意、畫意。除了大海裡的鹽，橄欖樹的流液、羊皮、蜂蜜和植物的香料，連平常不大拿出來的金製品、銀製品、鑲嵌寶石的，也陳列出來，令觀者眼迷目眩。主教穿彩色法衣，後面有神職人員替他撐一柄彩色圓傘，他的一切動作，都像一個戲劇演員，無比嫻熟、精練。特別是，今天的聖樂，在西安任何樂會上素未出現過；它的莊嚴、崇高，給聽者一種高度神聖的感覺。對於從未聽過聖樂的人，它就像貝多芬第九升天彌撒交響曲一樣迷人。

領聖體前，主教手裡拿著麵餅，用耶穌當年口氣祝聖道：

『這是我的肉體。』

接著，主教又拿起那盞滿盛著葡萄酒的爵杯，用人之子當年口氣祝聖道：

『這是我的血，新鮮的血，要為許多人傾流贖罪的。』

這時，他莊嚴而懇摯的態度，連非教友也深深感動了。這些人來觀光，本有點像品賞非洲閃光的太陽鳥，與南美洲的活寶石般的蜂鳥，此刻，從這幾句簡單經文中，他們卻感到一種沈痛的美麗，生命的無上華嚴和虔誠，以及一千九百四十年前第一個說這幾句話的人的博愛，那種瀰漫宇宙的慈愛。

可是，最感人的並不是這個，而是正式領聖體的那一幕場景。

當那個身材修長的紅衣少女走過來領聖體時，樂隊裡，不禁輕輕響起一陣讚嘆聲。所有教徒，也把全部視射集中在她的形象上。她穿一襲淺紅色西式連衣長裙，一頭天然鬈曲的長長烏髮，一雙比湖水更澄澈的大眼睛，帶了點日本風味。她並沒有濃烈化妝，只淡淡敷施脂粉，乳白色的橄欖形臉孔，說不出的崇高、純潔，且透了點溫雅的病態美。她整個姿態是東方風格、韻味，簡直像一個古典的東方天使，一朵幽靜彩雲，翩翩飄過這座神聖空間。四周一片燭火輝煌的五彩氛圍，更襯托出她栩栩欲飛的神韻，她無比明潔的情調。

自從去年秋天鄔瑪麗出院後，印蒂只在冬季耶穌聖誕、今春聖灰禮儀與耶穌復活節時，邂逅她三次。最近幾乎有兩個月，未看見她了。過去接觸她時，他從未真把她當個女人，不僅因為她穿得質樸素淡，常不化妝，也由於他那塊心靈畫板上，好久已沒有一丁一點異性色素了。可是，今天上午，在這幕隆重瞻禮中，他卻第一次感到她的女人氣息。但這也不過像閃電，是一剎那的感覺罷了。他迅速望了她一眼，又很快轉過頭。令他微微詫異的，是神父目不轉瞬、怔怔的凝視她，彷彿在端詳一片天使異象似地。

鄔瑪麗領完聖體，從主教手裡接過那塊神聖薄餅，放入口中。她回到座位上，一雙眼睛與印蒂的眼睛遇見了，她嫣然面露微笑，印蒂卻有意無意的多看了她一眼，算是招呼了她。

瞻禮完畢，下一節是聖體遊行，大家都走到街上。馬路上盡是行人，千百隻眼睛注視這一場西洋佛事。一座長久沈浸於沙漠死寂的西安古城，頓時熱鬧起來。據有一些目擊者說，多少年來，古城街上，都沒有出現過這樣富麗堂皇的鏡頭。也有人說：到底外國人有錢，能做得起這樣豪華的洋佛事。

一切儀式結束，回到教堂時，已近一點。一場盛大筵會開始。

只有在這類筵會上，人們才能真正透入主教與神父生活的另一面。菜餚的豐盛，和洋酒品種之多，簡直叫一般教外客人震驚極了。不僅有飯前開胃酒，還有飯後助消化的酒。正式的酒有白蘭地、威士忌、葡萄酒，都是教會從本國大批運來的。至於中國的汾酒、洋河高粱、五加皮，他們設法在裡面羼了些各種菓子汁，喝起來，味道特別鮮美，沖淡，且帶點甜潤。有幾種酒，是神父親自指導中國廚師調製的。菜是西餐，達十二道，其中某幾種野味，像野鴿子肉、野鴨、野雞，一般中國人，平常絕難嚐新。抗戰近四年了，在西北能喝到這許多名酒，吃到這樣豐盛的午餐，幾乎是個奇蹟。由此可見，神職人員，平日生活雖清簡嚴肅，但在口腹上，卻從不惜工本，務求精美，恣意滿足饕餮的食慾。

大家全舉杯為天主教祝福。幾位神父們的酒量，尤其驚人。在座的幾個中國教徒，像陳院長、張醫生，都算能喝酒的，卻被神父們一一擊敗了。

鄔瑪麗小姐，坐在陳院長夫人與張醫生夫人中間。梅神父、印蒂坐在她對面。

『我要敬印修士、陳院長，和張醫生一杯。去年我的病能好得這麼快，全得謝謝你們的醫療與看護。』她舉起杯子，微笑著站起來。『我特別要感激印修士，為了看護我的病，您花費了許多寶貴時間，謝謝您。』她一飲而盡，一雙大黑眼睛，充滿愉快、感激，在靜靜凝望印蒂。

印蒂和陳院長、張醫生一飲而盡。

『我再敬兩位夫人一杯。』她瞧著左右鄰客。『謝謝你們兩位，常在祈禱中為我祝福。』

『您也應該敬梅神父一杯，鄔小姐。他常常去看您，也常為您祈禱。』印蒂誠懇的道。

『來，瑪麗，我們乾一杯。』梅神父笑著道，他小小的藍色眸子裡，有點醉意。『我為您祝福。我祈禱天主保佑您永遠這樣美麗、健康。』

『謝謝您!好，我可不能再多喝了。』她放下杯子，微紅著臉，坐下來。

『鄔小姐，您曾患過胃潰瘍，酒還是少喝點好，它會刺激腸壁和胃壁。』印蒂關切的道。

『謝謝您，我平常從不喝酒。』

『偶然喝點，也沒有什麼。』胖胖的張醫生笑著說：『我是個醫生，又是個嗜酒者。站在醫生觀點，不希望任何人多喝酒，但站在嗜酒者觀點，卻覺得酒也有許多好處。世界上死於酒精中毒的，雖然不少，但長壽的酒徒也不少。』

『鄔小姐，您的胃病現在怎樣了？沒有再發過吧！』

『謝謝您，有半年沒發了。』她微笑道：『我常常記得，您在醫院裡告訴我的那些療養胃病的常識，特別是七字訣。』

『什麼七字訣？』陳院長問。

『他勸我厲行七忌，飲食中，不吃生、冷、酸、辣、老、油、刺七類食物。這些，全是不容易消化的，帶刺激性的。油指油膩，刺指刺激。他另外又教我一套養慢性胃病的知識。我真敬佩他學識淵博，有些地方，簡直連醫生都沒有他仔細。』

『這話一點不假。』張醫生道，『印修士的記憶力真驚人。做了幾年護理工作，他空下來就讀西塞爾內科學。現在，一般內科病症，他連藥方都能開了。我常勸他學學聽診、叩診，再看看X光片子，這樣，不到一年，他就可以做正式醫生了。但他不肯，他對腸胃病和肺病具有特別豐富的知識。』

『我對醫學的知識，只是野狐參禪。如想真正半途出家，還差得遠呢，看病不比別的事，關係別人生命，馬虎不得。』

『你太客氣了，修士，西安市上有些正式醫生，不見得比你強。我就碰見好幾個醫生，他們連肺尖出現結核病灶的，應該多多平臥的道理，都不懂，他們根本就沒讀過德國科學家關於力學的理論。』

『不，我對於醫學的知識、只是一知半解，真正如牛頓所說，只是知識海邊的一個兒童，哪裡能與正式開業醫師相比？』

『印蒂兄，你總是這麼謙虛。我早就不止一次、和神父談過，希望你在醫院裡另外主持工作，可是你總不肯，甘願這麼委屈自己，有什麼辦法。唉！』陳院長嘆了口氣。

『我也覺得印修士太謙虛了。不管什麼事，他似乎總把自己看得比一切人低下，卑微，其實……』瑪麗的話停下來。停了一會，輕輕道：『印修士真是太虛心了。』

『這正是一個教徒的真正美德。主不是常常告訴我們：要做萬人中最低的？』梅神父用流利的中國話說，眼睛不斷瞅著鄔瑪麗。

瑪麗沈默了。可是，她那雙像湖水樣澄澈的眸子、仍閃射著印蒂的淡褐色臉孔。在這張臉上，由於酒後酡紅，呈顯一片強烈的情感，它們是一片無比深刻的虔誠的火燄，幾乎連大地上每一塊石頭、每一方瓦片，也能燃燒且熔化為一片火紅。人們可以設想：不要說在一般人臉孔上，就是在最誠摯的神職人員的臉上，也罕見這樣一種灼人的激情，雖然表面上它被濃厚的安詳和平靜封鎖了、遮蓋了。

二

最顯赫的皇帝，也曾像一隻蟬、一條毛蟲，躲在大橡樹裡避難，為了應付一場意外的遭遇。同樣，一些極神聖的人物，有時也會變成一種奇異動物，為了一片意外的靈魂場景。不同是：皇帝完全知道他所面對的一切，聖人卻不見得都能徹底了解他們靈魂壁後所潛伏的事物。

今天下午，幾位神父給印蒂的印象，就有點類似這種奇異。

也許，今天的偉大瞻禮辦得很滿意，他們太高興點，酒喝得多了些。當醇精代替天主，支配一個人時，聖母瑪利亞知道那是怎樣的結果。

午宴後，瘦小個子的萬主教回去了。幾位神父聚集在梅神父寢室內，開始他們的飯後餘興，印蒂也被拉去參加。節目倒頗簡單：繼續飲酒、小吃，此外是唱歌、彈琴、說笑話，談一些正式筵席上不便談的話。一個神父也是人，天主允許他們大量抽煙、喝酒，耽於美餚，就是照顧他們人性的一面。不過，在旁觀者看來，特別在印蒂這樣的人眼裡，總覺他們的姿態、動作、聲音，有點奇異，使他想起那些變色蜥蜴、蛇蜥、海蜥蜴、淡水蜥蜴。無論牠們是吃海藻的、沒有四肢的、近尾部有船帆形飾物的，或是一天變化六七種顏色的，總給人一種奇異印象。

不管他用多少神聖理由來解釋，還是不能消除他內心深處一份詫訝感覺。一年以來，這是他第一次產生這種感覺。

『來呀！喝一杯！喝一杯！印修士！這是最好的白蘭地，真正法國諾曼第的蘋果酒。』

梅神父為他們斟滿杯子。『來，為我們聖母瑪利亞乾一杯，祝福她在天堂裡永遠健康美麗。總有一天，我們會在天國裡看見她的。』

『是呀，為我們的未來天國幸福乾一杯。』荷蘭籍田神父撫著他的山羊鬍子笑道：『我們都是世界上最幸福的人。』

『梅神父，你酒量這樣大，將來上天堂，天主一定派你專管酒庫，好叫你喝個痛快。』

『在天國裡，可不能老喝得這麼醉醺醺的，否則，天主他老人家要發脾氣的。』一向帶點女人羞澀的加昇神父喝得滿臉酡紅，嘻嘻哈哈的說。

『不要緊，你放心，天主他老人家總是寬宏大量的。你就是天天泡在酒缸裡洗澡，他老人家也不會見怪。』胖壯的史神父表現出蘇格蘭的幽默，做了個鬼臉，舉起杯子一飲而盡。

『來吧！梅神父，唱一支歌，我們聽聽！』徐神父黧黑臉孔，也顯出緋色，他高興的大聲道。

梅神父搖搖晃晃，走到鋼琴面前，用力彈奏著，一面彈，一面唱凡爾第的「茶花女」歌劇中的「飲酒歌」，加昇神父也和他合唱。史神父與田神父只會哼調門，唱不出歌詞，便大聲哼著譜子。

喝了酒，梅神父繼續唱這齣歌劇的幾支名曲，唱到後來，他離開鋼琴，一面高舉酒杯，一面手舞足蹈，跳起舞來。

『其實，今天是應該跳跳舞的。要是在巴黎，肯定可以舉行舞會。』加昇神父的細條身子也醉醺醺舞起來。

『以前在羅馬歌劇學校時，我是個跳舞能手呢！』梅神父大聲說，一股強烈酒氣從嘴裡噴出來。

幾個神父舞蹈著，作著古怪旋轉，很像幾隻日本舞鼠。徐神父不會舞，拚命喝酒，一個人就喝光大半瓶白蘭地。這種真正諾曼地名酒，對他這樣一個單身漢，具有無上誘惑力，正如其他異國神父一樣。只有印蒂一個，既不舞，也很少喝酒，他捧著個酒杯，怔怔瞪著他們的姿態，動作，簡直有點看得呆了。

『要是跳舞，瑪麗一定是個好舞伴。她的身材，苗條極了，跳起舞來，姿態一定非常美麗。』梅神父醉意盎然的道。

『哦，瑪麗，她那雙眼睛可美麗極了，真是一種古典的東方美。即使出現在巴黎，也會出眾的。』那位年輕的巴黎人大聲說，他的神態，此刻一點不羞澀了。只要一談起巴黎，他總是興致勃勃，百談不厭，如數家珍。他離開那座花花世界，還不到六年呢。『是的，像她這樣的女子，如果出現在巴黎社交界，準會轟動一時。』

『可主教很希望她進羅馬修道院呢！』田神父道。

『只有在我們公教裡，才出現世界上最美麗的女子。無論在意大利、在西班牙、在法國、在荷蘭，都是這樣。這也說明公教的偉大。幾乎所有歐洲著名詩人，都讚美過瑪德里修道院裡的少女。』

梅神父大聲道。他又滿滿喝乾一杯。接著，他大聲唱著羅西尼和唐尼塞特的歌劇，又唱歌劇「馬薩」裡的情歌：「啊，你是這樣純潔！」唱「夏季最後一朵玫瑰」，唱西班牙「小夜曲」和其他小夜曲，舒伯爾特的與德拉格的。假如一個陌生人走進來，他絕不會相信，這是一個經過十多年虔修的獨身者。他的神情，態度，完全像一個歌劇演員。他脈管裡所有意大利血液，那比羅馬城外第伯河水更新鮮的血液，古典的，或是現代的，全沸騰起來了。

『修士！來，再乾一杯！祝福我們將來進入天國後，獲得永生幸福。我們在人世間永遠不能獲得的幸福。』

印蒂不開口，默默喝了半杯酒。天主知道，他們所謂「永生幸福」是怎麼一回事。

可是，這位修士是世界上最寬容的人，也是虔誠的公教徒，他把這一切，歸之於酒精的魔力，幻術。他想：一個神父其實是不該允許縱酒的。當一顆靈魂被酒液主宰後，多少奇怪的戲劇會演出來。

最後，幾個神父大唱大跳，都醉倒了，只有史神父保持老牌蘇格蘭本色，他那特殊強勁的體力，使他倖免於被酒精征服。

這一夜的晚禱，印蒂做得很長久。他祈禱天主幫助他，只要一天他還留在教會裡，就絕不要讓他有一次沈湎於酒精。

三

生命以最低最低的音符進行，低得幾乎無聲。這種低啞形式，使我們幾乎由地面陷入地腹，所有地面陽光，暫時變成隱士，那些充滿太陽光譜的風，都變成黑暗固體。這不像陽光下的生活，而是舊時代煤礦井底層的蠕動、喘息。除了沈悶的鶴嘴鋤的無情聲音，恐怖的煤塊崩落聲，一盞搖搖欲息的瓦斯燈，和肉體上不斷流著汗水，就再沒有聲音、光與液體。

在這樣的地腹深處空間，人們退化為古代犀牛，一種脾氣很壞的夜行動物，除了在黑暗中活動，他們將不在別的時間空間有所作為。實際上，一個人前後左右、充滿障礙物與陰影，自然比四周空間坦蕩的人更暴戾，正如森林中的犀牛，比平原犀牛的性情更惡劣。一種說不出的可怕因素瀰漫大氣，每一秒都可能化為最後一秒最恐懼的剎那。並非人有意要找這些，它們已形成時間本質、空間性能，和人類肉體中的天然組織。無論門內門外，白天黑夜，集體或孤獨，甚至在靈魂自我反照時，它們也會隨時隨地滲透出來，令人顫慄。

教會空間不是地球以外的空間，也不是地面空間，很可能是最具地腹性的空間。陰暗的教堂本身，就像礦井深處，終年一派黑沈沈的。它的氣氛，正如上面所描畫的，只在耶穌升天和聖神降臨之類節日，才一片燦爛輝煌。較小的瞻禮節目，為紀念聖耐妻等致命或聖波尼法爵致命之類，對於終生生活在教堂裡的人，有時並不夠刺激。每天早禱晚禱，也只是短暫光焰。正因為這樣，在教會瞻禮單上，才盡可能設法排滿節目，幾乎一個接一個，一天接一天，讓神職人員忙個不停，勞碌在一大堆神功和祈禱裡。可是，任何人為的設計、安排、儀式，不見得能完全堵塞靈魂本身的空虛、疲倦。有時，越是頻繁的強心注射，藥性失去後，心臟倒陷於更大的脆弱，怠憊，常常的，它會引起出人意外的抗藥性。

每一座教堂中，都有這樣的例子，過去，印蒂曾見過、聽過。現在，自從聖體瞻禮大典那日下午以後，他在自己四周，也開始稍稍感到這種神秘陰影的閃晃，以及時不時的煤礦、井底的那種沈悶，與可怖氣息。

拿印蒂一生說，他曾經歷過那麼多磁性風暴，那許多強烈的地殼活動，和巨大的月亮起潮力，他也見過最兇惡的鯊魚，和熱帶森林最獰惡的鳥獸、南美的雕齒獸，與北極海的伽倻。他之選擇教堂空間，或許是一種必然。人假如不能在極度複雜中得救，就必須在最大單純中獲得寧靜。現實世界萬花筒，他已看得太多，他厭惡了、疲倦了，神像後的光圈遂變為他理想的棲止所。當人對一切毫無眷戀時，教堂空間可能是最後的唯一可依戀之處。

可是，對這個介於青年與中年之間的梅神父，事情似乎稍有不同。

這個旖旎的意大利人，他的一部分少年光陰、曾沈浸在羅馬歌劇學校的歌聲裡，後來雖半途出家，改讀神學院，但對全部意大利歌劇的嫻熟，不亞對聖經的精通。他的宗教狂熱，理智上是由於神學支持，情感上，卻完全是意大利歌劇式的。把藝術濃酒傾倒到充滿耶穌血液的聖杯中，或多或少，總有點危險。因為，他生命經歷中，並沒有真正遭遇過這麼多的血。他的宗教前途是順利的，除了初期在中國西北山區工作，比較艱辛點，此外，他一直沒有碰到很大困難。一個羅馬神學院的優秀畢業生，只要他願意到中國偏僻地區傳教，輕易的就會取得神父職位，進而變成唐坊街教堂和教會醫院的主要負責人。即使在中國抗戰最艱難時，當世界兩大陣營作最尖銳的鬥爭時，由於梵蒂岡在大陸上的勢力，這些西安意籍神職人員，並沒有絲毫受到苛刻待遇。中原一場旱災，每天有千百人在飢餓中倒下去，這些意大利神父、卻依舊興致勃勃的喝著美妙的葡萄酒與雞尾酒，抽著上等雪茄煙。

過分的順利往往是可怕的災難。隋煬帝在迷樓享受一大段天堂日子後，終於被左右割下頭顱，作為支付的代價。我們的可愛的神父，當然不需付出如此巨大代價。但在進入偉大天堂以前，或多或少，天主還得有些事要麻煩他。

他是這樣虔誠的舉行每一個瞻禮。他是這樣狂熱的從事主日彌撒和每日早晚禱。他越是狂熱，印蒂就越開始看出他內心深處的不寧靜的暗影。那彷佛是舵輪，當它在水手手裡越是頻繁旋轉時，越說明船四周的風浪險峻。印蒂的祈禱可能沒有他那麼狂，卻比他更虔誠、和諧，專一。因為，這一時期，他的靈魂四周波濤要比神父少得多。退一步說，即使和他同樣的多，他也遠比這個意大利人有更多的應付經驗。幾十年來，他已習慣於各種風濤聲音，也懂得各種波浪語言，當它們才發出最初信號時，他就作好周密準備了。即使在這片隱遁性的教堂中，有時他也不忘記某些現實戒備。

心有各式各種的心。有大海波濤的心。有同溫層的心。有禪房的心。有西藏高原的石窟——活墳墓裡的心。有狂戀的心。有洞房花燭夜的心。有手執刺刀衝鋒時的心。有聖像前祈禱的心。有斷頭台上劊子手的心。有徬徨惆悵無可奈何的心。有花園裡賞花品月的心。有犯罪的心。有奉獻出自己最後一塊麵包給飢餓者的心。……在這一種心與別種心之間，並無一座喜馬拉雅山隔斷，使它們永不可溝通。

現在，神父的心絕對是一顆虔誠的祈禱的心。可是，在神聖的四周，有一些血液，正從別的心裡湧出來，流向它。印蒂呢，他幾乎已經過各式各樣的心了，再沒有別的心海能淹沒他了。

暗影從最深處走出來，閃晃在公開日光下，主要還是由於印蒂那個致命的痼疾：他那鯨魚式要吸乾一切的生命風格。在大革命時期，在西湖邊，在東方巴比倫大城，他曾用這種風格、吸乾所面臨的最凸出的現實，以及四周人物的靈魂精華；此刻，他又不斷鯨吸這位神父，彷彿要連皮帶骨，把他啃光嚼光。經過兩年半的鯨吸，他開始感覺，那片無盡的神聖泉源，當初曾那麼感動他的，似乎出現最初的涸竭跡象。最主要是，每當他生氣蓬勃的面對神父，從他溫柔仁慈的儀態中找尋支持時，他不時發現：自己的生命杯子、有時幾乎要比神父的豐富一些，不管裡面盛的是聖酒，還是塵凡酒液。那些下午，當神父空下來，獨坐在那間起居室裡時，印蒂看見：小沙發方椅上空出顯的、是一張帶病態的蒼白色臉孔。這個中年神父，似乎有點疲倦、萎靡、懶洋洋的，小小藍色眼球裡，滿溢茫然的神氣。他像一朵終年長在牆角的花，從未見過日光，雖有花色，卻毫無花朵鮮味。那片狂烈的神聖火焰，暫時從他身上熄滅，他全身充滿陰暗、鬆散，很像一個長期生活在療養院裡的病人。

『神父，您身體不舒服麼？』

『不，我有點累，想休息一會。』

『您工作得太辛苦了。您應該減少一些事務。我可以替您分點勞麼？』

『謝謝你，還好。說不出為什麼，有時候，我有點感到疲倦。』神父勉強微笑道：『這幾天，我準備到醫院作一次全身檢查。』

『我也這樣想，您應該找陳院長看看。您的臉色蒼白。』

父親張大那雙茫然的藍色小眼睛。『修士，也許我們的虔誠還不夠，我們所做的，還不能叫主滿意，所以，主有時才離開我們。』

『您是說，經上「傳道書」所說的那種空虛感覺，有時也向您襲擊麼？』

『不，不是這樣。……可是，究竟怎樣，我也弄不清楚。只要主是萬能的。我們是可憐的、有罪的凡人。我們的使命是贖罪。這，……今夜，讓我們的晚禱延長一小時吧！』

『願主保佑您。』印蒂誠懇的道。他的胸前畫了個十字。

四

在一次主日彌撒後，印蒂到神父辦公室裡取一個文件，他看見梅神父正和鄔瑪麗談話，他退出來。

『不要緊，我們隨便談談，你進來吧！』梅神父說。

印蒂走到書櫃邊，一個五斗櫥前，從抽屜內取出一疊印刷品。

『印修士，您可以坐一會麼?神父正在啟示我，您也可以聽聽他的意見。』她微笑道。

從瑪麗臉色看，他們正在進行一次嚴肅的談話。也許，這對她產生一種不太適合的壓力，而她一時又擺脫不開，這才請他留下來，讓空氣稍稍緩和一些。

過去，因為路程較近，她一向到總教堂望彌撒，由主教手裡領聖餅。今年聖體瞻禮以後，有時，她才進唐坊街教堂，參加主日瞻禮。瞻禮以後，常常的，她和印蒂寒暄幾句，從她神情上看出來，她似乎希望與他多談個一會，但他每天日程排得很緊湊，特別是主日，他極忙碌，因此，像去年秋季在醫院裡那樣從容的閒談，倒不大有了，也很少可能了。

印蒂才一坐下，她就聽到梅神父繼續他的談話，臉色相當嚴肅。

『瑪麗，你應該接受我的意見，空下來，必須多讀聖經，像要經彙編，和玄義玫瑰，新約，更要常常讀。每讀一次，效力等於辦一次神功，你會多受到一次主的祝福。告訴我，平常你在讀些什麼書？』

『最近，我正在讀薩克萊和白郎特姐妹的小說。』

『薩克萊是一個新教徒，他是專門諷刺人的，他的作品裡，就有褻瀆神的地方，你應該少讀，或不讀。白朗特姐妹的小說，也是新教徒寫的，當心不要被她們迷惑。我以為，你應該讀聖奧古斯丁的懺悔錄，和瑪麗女王殉國記這一類書。』神父嚴肅的說。

『前些時候，我倒讀了法文的盧騷懺悔錄。』瑪麗微笑道。

『什麼？盧騷？』神父兩隻小小藍眼球睜得大大的。『盧騷是一個糟糕的異教徒，他的思想完全違背天主教義，你怎麼可以讀他的書？』神父臉色有點嚴肅。

『神父，我是研究西洋文學的人，研究英法文學，就不能不讀盧騷和薩克萊、白朗特，不然，人們會笑話我的。』

『什麼人笑話你？假如不是天主教徒，他們的意見就不值得重視。假如是教友，他們就絕不會笑話你。』

『我的幼稚想法是，只要一個人真心虔誠信主，那麼，他的閱讀，即使越出教義範圍，也不一定會影響他的信念。拿印修士說，他過去什麼書都讀過，這一切並不妨礙他終於皈依公教。而且，誰都知道，他是一個極受大家尊敬的虔誠修士。真理總是真理。』她微笑著，眼睛望著印蒂，似乎等待他的意見。

『不過，鄔小姐，神父既對您很關心。您就不妨尊重他的好意。』印蒂誠懇的道。他臉上顯出一種為難的神氣。這說明，他對她的意見，還是保留一部分同情的。

『瑪麗，你年紀很輕，知道什麼？許多很有知識的公教徒，就因為聽了異端的邪說，終於走上迷途。我不希望你受到任何帶有毒素的思想的影響。』

『謝謝您的關心，我願盡力照您的意思去做，除非我的教育工作和文學工作不許可。』

『這個，我們現在不談。還有一點更重要，就是：交朋友，應該特別慎重。』神父聲調變得很嚴肅了。

『您是指哪一類朋友？』瑪麗臉孔紅了。

『我當然指異性朋友。』神父談鋒越來越健，彷彿流水越過灘險，愈益暢達無阻了。『你是一個年輕女子，孤身一人在外邊，父母離你又遠，我們做神父的，等於你的父兄，對你負有一定責任，你知道麼？』

『我知道。』她低下頭。

『你有什麼朋友？』

『我只有極少的幾個女朋友，她們是我的同事。』她美麗的頭更低了。

『那很好，千萬不要亂交朋友，特別是非教徒的異性朋友。空下來，可以多找我或別的神父，平日，你有什麼困難，應該隨時找我商量，我們可以幫助你。』

『嗯。』她的頭仍低著，沒有抬起來。

梅神父正要說下去，徐神父走進室內，告訴他一件事：主教派人送一封信來，要他們兩人馬上去一趟。

『好吧！瑪麗，你好好考慮一下我的意見。願主保佑你。』他在胸前畫了個十字。

兩個神父才走，她就抬起頭，微笑的望著印蒂。

『修士，請您坦白告訴我，作為一個年輕女子，一個外國語文教師，您覺得，神父剛才對我的意見，是不是過分嚴厲點？』

『非常對不起，真得請您原諒，我很難答覆您。作為一個修士和公教徒，我們除了接受神父的指示，沒有第二種可能、可以多考慮。』他臉孔紅起來，顯得侷促。『當然，您是個年輕小姐，又是西洋文學研究者，您的情形倒是有點不同。不過，我還是希望，您能不能適當考慮一下神父意見。』他拿起那束印刷品站起來。『空下來，可以找找我們。』

五

『我可以來看您麼？』那雙美麗的大眼睛定定望著他。

『當然可以。』

『我常常想起在醫院裡您對我的看護，我還從沒有拜訪您，正式對您表示謝意呢！』

『那是一個教友應該盡的義務，絲毫值不得掛齒。』他笑著道：「您願意來，請儘管來好了。」

『不，您所做的，遠遠超過一般教友的義務了。很抱歉，現在，我不能不對您說出一些真實，否則，任何祈禱將不能使我良心平安。』和印蒂相識以來，她那像湖水一樣澄明的眸子，第一次掠過一片峻急風颸。『初入院時，那些日子，由於病情較麻煩，有反復，我時不時昏暈過去。可是，每當我睜開眼時，總發現您在我床邊，您向我供獻一切我所需要的幫助。後來，護士長丁小姐悄悄告訴我，當我病情嚴重時，您曾兩天兩夜沒有離開我的床，想盡一切方法，護理我，並催促醫生們為我解決一些困難。以後，當我需要大量葡萄糖時，因為大後方藥品奇缺，這算是貴重藥品，醫院不能長期滿足我的需要。您拿出兩個月的薪金，在外面買了淪陷區進口的日本貨葡萄糖針藥，為我注射，卻說是院方供給的。還有其他一些幫助我的事，我也不細說了。這一切，您都一再叮囑丁小姐，絕對不要讓我知道，否則，您會對她感到不愉快的。但當我快出院時，丁小姐終於悄悄告訴我，又三番四次囑咐我，千萬不要在您面前提起。她說，您因為我在這裡舉目無親，覺得有責任為我多盡點力。丁小姐說，您對其他病人，也作過類似義舉，可總不願叫受惠者知道。丁小姐說：讓左手不知道右手所做的事，這是您對經上教言的忠實履踐。然而——』她乳白色的橄欖形臉孔上，泛起強烈紅光。

『不管您對丁小姐不愉快也好，對我不愉快也好，現在，我必須向您說出這些，並對您致最深謝意，否則——』她美麗的頭又垂下來。『我可真不知道怎樣才好。……這件事，在我心裡實在憋得太久了。』定定望了他一眼，又低下眼瞼。『請原諒，今天我的話說得太多了。可您一定會原諒我，我不能不說這些。至少，我要再一次向您表示最深謝意。』

她似乎還要說下去，但印蒂立刻打斷她。

『鄔小姐，我們不再提這個了，否則，對不起，我真會有點感到不愉快了。因為，這將使我的行為遠離主的教導、經上的指示了。好了，請原諒，我必須走了，再見！您隨時可以來，看梅神父和我。再見。』

『我一定來看您。』她怔怔望著他，目送他魁梧的背影漸漸消逝，才慢慢走出來。

但這以後，她並沒有來，連主日彌撒也很少出現。她又恢復老習慣，到總教堂去參加各種瞻禮日，一個月難得有次把次到這裡望主日彌撒。

可是，一個深秋下午，她卻第一次出現在印蒂的小小書齋。

六

『啊，主，在你面前，沒有一次，我不是如此充滿光輝。你的光輝光輝了我。這條藍色的河，它的綠岸，岸上的亭台樓閣，閃電般的白牆，繚繞在樹、牆、白色雲朵間的蟬聲，一柱柱高高桅檣，一支支掠起的木槳，它的撥水聲、水上魚躍聲，沒有一樣不滿溢你的光輝。是你的聲音在響，你的線條和方圓在顯形。這條河彷彿是一艘藍色船，藍色天穹是它壯麗的船篷，你就是它偉大的無形舵手。

『有水的地方就有風、有樹、有花、有天空光輝。沒有一條河不是一種幻美、一片崇高的生命。在這裡，停棲著宇宙的最高和諧。這片和諧的光輝加冕了我，我的靈魂與肉體。我的視覺因河水而亮。一切不正在這裡麼？一切不全在這裡麼？除了在這裡，還能在哪裡聽到最強最亮的音符？是的，這正是一份主的最深哲學、倫理。人應該沐浴在最光亮的天空下，生活應該徹頭徹尾滲透光輝的組織、最純潔的空氣，和最坦白的宇宙光。因為，主正在最坦白最純潔的光輝中。

『一切永生信仰，最偉大的神性，也全在這片光輝裡。在這片天使似的光輝中，我們讓自己沈浸於一種最富麗堂皇的夢境。』

『修士，這是您最近的作品吧！』瑪麗拿著一份「西北新聞」，走進印蒂房間，誠懇的問道——在它的副刊上，刊載前面這篇小品，題目是「頌歌」，署名是「佚名」。

『是的，這是我前幾月偶然寫下的。』印蒂微微紅著臉。『您怎麼知道是我的手筆？』

『因為，在這篇文章裡，似乎有一種比頭髮絲更細的高級絹絲的纖維，在紡織機上顫動，閃射出一種又細膩又精緻的光輝。……我猜，它一定出於您的手筆。』她微微笑道。

『哦，鄔小姐，您不可以這樣說。』印蒂繼續紅著臉。『我的老朋友范惟實先生，好幾次約我替「西北新聞」寫點東西。這張報紙，今年聖誕瞻禮時，曾替我們教會做過一些宣傳工作。』語氣顯出誠懇。『可是，在我們目前生活中，我是不可以隨便寫文章的。我的思想原則，必須符合天主的神聖原則。我只好把一篇舊稿子寄給他們。這是幾個月前，我偶然寫下的，為了記錄我當時感覺。我擔心，這篇小品，可能有不妥的地方，您覺得是嗎？』

『不！我一點不覺得有不妥的地方。相反的，假如容許我坦白說出我的意見，我是——很喜歡它的。因為，它是一篇非常美麗的散文。更重要的——。』她停住了，暫不說下去。

『「更重要的」是什麼？』印蒂又一次紅了臉。

『更重要的、是它代表了您的本色。』她微笑了。『這種靈魂本色，雖然我感覺到，但我從未見您在生活裡暴露過。』

印蒂聽了，陷沈思，接著慢慢道：『這種暴露，可能是錯的。』

『為什麼？』她有點驚訝。

『因為，它有伊壁鳩魯派的氣息——我早年生活的痕跡。』

她睜大那雙湖水一樣澄澈的眸子，定定凝望他一會。

『修士，假如容許我冒昧提出一個問題，那麼，我可不可以冒昧的問：最純潔的快樂主義，那種詩的韻味，是不是不符合公教教義？』

『站在公教立場，應該把痛苦和犧牲看做最高的快樂主義。您是讀過「玄義玫瑰」的，它裡面有關「痛苦」的禱告詞，不必說了。就是有關「快樂」的五種禱告詞，也是按照上面的原則宣示的。在「歡喜五端」一節，有下面這麼幾句：

『聖母，我既是痛苦耶穌的肢體，也有責任分擔他的命運。求你許我通過你的雙手，奉獻我痛苦的心靈，加增我的神力，使我也能毅然決然，準備接受你聖子分給的痛苦。』

『這也是公報的最高快樂主義。按照這樣一個原則，我這篇文章——發表後，我考慮一下，覺得它是有點不妥當的。』

她聽了，微微低下頭。『修士，我同意你的說法。不過——』她沈吟道：『我仍然覺得，您對自己太嚴肅了。』她的聲音有點侷促。『您不覺得、作為一個現代人，特別是一個現代中國人，您對公教的虔誠，不已經達到一種相當程度的極限麼？』她的臉微微緋紅起來。『當然，這種說法是不夠謙虛的。』

『哦，我們不要再談這些了。』他轉開話題，微笑道：『鄔小姐，您到這裡來找我，我猜是不是有點事情？』

『嗯。』她低下頭。

『有什麼地方、我能為您效勞嗎？』

『我的全部病史，都在醫院裡，我想借閱，擇要抄錄。可必須有醫院工作人員介紹。我想請您向院方商量，請求他們准許我借出來，在醫院會客室裡抄，抄完，馬上送還。修士，您可以幫忙嗎？』

『可以。』他又重複一句：『完全可以。不過——』他開始仔細凝視她。今天這個禮拜日下午，她來訪後，這是他第一次正式端詳她。他發現：她穿一襲淺紅毛織長長旗袍，黑緞子繡銀褶裥鑲邊。這正是今年聖體瞻禮大典中，她穿的那種淺紅色，使她顯出一種天使似的華貴與神聖。她這件衣服的動人顏色與風格，也閃耀在她眼睛裡，那兩片澄明的湖水彷彿熻著午後陽光。這種陽光，過去，他似乎從未在她視覺內發現過。

『鄔小姐，我有點不明白，您為什麼突然想起抄病史呢？我忘記問您了，您現在身體還好麼？您的胃病有沒有復發過？』

『謝謝您。最近我身體還好，胃病也沒有復發過。』

『那麼，為什麼——？』

『因為，可能明年暑假，或者更早一點，我也許要離開學校了。』她的聲音微微有點抖顫。

『您是說，您要離開西安麼？』

『嗯。』她又一次低下頭。

『為什麼？』他有點驚訝。

『不為什麼。』她的頭垂得更低了。

『那麼──？』

她終於有點怯怯的抬起頭，可聲音裡卻含有一份神秘的安定。

『這是因為：一個人，有的時候，不得不違背自己意思做點事。』

『那麼，您本願──』他的驚訝又增加一些。

她定定望著他。『願望是願望。事實是事實。──我記得，在醫院裡，有一次，您偶然說過：「有時候，人不是完全按照願望生活的，是按照事實生活的。生活是一種事實，不是一種單純願望。」』

『謝謝您，您還記得我一時興起，偶然說出的淺薄意見。可是，對不起──』他的聲音充滿誠懇。『我的信仰與我的宗教生活，使我不得不養成一種較簡單的思想習慣，我不想冒昧多探索您的靈魂內幕。我只想再問一下，既然明年暑假您才離開這裡，現在還早得很，為什麼這樣早就急於抄病史呢？』

『我不是說過，可能更早一點麼？』她仍在怔怔望著他。眼睛裡充滿沈思。『我不知道未來會怎樣？一想到未來，我就──。』她的臉色有點嚴肅起來。『在這個時代，就連我這樣的年輕女子，有時也不得不分擔我這種年齡不應該有的沈重負擔，……。哦，修士，我覺得我今天說的話太多了，我應該走了。謝謝您答應幫忙。』

『不，鄔小姐，讓我再冒昧問一句。——這也是一個公教徒對一個教友應該問的：您似乎有點心事？您可不可以和神父談一次，請求他的幫助和指示？』他的語調異常誠懇。

『不，我不想麻煩梅神父了。』

『那麼，您是不是因為下次談話，對梅神父有點小小隔閡？那麼，我們可以介紹您和主教談一次，他一定可以指示或幫助我們的。』

『不，謝謝您的關心。』她深深的凝視著他，『在這個世界上，有力量幫助我的人，也許是有的，可是，看樣子，這個人是永遠不能幫助我了。再會。』

臨走時，她又細細對印蒂書齋瀏閱一會，這個陳設得極其樸素的房間，似乎在她觀念裡鐫刻下一種深刻鈐印。這是她第一次來訪，可又像是最後一次訪問，她一雙澄澈的明眸，似要毫無保留的徹底帶走四周所給她的一切印象。

這一夜，印蒂的晚禱特別長久。那個淺紅少女的淺紅色聲音，似乎還在他耳邊響。要完全了解她的聲音的全部意義，不是他現在情感做得到的。不，他目前情感，根本就不允許他全部了解它們的意義。萬一，由於一種偶然好奇，他真想了解，那麼，首先，必須熄滅這兩年來積聚內心的所有火燄，代以另一種火燄，感覺，記憶，而這就不是一個單純夜晚所可能做得到的。而且，他根本就不願這樣做。人不可能為了解一些不可能的，就放棄目前整個心靈氛圍。好不容易，耗費極大努力，他才創造了它。，以及滲透它核心的那份信仰。他不需要了解什麼，他只要結結實實的信仰什麼就行。他寧願做一塊堅實的笨拙石頭，不願做一片脆薄的透明水晶玻璃。

雖則如此，朦朦朧朧的，他還是感覺到一些奇異事象，微察到一些神妙痕跡。儘管他驚詫，不可解，但他還是有點因它而不安。為此，今晚，他必須作一次長長長長的晚禱。

第四章

一

一出東關，心靈就靜。這座古城本是一尊靜體，這裡卻是靜體中的靜體。這不是希臘磁皿的靜，瓷器的靜，這是周秦古鼎的謐靜，不透明的沈靜，象徵巨大時間凝聚的寧靜，靜得很厚，很樸素。它們構成者是那一堵堵黃色荒城，一垛垛赭色殘堞，古代廢宮的遺跡，斷磚零瓦，以及那些古舊的華麗記憶。這裡的兩條街，還保存一千二百年前的唐代名字。人們會記憶；這派黃色空間，曾經彩畫樣出現過唐代宮殿，以及許多活動於宮內的生命圖片。那些鴛鴦瓦、琉璃燈、銅龍水滴、麝香薰籠，那些菩薩舞、高麗舞、龍池舞、軟舞、字舞、花舞。在這一溜荒漠上，生命曾異常瑰豔過，水波瀲灩的太液池，池邊響著瑤珮的長長彩色織錦裙，浮顯出那些烏蠻髻與百合髻，倭墮髻和雙鬟望仙髻，那些鵝色額黃、青色妝靨與金色花鈿，那些鴛鴦眉、卻月眉、涵煙眉、倒暈眉、那些紅紅口脂、石榴嬌、嫩吳香、猩猩暈、天宮巧。

現在，這一切叫人常青也叫人衰老的色彩，名香、音響、珠寶，都變成一片淡咖啡色的岑寂，沙漠裡的殘墟。

鄭天遐就住在荒城外深巷中。

這是一條睡在古代華麗記憶最深處的深巷。

整個長長巷子，唯一現出生命的，是他那棵高出牆頭的洋槐樹，它飄灑的細碎的綠葉子，在寧靜中擁抱風、密吻星、光、太陽，招攬鳥雀、昆蟲。

門楣上，是一紙桃符匾額：「寧靜以致遠」。紙色墨色嶄新，顯然是主人歸來後的標誌。大門內是一片方場，也是打穀場，曬穀場，掃得乾乾淨淨。這並不是說，所有沙土都被掃出去，而是說，它們都被掃平了，沒有突出的了，至少是沒有石子、泥塊與落葉了。一些農具散堆在場子一邊，是主人這幾天頻繁勞動的痕跡。座北朝南，是四椽瓦屋平房，靠東一排三間是廂房。中國燕翎瓦片有一種美，特別是雨後屋瓦，它們的顏色令人有點想起南方燕子。現在雖是太陽滿地，但客人們依然覺得這幾椽屋瓦很美，它們斜斜的斜下來，整齊極了，也清淨極了，屋脊上一根寶塔草或狗尾草或茅茨都沒有，說明不久以前曾整理過。

客人們被接待在廂房裡。他們看見門上貼的紙條：

「**星夜看磨，天明始休。貴客遠來，隔壁請坐。**」

『這張紙條，比陶淵明的「歸去來辭」風趣多了。想不到扮演陶潛也可以速成的。』

『速成也好，不速成也好，反正陶淵明與你無緣。這一晌你在拚命學宋玉，做「高唐賦」哪！』鄭天漫取笑他。這是指范惟實在追逐一個女孩子，他在一個音樂會上認識的。

大家又笑了。

看看黑漆方桌中央，已擺好一盤香煙，一大壺綠茶，幾只茶杯，大家不由都叫一聲『妙！妙！妙！』

三間廂房，一間堆農具、糧食、什物，和一些斷磚碎瓦。另一室陳設黑漆八仙桌，幾張雜木椅子，算是客堂。一間是書齋，有幾列白籐書架，架上亂堆了些舊書，古今中外全有；靠窗安置一張舊紅木書桌，一張舊黑漆椅子。這裡特點是，沒有一樣新東西，或較新的東西，一切都舊，而且舊得相當厲害。主人似乎對破舊有一種偏愛。

鄭天漫看看腕上西瑪錶。『現在是八點，他大約才睡了兩三個鐘頭。讓我們的淵明先生在蘇州運河上徜徉吧，我們不妨「野渡無人客自主」。』。

范惟實笑道：『你是陶潛「代用品」，原料不在，請「代用品」暫起作用。』說得大家都笑起來。

正笑著，主人已披著舊藍布長衫，跑出來了，連稱『怠慢！怠慢！』

大家笑著，把剛才的一些話告訴他。莊隱笑道：

『你門口還缺點東西。』

『什麼東西？』

『六棵柳樹。』

別人都愣住了，只有范惟實獨自在笑。莊隱笑道：『古代那位是五柳先生，現代你這位，應該是六柳先生，加一樹。時代進步了，應該加一柳。天遐可以別號六柳先生，叫鄭六柳。我這個建議，您們通過不通過？』

『通過。通過。妙極了！』大家都笑著說。

范惟實笑道：『叫鄭六柳無妨，可別叫鄭花柳，那可危險了。』停了停。『我看門口六柳種不得，許多病人會把這當做花柳科招牌，都找上門了，那麼，陶潛就做不成了，也雅不成了。』

大家全笑得透不出氣。

鄭天漫道：『我老哥是最老實的人，惟實不該開這類玩笑。……你的「高唐賦」做得有點跑野馬了！』

按鄭天漫看來，他這位兄長，比起S埠那最後一次見面，並沒有太大改變。他的形體依舊彌勒得很，那副玳瑁大眼鏡，也依舊是黑黑的、厚厚的，他的舉止，似乎也是黑黑的，厚厚的，依舊保持一派學者的拘泥，胖大臉孔顯得更黧黑些，是半月來勞動的成績，可以說，它們是一種「勞動」的顏色，正像外面有些人愛把毛藍布稱作「勞動布」一樣。當然，他的學者式拘泥，現在倒表現出很大的彈性，不像從前那麼一點、一撇、一劃、一捺了。在他的拘謹四周，環繞著一圈洒脫。鄭天漫想：真奇怪，人一過四十，常有一種滿不在乎的神氣，彷彿天塌下來，也沒有什麼。是不是因為他們走完人生主要旅程，此後所見所嚐，都是生命的重複或再版呢？還是他們內在深處那點火苗已經燦盡，遇到任何空間，再照不亮？碰到任何燃料，再燒不起火呢？他正想著，只聽見莊隱介紹唐鏡青給主人的聲音，又聽見主人的滿不在乎的蒼澀聲音：

『我不承認是陶淵明。陶淵明只做詩、喝酒、討酒、鬧酒，並不認真勞動。他的田地大半是奴子代耕，他自己下地，不過是點綴點綴，不起什麼決定作用。我可是真正幹活，種莊稼。等一等，你們看了，就知道了。』他挪了挪黑玳瑁大眼鏡。『你們既下鄉，就得學鄉下人，多動腿，少動嘴。來，來，不要儘閑坐、吸煙、品茗、翫賞窗明几淨，先來看看我的活計。』

通過房門，莊隱指著隔壁一間的角落，那兒，堆了些磚頭瓦片。『這些破磚、斷瓦、爛陶器，你堆這麼多幹什麼？你準備做陶工麼？』

主人笑道：『你們別看不起這些破爛東西，這是中國文化史的好材料呢！』

這是他由附近唐朝興善宮遺址廢墟裡拾來的，從它們可以知道一點唐代文物情況。他想寫一本中國文化史，這些全是參考資料。

『等等，我帶你們到興善宮走走。』

出了廂房，他說：『我先給你們介紹一下，這是我的打穀場。』

像一個古玩店主人擺弄古墨、磁銅、玉石，他一一指出；那陳列在一邊的農具、草叉、鐵鎬、竹耙、竹聯、石滾子、石舂、石杵、竹篾篩子、竹籮、土箕，連一把竹枝掃帚都不放過，彷彿他們真沒見過似地。他介紹這一切時，臉上充滿欣賞的神氣，彷彿古玩店主人向客人介紹漢磚、漢玉、竹刻、田黃石與雞血石。

重心是磨坊，這是他目前生活「資源」的主要來源。附近一帶麥子，多送來這裡磨，他在外面流浪時，它由老妻和女兒經營。他回來後，整理一番，效率大大提高。生活忙時，一晝夜能出幾千斤麵粉。昨天他就忙了一夜。

正談著，已到磨坊，祇見門楣上有一幅橫披，也是新貼上去的，只有七個字：

「**不看人臉看驢臉**」

『這是什麼意思？』

『你們不明白?世界上變化最大的是人臉，變得最快時，幾乎一分鐘一個臉，可怕得很。只有驢臉永不會變，比較可愛點。』

大家全笑了。這時，磨坊裡那隻老黑驢正在拉磨，兜著石磨盤轉圈子，一陣陣白粉，從石磨盤四周灑落到磨槽內。

驢臉紮了兩隻遮眼罩，像戴了副巨大奇異眼鏡。這頭畜牲，不斷兜著圓圈子，是那樣耐力，彷彿扮演地球繞太陽旋轉，完全出於永恆的偉大的萬有引力。

他的十八歲女兒鈴鈴，正在看磨，她是一個臉孔褐黑的健壯少女。

『驢真是個了不起的東西，可以拉磨，可以馱糧食、馱人，牠的臉還可以永久觀賞，真是一舉四得。』主人笑著說。

『不，一舉六得，牠死了，皮可以做驢皮膏，肉可以餵狗，荒年也可以吃燒驢肉。』范惟實打趣說。大家又是一陣哄笑聲。

磨坊隔壁是豬圈，兩隻黑毛豬正在飼槽旁邊，倒頭大睡，不斷哼哼，似在夢囈。豬圈用長方青石舖成，沖洗得乾乾淨淨。

『養豬一定要選品種。明年我想買兩隻約克豬養養，西北農學院裡有。向他們買豬仔，養大了，一隻能出五百斤毛肉。』停了停，主人笑道：『以前我對動物沒有興趣，特別不喜歡豬，總覺得牠又懶又髒，現在，我卻很愛牠了。我覺得，一隻豬像一朵花一樣美。豬棚豬圈裡那股腥羶味和尿糞味，像秋天打谷場上的乾稻草堆一樣芳香。同樣，乾牛糞也是香的。這些平凡動物身上流出來的一切，沒有一樣不美。一隻牛或馬，確實比人乾淨得多，人尿人糞就沒有牛馬尿糞那麼可愛了。』

范惟實笑道：『照你這麼說，你今天儘可不必用六安瓜片茶招待我們了，捧出一壺豬尿更妙些，對不對？──你把它說得那麼芬芳、名貴。』

大家笑了。

豬圈後面，用樹枝籬笆高高圍起一塊地，養了些雞和鵝。再過去，是一畦菜地，種了些青菜、蘿蔔、青蔥、辣椒，四周插了兩個竹架子，牽了些扁豆、絲瓜、南瓜。這是女主人早就種下的。因為離豬圈雞塒不遠，豬的尿糞和雞鵝糞便，可隨時作肥料，澆灌它們。

『養雞也得選種。明年春天，我要設法弄些澳洲黑和萊克亨來養，牠們一年可生三百多個蛋，從不「懶孵」，目前，一切草創，只好將就些。』

范惟實笑道：『別忘記，將來澳洲黑下了特大蛋，送幾隻給我們滋補滋補。』

唐鏡青笑道：『等你完成「高唐賦」，將來紅蛋由這裡辦好了。』

談笑著，不知不覺已出了大門。走不多遠，就到達一片荒野廢墟。附近有兩畝地，是主人的，正在開墾，將來準備種麥子或山芋。

『我自己沒有牛，要向別人借，所以耕得慢，要等別人牛空下來。』主人解釋：『我這是摸經驗。等摸熟了，我打算搞一個小農場。』沈思了一下，他大有深意的道：『我將永久沈默，讓麥穗子與山芋籐葉替我說話，讓青菜蘿蔔替我思想，讓雞鵝豬驢替我行動。』

『那麼，將來有人請你出席會議，或者參加婚禮、壽筵，你也可以請雞鵝豬驢代表你，是不是？』

范惟實才說完，大家又笑起來。

說著笑著，主人又向他們介紹鄰近的荒城廢墟。這一帶是唐代興善宮的宮城殘跡，它的範圍很偉大，有幾十里，現在完全頹圮了，只剩下一些斷牆剩堞，一片荒土。他沈思的慢慢道：

『你們不要小看這片荒土。一千多年前，在這裡，無數美女曾跳過傾杯舞和景雲舞，她們頭臉上，黑的是拋家髻，青的是月稜眉，紅的是半邊嬌，她們髮簪玉釵、耳掛明月珥璫，彈奏著金石絲桐。那真是一幅燦爛輝煌的畫面。說不定唐明皇和楊玉環，就在這裡度過最歡樂的月夜呢！然而，現在只是荒土、荒土，一切色彩與音響，都被流沙吸乾了。』

他們一面談，一面散步在廢墟間。他順手一揀，從土堆裡，拈出一個破陶器，那是一隻暗黃色的陶質罐頭。『你們看，這上面的耳柄多麼藝術，刻鏤著細緻的花紋。……』

一剎那間，他們的眼睛，全射向那個橢圓耳柄的花紋上，像在鑑賞一具古董。

二

午飯後，在大家詢問與關懷下，鄭天遐開始談他抗戰前後所發生的一些變化。他的語氣嚴肅起來，不像剛才那麼輕快了。

『這些已經是過去的事了，不提也罷。可是，說到究竟，這總是我這一生中的唯一大事：

一個決定性的變化。現在，向你們——我的老朋友們，再複述一遍，雖然不免增加內心苦痛，但從另一意義說，卻也可把事情的形態和內涵，顯示得更清晰些。』他點起一支煙，在藍色煙霧中，一面沈思，一面談著，聲音裡充滿苦痛與惆悵。

『我不打算把事情的詳細經過零零碎碎對你們談，不談，你們也知道。不同的是，同一塊石頭，每一個人看得清楚：它是粗糙的、發黑的，我卻戴了副藍色眼鏡，說它是柔和的、顯美麗藍色的。同一片沙漠，你們看見它是恐怖的、單調的，我卻覺得它是溫馨的、帶夢味的。這眼鏡是我生命中的唯一幻想，是我對一件未來事物二十年來的感情、記憶，與信賴。一旦這些感情因素沒有了，一切就變得異常可怕。這種演繹變化，不只是一天、兩天，也不是一件、兩件事。它們是每天在變，每件事在變，一天天的，一件件的，從不知不覺變得自知自覺，從輕如鴻毛變成重如泰山，一下子，就突然一切崩潰了。印蒂很幸運，偶然從一件事上，就突擊到那最重要的核心，他精神上受到最大折磨，但也隨即迅速的得到解脫。我們卻沒有他那麼幸運。

『有許多事，時間不同，空間不同，同一形態，就表現許多不同的姿式；同一內涵，就蘊含一大串極相異的意義。同一棵奎寧樹，在雲南，形色是簡單的，在古巴就複雜多了，因為，那裡有許多木蝸牛，叫樹葉子添了一些極繽紛奇異的色彩。同一隻蘋果，今天早上，它是鮮紅透亮的，下個月今天早上，它卻萎黃枯爛了。有些事，在印蒂那時候，我們還可加以原諒、包涵，在五年、十年後，卻不能了。古往今來，不管在任何時空都頑固不變的事物，只有兩種：一是宗教的迷信，一是少數人的個人野心。不管你把一個天主教徒或回教徒放在沙漠上或巴黎玫瑰大理石宮裡，放在十五世紀或廿世紀，他的靈魂總是狂熱的擁抱上帝或阿拉。另一方面，從埃及時代起，到目前止，不管是在希臘、羅馬、西班牙、匈牙利、或印度、安南、中國、日本，守財奴像哈巴貢，嗜權者如馬克白夫人，貪色者如隋煬帝，這些人到處存在。你把哈巴貢泡在海底、凍在北極、釘在阿爾卑斯山頂十字架上，他還是要錢。你把馬克白夫人放逐沙漠，燃燒在維蘇威火山窟底，綁在珠穆朗瑪峰頂大石上，她還是要權力。除了這兩大類型，沒有人不隨時間、空間改變他們的靈魂內景，除非是狂熱的復仇主義者，為復仇而復仇，儘管整個地球都會被這種復仇火燄燒成一片焦爛。像希特拉就是。當然，他也是當代最大的嗜好權力的野心家之一！

『說來說去，我不是絕對宗教徒，不是純粹野心家，也不是為復仇而復仇者，這就命定我要演悲劇。我是為一種理想獻身，不是為狂熱而狂熱，當我發覺、理想的鮮花只是一枝庸俗的紙紮花朵時，不管它怎樣俗豔，卻再不能贏得我真實的鮮血了。

『剛才我說過，天下沒有一樣事物，不被時間的海水所沖洗、空間的星光所照耀。時代不同了，我們在抗戰。空間不同了，我們不止在中國與魔鬼打，還在全世界與法西斯打。假如我們多愛中華民族些，多關心全人類命運些，我們的許多偏見（不管它們多麼迷人）的河水、全應該匯入人類歷史大海洋。面對共同敵人，我們既和朋友結成一條戰線，就不可能再暗暗把朋友也推到敵人那一方，雖然明裡不這麼做。這種明明暗暗手法，抗戰以前，做地下工作時，我可以理解；當一個民族正作生死存亡的決定性鬥爭時，我卻不可理解。同樣，一九三九年那一紙 **Berin-Moscow** 協定，也使人陷入最大迷惑。昨天，華沙還是全世界革命力量的援助核心，今天卻成為進步人類敵意的箭靶，人們幾乎連改變標語口號的時間都沒有。一個人張大純粹真理眼睛看政治糾紛，那是真正痛苦的，因為，你所獲得的不再是一個整體，卻是無數碎片。在千萬碎片中，除了集團與派系的現實利益外，再沒有人類的真正利益，以及正義利益。幸福或真理的路線，不是從人類到人類，也不是從犧牲到犧牲，而是從集團到集團，從自私到自私。棺材店老闆，總希望天天死人，而產科醫生卻希望天天有人出生。真正代表真理的革命者，究竟是扮演棺材店老闆呢？還是扮演產科醫生呢？

『抗戰和世界大戰是兩件翻天覆地的大事，在變化了的時間與空間中，我發現我原來信仰的許多巨大漏洞，這簡直叫它變成個漁網。它真正的功用，也只是一面漁網，專為捕魚的，不是為捕捉真理或人類幸福的。這些漏洞，捕魚時，絕對必要。麻煩是：在這片信仰沙漠上，我不大容易再扮演聖者，因為再扮演下去，我就回到科學發達以前的古代，那時候，一個聖者身上的裝飾，總是各式各樣的鎖鏈。我能原諒這個集團的一切，單單不能原諒它的鎖鏈。

『我和他們之間的爭執，不止是一件事、兩件事。其實，假如只是一些瑣碎，就是一千件、一萬件，也沒有什麼。相反的，假如涉及真理大原則，只要有一件，也夠了。衝突的遠因，上面我已說了一些，近因則由於對一個抗戰者的處決。人們說，他雖然是東北義勇軍領袖之一，是個堅決抗日的英雄，但他的頭腦卻完全要不得，一點沒有灌進新鮮海水。我卻以為，我們應該忠於原則，只要是真正抗日者，我們就應該把他當真正朋友，至少，絕不能把他與前線敵人等量齊觀。假如他的頭腦真不行，我們可以慢慢改造他。結果，這個人被處死刑。第三天，我的良心不許我再留在那裡。自然，在這一問題上，經過激烈鬥爭後，我曾受紀律處分。在這以前，類似例子也不少，我早已一貫被左獅他們扣上一些帽子了。

『這些事，我明白，你們明白，大家明白。所不明白的是：即使發生這一切，在這整個國家裡，好像這一切從未發生過。完全按照真理一點、一劃、一撇、一捺來生活的人，命定要上十字架。

『世界上，有沒有人拿太陽當皮球踢呢？假如真有這樣的太陽，又真有這樣的皮球，居然又真有人在腳下踢來踢去，那麼，人們也只能把它當皮球，不再當太陽了。這個時代老江湖客，正興起一種最新的運動：太陽足球戲。無知者只覺一陣眼花撩亂，還以為它真是行星軌道核心的偉大太陽，哪裡知道，在太陽足球戲中，它早已成為領袖們腳下玩具了。就像我這樣大年紀，經過二十年翻騰，才算真正看穿這齣戲的內場景。因此，我終於真正佩服印蒂，他竟有那樣深刻的敏感，從第一次風暴中，就辨識出最後的風暴。

『一張紙頭，一句話，一個字，你的命運就完全改變了。這個世界，有那許多命運操縱者，他們操縱別人，自己又被另一種力量操縱，而操縱他們的，又被另一些操縱者所操縱。剛才，你還辦喜事，這會兒卻在大出喪。這一切，不算稀奇，這是生命戲劇應有的節目，過去只沒有輪到你扮演罷了。夠了！這一切夠了！二十年來，我看夠一切、聽夠一切、嗅夠一切、嚐夠一切了！現在，上帝也會原諒我擺脫這一切——包括那最迷人的太陽足球戲。讓我返歸田園，在一個平凡而簡單的空間，安頓下我這把老骨頭。謝謝天，游了二十年八陣圖，到底腦袋還沒有和脖子離婚，四肢也還沒有損失一隻，我依然還能完全無缺的回到老家，與我的老妻獨女相聚，照傳統說法，總算我的先人積下厚厚蔭德，佑護著他們的後人——我！』

大學教授簡單說完一切，有好一會，大家都沈默著。但他們都有一個共同感覺；這一切的關鍵，不在那些看得見聽得到的，而在那些看不見聽不到的。在任何市場上，為那些看得見的而發生的一切糾紛，都是次要爭執。在永恆空間，那些最巨大的糾纏，卻由於一些看不見的事物。而且，也只有這一類糾纏、才真正具有最大的決定性。假如不是因為這些，永恆的和平，早就享有十萬年生命了。一些看得見摸得到的，有時候，我們還可以公平分配，彷佛我們公平分配一些襯衫和襪子、豬肉與雞蛋，但對於那些看不見抓不住的，我們就無法處理了。思想咬思想，正如狗咬尾巴，永遠咬不完。實際上，思想也永遠是一種狗尾巴的性質，永遠被自己的嘴所咬。偏狹的猜忌，是獵狗的鼻子，碰到什麼，都要嗅嗅。在這種風氣下，這條狗就更麻煩了。純粹用嗅覺代替視覺的結果，整個世界必然只是一片又一片氣味的總和，再沒有真實的顏色、線條、方圓與聲音。『先生！不管你說千言萬語，我依然討厭你。我一看見你，就不能忍受。』對於這樣的事例，人類怎麼辨呢？

有些鏡頭瑣瑣碎碎，當時看了很有趣，也頗有生氣，但離開它，卻覺得空虛極了，什麼也沒有。那裡面缺少一點東西，一點最最重要的東西：深度。沒有那種最深沈的，即使塗上一大瓶 **Le Franc** 顏料，依舊不能感人。相反的。有了那最最重要的，即使不塗一點顏料，也仍會像魔鬼一樣抓住你。可是，即使有那種深度，假如你無休止的、像江湖馬戲團變魔術似地，老是耍弄它那一點、一節、一套，不管是怎樣萬丈深淵式的深邃也要變成平地水窪一樣庸俗、淺薄。這方面，在座的他們這些人，是最好的歷史見證：曾看見一片最魅人的大海如何漸漸乾涸、淺薄，終於失去一切船帆，被萬千人的足步所踐踏。

結束他的敘述的尾聲之尾聲後，鄭天遐為客人換了一支新煙，砌滿一杯新茶，他吸著煙，感喟的下結論似地道：

『煙從你嘴裡噴出來，茶從我壺裡倒出來，酒從她杯子裡傾出來，菓子從它枝頭上摘下來，凌霄花從牆上爬下來，蠟燭從大殿上燒起來，木魚從佛像邊響起來，鱷魚從沼澤低地爬出來，驢子環繞我們的石磨兜來兜去，……。並不是煙非噴不可，茶非倒不可，菓子非摘不可，木魚非響不可，沒有煙、茶、菓、木魚，世界也仍在前進。沒有世界，五大洲沒有一個人，盡是昆蟲和植物，地球也仍在前進。即使沒有一只昆蟲，一株植物，或沒有任何生命，地球也仍在前進。沒有地球，或者它已變成一片灰燼，宇宙也仍在前進。太陽、星辰也仍在前進。即使沒有我們恆星座的太陽，其他百千萬個太陽，也仍在前進。宇宙也仍在前進。終其極，我們噴煙、倒茶、傾酒、摘菓子，以及驢子繞磨兜圈子，並非為了真不得已，只是，除此以外，我們再無可做，再無可為。於是，我們只好如是噴，又如是倒，如是傾，又如是摘，如是兜圈子。』

唐鏡青扔掉煙蒂，噴出最後一口青煙，點點頭，同意道：

『正是如此，我們不只是為了噴、倒、傾、摘，我們還如是苦、如是痛、如是煩、如是惱、如是夢，又如是幻。並非因為它們是最高真理，而是因為：在目前的生活發展形跡上，非如是不可。』

『這叫做如是如是又如是。不管你怎樣如彼如彼又如彼，終究還是如是如是又如是。』

談到這裡，人們靜下來。夢中驚醒了似地，人們聽見：從附近隱隱傳來那和宇宙一樣古老的聲音，那和真理一樣古老的聲音，驢子環繞磨盤旋轉的聲音。那隻小小黑驢又瘋狂又謐靜的旋轉著，兜著那最古老的圈子。

在皮製的黑色遮眼罩下，沒有光明，也沒有最深的黑暗，在適當的黯淡下，繞著那圓圓的軌道，一次又一次，成百成千次的重複那個圓，永遠重複不完又畫不完的圓。牠是辛勤的、忠誠的，然而又幾乎是完全沒有反應的辛勤與忠誠。只要沒有鞭影，有適量的水、飼料，與休息，牠就自覺是這個圓形王國的帝王了——假如它真能有十萬分之一的自覺的話。

他們的談話，也像這磨坊黑色生命一樣，順著一個固定的圓形兜轉。直到最後，主人挪挪黑色大眼鏡，下結論似地，沈重的道：

『麻煩的是：我是一個人，大腸小腸得填水填米；我又是一個平凡人，腦袋只這一點點，只能裝這點點思想、記憶，再多，就要壓扁，神經變態。然而，我又是個中國人，我不能不同意這個戰爭，支持它、美化它。雖然明知它會大量消耗我大腸小腸裡最需要的東西，（一聲炮響，幾十石大米就飛掉了），而且，它更會壓扁我的頭腦，叫神經變態。

『困難就在這裡，我們為戰爭而痛苦，卻又不能不痛苦的戰爭。即算一切其他正義理想都像氫氣球炸碎，但戰爭本身，這個風球乃高掛天空，不會炸、不會碎。我們也不願意它炸，它碎。在這一切矛盾中，我只有回到家園，照料這個小磨坊，和我有限的兩畝田地、菜園，與驢為友，踏土而樂。這樣，我總算解決了三件事：胃囊和神經，以及對這個戰爭本身的支持。我願意做一個平凡農民，用額上的汗，來盡一分中國人的起碼責任。

『在這個複雜時代，我們不能為多數負責，只能為少數負責。假如連為少數負責都不可能，只要能為自己負責，就算了。當然，我也希望一份暫時的寧靜，來寧靜我幾十年來飄泊無定的心靈。我希望：在這荒城一角，用我自己額上的汗，從石磨的旋轉聲音中，從青菜的綠色與麥穗的綠色裡，暫求得一點廉價的甚至虛偽的和平。』

三

汗可以在額頭上流，石頭可以在磨坊內旋轉，麥穗子可以在田隴間綠，但「廉價的和平」卻不一定能從這裡面湧出。一個人兩個人可以淡泊明志，一淡如水，但太平洋的水卻是鹹的，永遠淡不了。

就在磨坊主人宣佈追逐「甚至虛偽的和平」兩個多月後，一個陰霾得要變成染缸的日子，人們接到范惟實的邀請：一場豐盛的午宴在等待他們。在這個筵席上，主人將談論一件事。除了印蒂與鄭天遐，友人們都來了。唐鏡青本不能出席，最近扁桃腺發炎，請假在家養病，湊巧熱度已退，炎症漸消，體力尚好，也拄了根手杖趕來了。他們不知主人將談什麼，紛紛揣測。范惟實笑道：

『大家不要胡猜了，我所要談的，並不是嚴重事，你們不必惴惴然。飯後，我再宣佈。』

唐鏡青臉上微微帶著病痕，苦笑道：

『常常的，我們有一種恐懼：恐懼我們四周將發生什麼。其實，我們四周有洋槐花與綠樹，有安靜的陽光與風。但我們仍然恐懼，恐懼有什麼在秘密進行。即使沒有一個人知道，事物本身也在秘密進行。直到某個爆炸頂點，它從秘密化為公開，於是變成可怕的形象。

『當它秘密進行時，一切全是優美的、姣好的，但玫瑰花和月亮加在一起，可能變成炸彈。青春與七弦琴加在一起，也可能變成災難。因此，我就得出這樣兩個結論：

最美的＋最美的＝可怕的

最美好的＋最美好的＋最美好的＝最可怕的

那組成美麗的華爾滋舞會的分子，在某個時候，可以組成刀山油鍋。』

主人聽完，微笑道：

『我不能同意你這兩個數學公式。至少，今天此時，我不能同意你這個說法。』

他建議不再談這些黑色哲學，談點別的。因為，對於他個人，今天並不是個黑色的日子。

於是，大家談起印蒂與鄭天遐的缺席。

『印蒂不來，我是料到的。想不到我們的陶潛也不能來。他真是一隻蝸牛，鑽到殼子裡，就永遠不出來。』

莊隱笑著補充：『過去，他是一隻紅色蝸牛；現在，是一隻純粹灰色的蝸牛。』

鄭天漫為他老哥辯護：

『天遐和印蒂一樣，素來認真，說什麼就做什麼，不像我們是馬浪蕩格，終年唱流水板。他說，磨坊和莊稼離不開人，菜園要澆灌，豬要餵，雞鵝也要飼，而且，他還在準備中國文化史的材料呢。』

佘良弼同意鄭天漫的說法，也替大學教授解釋道：『一個五十左右的人，生活趣味，到底與三十幾或四十歲的人有點距離。拿我們說，也都是遲開的桂花，比最初的早桂花，香氣也大不相同了。』

莊隱道：『只要是桂花，香氣總是香氣，我不承認有什麼大不同。怕的是一朵紙花，像我們鄭土豪就是。』

鄭半齋中年發胖，常被大家戲稱「土豪」。同時，他的二十年「結髮」，也是出名的「獅子夫人」。身內「土」，身外「獅」，他只好扮演紙花了。

大家正笑談著，突然，門外捲起一片吼聲，像巴黎動物園所有鐵柵欄門都打開，許多野獸全衝出來了。

『號外！號外！號外！號外！號外！號外！』

『號外！號外！美國對日本宣戰！』

『號外！號外！號外！太平洋戰爭爆發！』

『號外！號外！號外！世界大戰爆發！』

不知哪一雙眼睛，偶然射向牆上，日曆上出現五個火紅印刷數字，十二月九日。

號外聲繼續嚎吼。人們瘋獸樣衝出去。千百扇門大開了。千萬扇窗子打開了。千萬隻腳步兇馳著。生命洪水樣衝破閘門，到處橫流。大街、小巷，湧著洶洶人頭。一座比死亡還死的古城，出人意外的，一下子，竟會旋滾起奔湧的人海人浪，把全城變一個巨大海嘯。最後幾張號外，已被搶光，但報童們仍在疾走、獅吼，像馬來亞的狂人，似原始巫婆。

大家聚觀范惟實手裡的紅色號外，旋即湧到最熱鬧的東大街。那裡有發號外的西秦日報館。新的一批報童，正從館內衝出，中魔似地，舞著號外，嘎聲嗝吼。館外藍色讀報欄、張貼剛收到的消息。白紙黑字四邊、蛇樣的畫著一條條驚心觸目的紅線，連紅筆上的羊毛都畫斷了，有好幾根黏沾在紙上。人們蜂擁四周，全神爭看這些紅色消息，比日球還燒人的新聞。

據說，號外消息是偶然收到的。西秦日報是一張四開小報，平時銷路平平，由於偶然搶先收到這條消息，今天轟動整個黃土高原，成為全城最偉大的報紙，也許是自有古城以來最偉大的報紙。今早七點，它的一個職員扭開五燈收音機，湊巧有英文報告，他的一個中學英文教員的朋友，起大早訪問他，來商量一件事，一聽到報告教員立刻跳起來，大叫：

『這是美國國家廣播公司報告：日本已於今晨五時對美國宣戰，珍珠港被炸。』

因為要請示社長，而編輯們又早回去睡覺了，號外印好時，已近九時。終於，像珍珠港突然被襲擊一樣，突然的號外聲，響徹全城。最後，連范這條最偏僻的街道，也出現號外聲。

人們狂猘的奔著、走著、談著，像阿拉斯加的薩滿巫覡。這一剎那，一個個都自覺心靈與宇宙精靈打成一片，能上天入地，呼風喚雨。許多人情不自禁高呼口號：『中華民國萬歲！』『全世界反侵略戰爭萬歲！』『殺到東京去！』『抗戰勝利萬歲！萬萬歲！』這說明一件事，人們希望亞洲大火燒遍美洲、澳洲，更希望與歐洲大火、非洲大火燒成一片。似乎只有這樣燒法，火才是火，燃燒才是燃燒。而任何一個洲的火，必須變成全地球大火，才真雄偉、真豔麗，也才變成真理。更因為，所有人對於太平洋東岸，久懷巨大信心。他們相信，只要火燒到珍珠港，亞洲就有救了，全世界也會獲救，雖然這正是人類歷史最黑暗最可怕的一刻。

新的號外聲正在傳佈這片黑暗、猙獰。

『號外！號外！日本兵在香港登陸！』

『號外！號外！日本兵在新加坡登陸！』

『號外！號外！日本兵在南洋登陸！』

『號外！號外！英國威爾斯帝王號被日本炸沈！』

喪鐘一聲接一聲。鎮魂祭一片接一片。但人們仍笑著最亮的笑，跳著最歡樂的心跳，走著最愉快的走。到處沸騰著激動的臉，卻沒有一張像今天天空一樣陰沈。每個人全變成中非洲的神巫，在最大恐怖中有最高勇敢。人們似乎早穿過可怖的黑暗地平線，透視到明天的新鮮太陽，新鮮地球。

回到范宅後，許久許久，大家還沈浸在暴風雨式的激情中。許多支香煙，許多杯綠茶以後，當午宴正式陳列時，人們這才慢慢平靜下來。

唐鏡青笑道：『剛才我的預言印證了。常常的我有一種恐懼：恐懼我四周將發生什麼。』停了停，他沈思道：『一隻老鷹，永遠在高空逡巡、偵察。我們的本能，也正是這隻兀鷹，它永遠偵察，窺伺。即使絕對極樂時，它也在偵察那可能的風暴、災難。幾千年的地球經驗，已使我們習慣於這一本能。它告訴我們，肉眼看得見的真時間，不是那緩慢的歡樂的秒針，而是那災難的分針。在物理上，分針秒針同性，都屬於時間，但在生物學上，我們的本能肉眼，只看見災難在進行，看不見歡樂在進行。』

鄭天漫同意他的話，慢慢道：『站在高舉頂上的人，每秒鐘都不忘記：前面是一片峭壁，下面有萬丈深淵在張嘴。太多的時候，地球每一角的統治者們，都站在峭壁邊緣上鬥爭。一個力量拉他們傾向邊緣一寸、一分，另一個力量又保護他們遠離邊緣一寸、一分。即使他們真站穩在峰頂中央，他們也依然為那可怕的邊緣而喘息。統治者永遠在經歷一種夢魘式的生死掙扎。他們的統治心靈，既充滿魔影、魔情、魔緒，我們這些被統治者的生活，必然也反映他們的魔情、魔緒。我們這些小人物，不過是他們那份巨大掙扎的小小縮影。我們也有我們較小的峭壁和它的邊緣。我們也在追求我們小小中央平地。』

莊隱低聲道：

『世界上最可怕的，不是蝮蛇，不是毒瓦斯，不是梅毒，不是加農炮，而是人的神經。這些比蜘蛛絲還細還脆還弱的網絡、結構，這些一吹就斷的游絲，卻能忍受這許多許多東西。

它們忍受熱、忍受強光、忍受大炮、忍受海浪、忍受夜、忍受侮辱、忍受任何動物不能忍受的苦痛。幾乎永遠忍受一整個地球！它簡直是載重一整個地球的奇異卡車。而且車上還滿裝地球以前幾十萬萬年的，和地球以後幾十萬萬年的。』

他點起一支煙。『這秒鐘一杯白蘭地酒，下分鐘一顆迫擊炮彈，這分鐘是蕭邦小夜曲，下秒鐘是無數輛坦克，蚊蟲、蒼蠅、瘧疾、結核桿菌，誤會、侮辱、打擊、屠殺、嘲笑、飢餓性的渴望，日本人的刺刀、炸彈、柴、米、油、鹽，老婆罵街、鄰婦惡詈、虎列拉、傳染細菌……。這一切，這一片薄薄蜘蛛網全得忍受。大腦、小腦、延髓、脊髓、神經結，一起加起來，不過幾寸平方空間，比火柴盒子大不了多少。

『這些神經弦子，痛苦在彈，飛機在彈，一百廿度的炎熱在彈，寂寞在彈，黃疸病在彈，不管你左彈、右彈、正彈、反彈、亂彈，它總是發聲，而又總是無窮和諧，……這一切真可怕！真可怕！最可怕的是：今後千千萬萬年，還要一直彈下去。』

鄭天漫笑道：

『你這樣分析下去，勢必要達到我一個親戚的結論了。她主張：把全世界男人的輸精管都割斷，把全世界女人的輸卵管全綁紮，這樣，讓人類絕種，不再延續，人類的苦痛也就絕種，不再在地球上延續了。』

談到這裡，范惟實邀請大家就座。他一一篩滿酒，舉起酒杯，笑盈盈的道：

『今天這個午宴，不是邀請你們來討論人類絕種的，而是請你們來談佈種的。』頓了頓。他喜洋洋的道：『不管太平洋東岸有多少沈船，有多少火光，有多少動脈管破裂，我現在要向你們宣佈一件事：在本月盡頭，在一九四三年第一天，我這個巨大而寂寞的房間，將有一個年輕女主人，她將帶給我青春，帶給你們歌聲，帶給地球新的人類品種。』

他又宣佈，這個星期天，他將舉行一個訂婚晚宴；宴席上，他未來的一九四三女主人，可能將以歌聲款待貴賓們。

接著，他笑吟吟的喝乾手裡汾酒，大聲笑道：

『日本軍閥用偷襲珍珠港，來打擊我們的朋友美國，我卻用訂婚消息、來打擊日本，我要堅決創造更多的黃帝子孫，來繼續我們與日本的百年戰爭。同時，我個人的消息，湊巧也是對珍珠港事件的一個慶祝。相信我們盟國美利堅從此必下定決心，和日本軍閥周旋到底。那麼，整個民主國家聯合起來，我們的抗戰就一定會獲得最後勝利。』

四

火曜日，證實范惟實諾言的，不是他的年輕未婚妻的歌聲，而是鋼鐵的咆哮。

自午後起，悽厲的緊急警報聲，像古代野蠻戰爭中的無數標槍，一陣陣從高空投下，直插人們心臟。這以後，標槍就留在心臟深處，不再脫落。四十架太陽飛機，輪流轟炸三小時，好像四十個太陽從星雲間突然滾馳入荒城，要把整個黃土層來一個大火葬。炸彈聲如幾天前的號外聲，兇險蠻獷，不同是，這個蠻獷馬上勒索鮮血，後者卻在幾萬里外索血。

整個古城陷入瘋狂與恐怖。

莊隱正在赴范宅途中，聽見空襲警報，繼續前進。緊急警報響了，他仍順著新城牆沿走著，和往常一樣，他對這類聲音漠不關心，權當它們是一種象徵派的音樂，只有形式，沒有內涵。直到幾十架太陽機獸吼天空，邪惡的向下俯衝投彈，他才停下腳步，兀立城牆邊。但他遐想：這僅是剎那內涵，不是長久的或永恆的內涵。這一輪輪沈落的太陽，不過偶爾給死亡獎券開彩，中彩只是最不走運的少數人罷了。

可是，這一次，死亡並不只是開一次彩，而是開兩次、三次、以致十幾次、二十幾次。飛機來了一批又一批，走了一隊，又來一隊。太陽魔鬼並不是臨時演奏象徵派音樂，卻是絕對的展覽寫實主義作品。鋼鐵迴旋器猙然嚆吼，一頭頭飛機猛獅樣要直撲他身上。炸彈聲暴雷般爆裂，硝煙噴突，瘋衝天霄，火燄四起，火團猋舞。慢慢的、他終於弄清楚，狂飛半空的，既不是抽象觀念，也不是日本人靈感來潮，偶然到西北旅行，它是死亡的直接創造主。不過，這僅是一段短短時間的事。一陣短暫的恐怖感過去後，接著產生的，卻是一種奇異冷靜——那種只有在死亡剎那才能感到的奇峰式的安靜。他想明白，但又不明白，這一切究竟是怎麼一回事？當真死亡就瀰漫他四周，如煙？如霧？如空氣？如腐爛的菓實穠漿？當真三小時後的范宅晚宴，會像朱麗葉的婚宴，命定要變成殯葬宴？當真死亡就站在他旁邊，他一伸臂，就可把它攬在懷裡？

他不明白。他傻得厲害。他楞楞站在牆邊，幾乎連躲也不想躲，更沒有想到蹲下來，或匍到地上。

鋼鐵大合奏還在天藍雲層獰吼。鋁質的幽靈翅膀，還在滿天飛。骷髏色的白光，還在毒花花閃爍。比黑還黑的濃煙。比火光還火的火燄。高牆倒坍。瓦片變成雲雀。血在噴。肉在爆炸。人潮像炸彈片一樣崩裂，五馬分屍，九馬分屍。百馬分屍。他卻靜靜站著，凝望天空，一動不動。真怪，天還是這樣藍，而且藍得特別瑰麗。他的心變成一座大海，守著各式各樣聲音，不管怎樣瘋蠻，它們卻像遙遠的海潮，能緩緩衝到塔四周。他彷彿早已看透這一片混亂、殘忍、血肉狂舞。他不想動，不想想。他是塔頂最後一塊石頭。他為什麼要動？要想？他為什麼要發聲？要救人？他為什麼要把心變成烙鐵？要心紅？他是燈塔頂最後一塊石頭，他是燈塔頂上的耳朵，他是珠穆朗瑪峰頂的心，不可能與大地打成一片。

真是奇異的靜。

奇怪，陽光也是這樣靜，靜得可怕。

火已經燒起來了，他為什麼這樣冷？燦爛的野獸音樂響著，他為什麼這樣冷？雪片式的鋼鐵，已從天空衝向大地了，他為什麼這樣冷？命運的旋律正在飛舞，他為什麼這樣冷？一顆人頭已經血淋淋掛到樹上了，他為什麼這樣冷？一隻膀子已經飛到牆頭上了，他為什麼這樣冷？一片破碎的胸膛漿汁樣濺滿黃土牆了，他為什麼這樣冷？

人們在瘋馳，他為什麼這樣靜？孩子們嚎哭著，他為什麼這樣靜？炸彈在笑在唱在跳舞，他為什麼這樣靜？魔鬼們從東京飛到東城西城南城北城了！他為什麼這樣靜？一排排機鎗子彈向生命打靶了，他為什麼這樣靜？他前面一丈外，人們像稻草束一樣摔倒了，他為什麼這樣靜？血像泉水樣噴溢了，他為什麼這樣靜？……

他站著，倚住城牆，閉上眼，讓眼前一片黑，不，一片紅。在日光下，即使閉緊眼，一切仍閃光，紅的光。讓世界變成灰燼吧！讓地球化為虀粉吧！他得冷！得靜！讓死亡把他變成碎片吧！讓他化成風、光、雨點和泥土吧！他得冷！得靜！他太疲倦，他得冷！得靜！

可是，不知何時起，他發覺自己兩腿拉著他向前走，像兩隻車輪。是的，他在走，走往一丈外。那裡，一些生命正躺在血泊中。

五

解除警報響了，最後一個傷者早已抬出血泊，莊隱搖搖晃晃站起來，他手上血滴滴的，他綠綢長皮袍上，也濺了些血點子，這是他為那些紅色傷口盡過力的見證。當他一恢復正常感覺時，他發現：鄭天漫的院子就在最近一條街上。他決定先去看他。他一邊走，一邊掏出手帕，把手上鮮血擦掉。

才踱到門口，他看見附近圍了一圈人，人圈中央是鄭天漫，和一個年輕女孩子，他們正把一個老婦人拖開去。她卻在掙扎、反抗，一面舞手跳腳，一面狂叫，一陣陣慘厲的笑聲。

『這是個瘋女人！』

『這個女人神經錯亂了！』

『這個女人又在發神經了！』

但莊隱卻不全相信這些話。因為，她的狂叫與爆炸式的話語，雖然有點瘋瘋癲癲，卻又不全瘋瘋癲癲，正像傳說中的濟癲和尚。

這位老婦，年約六十開外，頭髮如銀，具有幾乎每一個老婦所有的乾癟下巴，卻又擁有幾乎任何一個老婦所沒有的狂熱。她一雙尖銳眼睛鋒利如狼，焦黑的面頰粗獷似巖石，透出閃毒毒的紅光，說明她的靈魂正遭遇一場火災。

他聽見她悽厲的嚎叫：

『流火！流火！總有什麼地方在燒！在炸！一顆星星，一顆炸彈！一株草，一把火！情緒是星星，是火！也是煙！情緒是月亮，也是炸彈，要亮，也要炸！人在渴望什麼，要求什麼，又常常被壓抑於什麼，於是，要燒！要炸，輕輕一拔雷管——滿天是元宵夜煙火，多美麗的燃燒，多瑰豔的爆炸，寧以整個肉體粉碎為代價，只為了要看這場壯麗的高空風景，電光、異火，今天不燒，明天反正要燒，今天不炸，明天反正要炸！今天不展開血肉風景，明天反正要展開！讓我們炸吧！碎吧！燒吧！殺吧！哈哈哈哈哈！』

『到處是路，又到處是火藥，雷汞、地雷、電線、電網，人得通過火藥走！人得爬過電網走！人得在電線上走！人得穿著炸彈走！人得啃著地雷走！人得嚼著手榴彈走！像嚼口香糖，人走在生裡，人更多走在死裡！一步一個死！一聲一個死！一笑一個死，一哭一個死，一想一個死！人與人之間，熱情凍結了！所有花朵變成殭屍，所有溫柔變成鋼鐵，空氣是一個大兵工廠，每分每秒在製造爆炸，炸吧！燒吧！雷殛吧！電死吧！哈哈哈哈哈哈哈！

『到處是世界，到處又沒有世界，到處又在找世界。空間本叫人住，現在卻專叫人苦！叫人死！時間本叫人綿延，現在卻專叫人滴血！炸肉！啊！世界！世界！世界不在地上！不在天空！不在你懷裡！不在我子宮裡！不在她頭髮裡！卻在一堆爆炸裡！在一蓬大火裡！在一片謊言裡！世界不再是世界！卻只是一堆爆炸！啊！炸吧！爆吧！燒吧！死吧！哈哈！哈哈！哈哈哈哈！』

『世界從沒有像今天流過這麼多血！做人從沒有像今天這麼苦過！你苦！我苦！他苦！祖苦！父苦！子苦！孫苦！草苦！木苦！魚苦！蟲苦！野獸苦！連石頭也從沒有像今天這樣苦過！大海邊到處是死魚！森林裡到處是硫磺火！岩石在燃燒！野獸在爆炸！

『啊！緊吧！緊吧！再緊張再壓縮吧！讓地球變成火藥桶！炸成一片閃光，飛翔到別的星球上去吧！讓人類再回到爬蟲時代吧！

『蝴蝶，你是喝血的，再喝更多的血吧！鬱金香，你是喝血的，再喝更多更多的血吧！月亮，你是喝血的，再喝更多更多的血吧！

『炸吧！燒吧！苦吧！死吧！血吧！淚吧！殺吧！磨刀吧！讓地球變成瘋人院吧！讓地球變成瘋狂地球吧！啊！恨吧！恨吧！恨那造物主！你為什麼造人？你為什麼不專造蝴蝶！你為什麼不讓生物停留在蝴蝶時代？讓地球充滿蝴蝶，那多美？啊！地球應該是蝴蝶的地球！世界應該是蝴蝶的世界！你萬能大神！讓人類退化吧！退化到蝴蝶時代吧！讓人類進化吧！進化到蝴蝶時代吧！

『啊！太苦了！太苦了！人類太苦了！快割斷所有男人輸精管吧！不要再讓人類生育了！快割斷女人輸卵管吧，讓人類永遠斷子絕孫吧！多一個生命，多一個痛苦！多兩個生命，多一雙吮血動物！多一萬個生命，多一萬個喝血野獸！多一千萬個生命，多一千萬次屠殺！快割斷男人輸精管吧！快割斷女人輸卵管吧！讓人類不要再生殖了！不要讓下一代下兩代、以致無窮代再受苦了！讓人類絕種吧！讓痛苦絕種吧！讓蝴蝶代替人類吧！……』

她還要喊下去，卻被鄭天漫與女孩子死拖活拉，總算把她拉進去了。莊隱驚詫，這個老婦人的肉體、竟有一種奇異力量，能和拉她的人抗拒許久。

他跟他們進去。圍觀的人漸漸散去，作著各式各樣評論，它們有一個共同論點：都覺得她瘋，卻又值得同情。

莊隱並不全同意人們的看法，他並不覺得她瘋，只不過態度舉止失常罷了。

『這是我姑媽，她受到刺激太重，神經失常了。』

當蘇荔紋與女孩子把老婦拖到寢室裡時，鄭天漫向莊隱解釋，神色很苦痛。

『抗戰開始後，在一場日機轟炸中，她的丈夫、大女兒、和三兒四兒，都被炸死。此後，她的大兒二兒，又先後在南京戰役和徐州戰役戰死。這以後，她就有點瘋瘋癲癲，常常不住口的說話，可以連說一天一夜，毫不疲倦，說得像講演，很有層次、條理。嚴格說來，她的話語不算瘋，只是她的態度動作有點瘋。她丈夫原是大學教授，她自己是北京女師大最早期畢業生，也是五四以後本省初期婦女運動的領導之一，曾興辦過女子中學、小學，是女教育家，學問很好。』

現在，她唯一思想是：讓人類快點絕種，以免後代苦痛。她逢人宣傳，見人演講，傳播這一主張。每到一處，她就嚷嚷著：要割斷男人輸精管與女人輸卵管，讓人類停止生育，不再傳種，免得以後無窮代再有苦痛。那個女孩子叫蓮蓮，今年十七歲，是她姪女兒，陪伴她的。

『我們現在去看看她吧！』莊隱說。

『不，人越多，她話也越多。看見男人，她話更多。她說，世界痛苦，就因為男人有輸精管。我要兩個女人陪她，她疲倦了，就好些了。』

『每次警報或轟炸，她總要特別的發作一次。今天汽笛才響，蓮蓮就把她們帶到防空洞，不讓她看見洞外一切，想不到她還是發作。』

『她們？』莊隱詫異的問。鄭天漫的聲音放低了：『剛才我忘記告訴你了，還有一個，比她更慘。正由於這個更慘的例子，才比她自己悲劇更直接的促成她的神經錯亂。』

當她全家四個炸死後，她本就精神奇鬱，異常痛苦；兩個兒子戰死後，她開始有點神經失常，但直到她自己妹妹出現後，她才第一次真瘋了。

她妹妹四十幾歲，住在鄭州。今年一次轟炸中，全家七個，有六個被炸死、燒死；丈夫、兩個兒子、兩個媳婦、一個孫子。只有她一個，從坍陷的房內被救出來，由一個近親送到姊姊這裡。

『這個女人可怕得很！』

鄭天漫說到這裡，臉上顯出恐怖的樣子。

『來吧！你看一看。可不要害怕。』

他把莊隱帶到女工下房裡，程媽正在陪著一個——

『啊！』莊隱幾乎要大喊起來。

莊隱承認，有生以來第一次，他看見一個最可怕最奇怪的——什麼呢？你既不能說它是人，也不能說它是動物。人裡面沒有這樣的人。動物裡也沒有這樣的動物。根據主人事先假定，說它是人吧，你不知道它是男人，還是女人，也不知道它多少年歲。你可能說它只有一歲（假如她形體再細小的話），你也可以說它有三百歲。這個被假定的人，沒有眼睛，沒有鼻子，沒有眉毛，沒有頭髮，只有半張嘴，和突出在嘴洞的幾顆獠牙。應該是她眼睛處，只有兩片光光的漥坑。應該是她鼻子處，只有一個黑洞。應該是耳朵處，只是一兩個古式窗櫺斜雕橫鏤裡的小洞。應該是嘴處，兩片唇瓣大半沒有了，只剩下兩大塊燒灼的斜疤，又黃又大的門牙便突出於嘴外。頭頂是禿的，既不是光亮的鬃禿，也不是癩痢頭刺刺拉拉的禿，卻是無光而又平坦的禿，像一場大火燒後的荒山，禿得死沈沈的，絕望極了，相形之下，鬃禿倒是燦爛的，癩痢禿則是富有生氣的。

她的左臂斷了，她的兩腳是跛的。

從她那半張嘴裡，聲音似乎死了，全部人類言語、也變成最簡單的幾個字——不是字，是嬰兒學舌的最初幾個模糊聲音。

假如眼睛代表人的思想與感覺，這個假定的人，既無思想，似乎也沒有感覺，它又回到搖籃時代的機械反應；就是這種反應，也不多。在第一眼裡、刺激人承認這是一個生命的，只是她那沒有鼻子的鼻部的翕動：氧從這個小黑洞內吸進去，二氧化碳又從這裡呼出來。

她坐在籐圈椅上。她還能坐，這是一件怪事，正像搖籃裡的嬰兒突然坐起來一樣。她不是石頭，她比石頭要輕一些。她不是木頭，她比木頭又重一點。她也不是一件衣服，她比衣服要硬一些。她也不是泥雕，泥雕沒有她「臉上」的肉色，——雖然言顏色已不能算是肉。歸根結柢，石頭、木頭、衣服、泥雕不能呼吸氧氣或二氧化碳。

莊隱凝望著，像端詳一幅開初是恐怖、終結卻是登峰造極迷人的畫。超越一切的，這是一張絕對沒有眼睛的活人的臉。

他陷入一種多少年沒有的深沈而離奇的情緒中。他想進一步深深感覺，卻感覺不出。他想靜靜沈入思想，卻想不通。他想說點什麼，又說不出。

人類歷史上許多真理，一剎那，似乎全呈現在這張臉上。現實世界許多謎底，彷彿此刻也揭示在這幅臉上。他無法感，無法說。任何感覺、思想、言語，幾乎是對臉主人的褻瀆。她整個形象，就代表一種尊嚴，宇宙的最後尊嚴，比泰山更沈重的壓在他肩上、心上。

他對她投了最後的沈痛一瞥，再呆不下去了，便極緩慢的轉過身子。

走出來後，低低問：

『她還能活麼？』

『事實是，她還在活。』

『她還能活多久麼？』

『她已活了幾個月，現在還在活。』

鄭天漫舉了報上一篇文章做例子。蘇聯一個沈睡了十八年的人，現在醒來了，和好人一樣。十八年來，他睡著，卻活著——因為，他可以睡著執行甄俠的四部曲：吃、喝、拉、撒。

『哦——』

莊隱沈默了。一股盤古氏開天闢地式的奇異力量、逼他沈默了。他分不清，這是悲哀，還是別的。

六

海裡紅色吼聲，空中銀灰色吼聲，只是新的毀滅性海嘯的一部分。接著，是黃河邊東洋戰馬的嘶吼。西安吃緊了。

野性的武士們，從中原衝向高原。洛陽失守了。陝州淪陷了。潼關受威脅。有消息說，一支騎兵已侵入盧氏，離古城不過一百九十公里。

大轟炸一月後，一度停擺的古鐘，又開始扭緊發條，四扇古城牆壁，立刻震盪時間的巨音。

第一個巨大反應是：火車站變成旅館、飯館、會客室、交際廳，以及一切隨人自願派用場的空間。行李堆得比城牆高，一直從城外堆入城內大街。（公路汽車總站與火車站毗鄰，前者在城內）。票房四周，扮演古羅馬角鬥場，人們施盡武當拳、少林腿與渾身解數，爭相買票。在人潮邊緣，攤販形成一座新市場。整個古城，已把它的靈魂和肉體交給火車站與公路車站了。

消息有一百雙腿，日夜在大街上奔，在田野上馳，向每一扇門內瘋衝。一天一個消息，一夜一個清泉，盧氏被圍了，潼關危急了，函谷關撤退了，吳司令準備放棄華陰，孤守西安，等等等等。

各式人表現各式反應。最突出的，是西北音樂院的勞軍晚會。令人奇怪的，它是由西北新聞社舉辦。更叫人詫異的是，一向訥訥不善言談的瘦條子山東人褚社長，竟登臺大聲痛呼：『我們要保衛大西北，我們要死守大西安！許多人要逃，往哪裡逃！哪裡是真後方？後方隨時就是前方！不許逃！我堅決反對逃！我們要堅守西安，抗戰到底！……』人們尤其不解的是：褚社長從出娘肚子起，就是二十世紀的唯一絕對楊朱主義者。在這個時候，他居然一擲千金，舉辦這樣盛大的晚會，他究竟為什麼呢？

漸漸的，謎底揭穿了。幕中人「點」了一下：西北新聞是暴發戶，出版才兩年，銷路壓倒西北各報，最近，把全部盈餘和資金，用來興建報社大樓，而且，還借了一筆錢。人可以逃難，機器可以逃難，鉛字也可以逃難，大樓卻不能逃難。因為它沒有雙腿，逃不了。褚社長所以堅決反對逃跑主義，反對任何人逃，主張死守大西安，主要是為了死守他那座即將竣工的青磚實疊大樓。萬一西安完了，他那座壯麗建築也將同歸於盡。因此，當許多人全擁往火車站汽車站時，這位眼如薄錢孔的矮瘦子，卻獨登音樂院禮堂高臺，揮舞兩隻瘦臂，怒吼著要保衛大西安。

這僅是時代海潮中一朵小小浪花，但從它光色形像中，也可看出局勢的緊張，以及人們的惶惶心理。

鋼鐵商莊隱，在車站與音樂院晚會之間，採取中間路線。他早得風氣之先，當許多人還沒有把車站當做旅館時，他早已買了十幾張汽車票子，囑鄺士豪把他們三家眷屬押運到蘭州小避。他本人和甄俠佘良弼，準備「保衛」東城路南院門一號。他的鋼鐵生意，其實是買空賣空。用合法的與不合法的手段，利用各縣上層人事關係，搜羅舊鋼廢鐵，再直接運送到離這裡九十里的一家大機器廠，它附設一座土法煉鋼廠。南院門一號既從未堆存過一兩舊鋼廢鐵，根本談不上「保衛」。他所謂「保衛」，是另有涵意的。

喻綠影也沒有走，雖然溫夢岩一再勸她赴寶雞避風。

她不願走。因為，她不願帶走糟粕，把精華留在古城。

半年來，她的影子，早與那條江南風光的清秀影子啣結在一起。

狂熱的盛夏，水樣的靜秋，大雪的冬季，和這片暖煦的初春，她綠色袍子上的印花，一天天競賽鮮豔、強烈。現在，有時候，她竟卸下一直昵愛的綠色，穿起純粹火紅色。

時代的恐怖火焰，把許多生命化為灰燼，可也成全了某些個體幸福，那些火紅色的夢。

宇宙間，總有什麼在激盪、滋生，像波浪衝激波浪，像牆緣綠苔上滋生且牽爬長春藤。起先是摸索、挨擦，張與翕，漸漸的，模糊的清晰了，不固定的固定了，一些閃光變成雷電——終於，陣發的純粹煙硝，化為克拉喀噴火山。

南海風暴，炸彈的狂雹，黃河邊的活火山，這一切更刺激他們自己的那座火燄山。內在的刺激應和外在的，靈魂的強音應和世界的瘋狂交響曲。多少次黃昏的顏色，月夜的幻景，郊野的綠樹葉子，公園的小徑，以及酒杯和茶盞以後，最後總是那最古老也最重複的結論，可也是震盪人心的結論。

一個明亮而瑰麗的初春下午，她出現在莊隱客廳，接著是在他寢室。

『我能給你的，我應該給你，我早就應該給你了！』她的聲音是堅定的。

他凝視她那張蒼白色透石榴火的豔臉，她塗著濃濃唇膏的玫瑰紅菱唇，她那新燙捲過的海浪形的烏色鬈髮，她那件火紅的絲羢袍子，她撂在一邊的翠綠色夾大衣，以及他們共坐著的那張床，這張曾負擔過管曉菡豐腴肉體重量的棕棚床，似乎也能負擔一個嶄新的妖媚女體。

『我要的。』他低沈的說，清秀的眼睛火灼灼的望著她。她的玲瓏身軀微微有點震顫，胸部弧線在抖動。

太平洋、大西洋、印度洋，太陽飛機、月亮飛機、星星飛機，二百磅炸彈、五百磅、八百磅、一千磅，宣傳割裂男人輸精管女人輸卵管的怒吼聲，沒有眼睛沒有鼻子的可怖女臉，黃河邊的衝鋒聲，車站上的人海，蘭州的醉瓜，……，這一切，都對他很遙遠、很遙遠。此刻，他只是一撮酵母，唯一的方向與意義，只是一片巨大發酵，一片綺麗的生命甘液。

他站起來走出去，和甄俠佘良弼低低的咬了耳朵，他們都會意的笑了。於是，甄走到外面，關上大門，坐在門內。佘良弼則坐在客廳外、院落裡。

這是一場只有太陽飛機大轟炸才能媲美的瘋狂，一種沙漠上的野性解放。

兩小時後，當她臉孔醉紅、婷婷的火色影子從寢室內消失時，佘良弼的一雙黃豆小眼睛，立刻像獵狗似的追蹤莊隱。他笑著道：

『今天怎麼請客呀？替你足足把了兩個鐘頭風。』

『聚興樓的紅燒甲魚。』莊隱的秀麗面龐透著興奮與滿足，兩條濃濃眉毛旁邊、還沁出熱氣。

『這是一個勇敢的女人！』大個子甄俠的黑棗眼筆直盯著莊隱。

『當生命走到盡頭時，生命總是勇敢的。』莊隱滿面春風的道。

『怎麼樣？比紅燒甲魚還可口吧？』佘良弼抓了抓微禿的頭頂，笑著問。

『靈魂是勇敢的，卻是一副開始憔悴的肉體。一朵經過太多風雨的鬱金香。』他臉孔紅紅的，沉醉的望著兩位老友。『可是，歡樂總是迷人的。一個人久居沙漠，任一滴綠洲清泉，都是甘冽的、可口的。唉，多魔人的時辰！浮士德的時辰！』

莊隱輕輕嘆息。他轉過眼，看見枕邊有一方綠色手帕。那是她偶然遺留下來的，它豔麗極了，卻已被壓得皺成一團。

第五章

一

渦漩無盡的綿綿大森林山脈間，常出現一兩個神祕地域：「林空」。這些暴雨柱樣密集的森林中，偶然浮顯一兩片巨大空白，像茫茫大海偶然畫一葉孤島，異常玄奇、誘人。這種「林空」的產生過程，淒豔極了。行人偶然扔一枝煙蒂，大雷電中偶然一次觸電，一隻玻璃瓶長久暴露烈日下，偶然發生焦點火光，或者，乾燥空氣的震蕩偶與風相衝突、磨擦、產生高熱——一剎那間，千萬年大森林突然自焚了，蔓成漫山遍野的火災；無日無夜，狂猛燃燒，火燗燭天，火燎遍地，彷彿在作一場集體自殺，又莊嚴，又浪漫蒂克。結果，幾十里森林，往往一掃而光，連一根小草也不剩下。當這場偉大自殺進行時，黑夜裡，假如有一架飛機偶然掠過，機上旅客在漆黑太空，面對這幾十里的瘋狂火光，他渾身將怎樣顫慄？他心魂將怎樣恐怖？因為，有生以來，他第一次發現大自然的最絕望的畫幅。

在外蒙古與黑龍江邊界，有一些蘆葦海與荒草灘。漢人為了來年春耕，蒙古人為了打獵，（荒草容易絆住馬蹄子），秋冬時分，他們常放一把野火，把它們燒燬淨盡。滿清時代，有一回放野火，出了事，連帶燒燬幾百里大森林，野獸燒死好幾千。在蒙古大荒原黑夜，當這片廣大蘆葦海與荒草灘燃燒時，十幾里一片大火衝天，整個天空都被燒得紅紅透透，全個荒原被燃熾得燦爛而華麗，天空與草原，全變成一大片如狂如醉似舞似飛的晚霞，一片妖冶紅光浸透了夜暗。這時候，如果一個旅客騎馬過大荒原，看見這片如錦似繡的璀璨大火，他渾身將怎樣抖顫？他心魂將怎樣悸怖？因為，有生以來，他第一次發現大自然的最陰慘的圖卷！

在一個人一生的精神暗夜中，偶然也有一兩次，會遭遇這種森林集體自殺性的大火災，以及蒙古荒原上的大火海。這種大火海的動人處，在於下列幾種特色：黑極了的夜，紅極了的宇宙，大極了的燃燒空間。強烈而廣大的黑和紅，無邊靜夜中的猛撼的燔燒聲，……那片可怖的紅是怎樣纏人靈魂？裹人心魄？

印蒂遇到的這種靈魂大火災，也是極偶然的，比大森林的一次電觸、一次焦點火光、還更偶然。

六月，一個瞻禮日晚上，七點鐘左右，他在醫院值夜班，替病人注射勃朗多息，臨時發現藥劑室的針藥用完了。湊巧，他自己家裡還有一瓶，便回來取藥。為了抄近路，他就走教堂後門，他有一把開它的鑰匙。

從後門到自己寢室，必須經過梅神父臥室。才踏入神父室外廊廡，他聽見室內發出一陣極奇異的巨大聲音，似乎有兩個人在扭打、掙扎，撞擊著幾件傢具。他正想推開門，突然，停下步子，他聽見室內的可怕聲音：

『滾開！你這個魔鬼！你這隻披著羊皮的狼！你要再不放手，我就大聲喊了！』

『你喊吧！今天晚上，這裡一個人也沒有。連看門的和工友都被我派出去了。不管你怎麼喊，也不會有一個人來。你還是依從我吧！只要你依從我，你要什麼，我就給你什麼。你知道，這裡的教堂和醫院全歸我一人管，我有很多錢，你要多少錢，我都可以給你。』

印蒂聽得很清楚，這是梅神父的聲音。

『好，你這個魔鬼，今晚你騙我到這裡來，一切全是佈置好了的？！你這個陰險的強盜，好！明天我報告主教，你馬上會被開除出教。』

『主教和任何神父，絕對不會相信你的話。你不要傻！瑪麗，你還是依我好。我是真心愛你。我愛你很久很久了。你依了我，以後每次到我這裡來，包管誰也不會知道。我年紀很輕，相貌也不難看，你為什麼不愛我？』

印蒂不相信自己的耳朵。要不是神父喊出「瑪麗」的名字，他完全不相信那個女人、就是她，因為，那個尖銳的可怕聲音，完全不是她的聲音。

『瑪麗，你快點依我吧，我是真心愛你。我讓你考慮兩分鐘。你要記住，今晚你是逃不出我的手掌的。』看樣子，女的已暫時掙脫開，但無法逃出這個房間。

印蒂踮著腳尖，馬上迅速輕輕走到自己房內，取了針藥，放到口袋裡，又迅速回到神父房門口。

『瑪麗，兩分鐘早已到了，你答應不答應?你看，我的身體多高大，我的手臂多有力，你能逃得出我的臂膀麼?你再不答應，我就用暴力了——你不答應也要答應。』

一陣新的格鬥聲，一陣更猛烈的掙扎聲。一陣女人的叫聲：

『救命啊!……救命啊!……救命啊!……!』

印蒂本想用力推開房門，忽然，閃電似的，臨時考慮一下，決定改變方式。他突然在室外用力踏著皮鞋，又大聲咳嗽兩次。

陡然，室內一切聲音停止了。一片死靜。

印蒂離開房門口，穿過緊緊關閉的窗子外面，繼續大聲走路，大聲咳嗽，還未踅到廊廡盡頭，他聽見砰然一聲，房門打開了，一個女人喘息著衝出來。

他連忙快步跑到後門口，發覺那女人緊緊跟蹤他。

一到醫院，他通知號房老李：

『老李，請你告訴護士長丁小姐，說我今晚有急事，不能來值班了，這瓶藥你馬上交給她，要她請別的護士注射。快去!病人在等著。』

吩咐完了，他向蓮湖公園走去。

不用回頭，他就知道，後面有一個人緊緊追蹤他。他不開口，緊張的向公園踱去，直到那乾涸了的湖邊，才停住步子。

二

公園內沒有花，沒有水，只有一棵棵稀稀疏疏的槐樹、松樹、柏樹，樹梢棲宿一些烏鴉。湖邊偶然走過幾個遊人，誰也不願多作勾留。因為，這是一口沒有水的湖，它毫無吸引人的力量，倒給予人一種粗獷的沙漠感覺。也正是這種感覺，才叫印蒂不由而然停下來。直到現在止，他還沒有看見她的今夜形態。轉過臉，他發現她長長黑髮只微微有點蓬鬆，可能本來非常零亂，為了不讓行人詫異，在路上，曾用手梳理過了。唯一能表現她今夜感覺的是：平日她那雙湖水一樣澄澈的眸子，此刻湖面狂捲起一陣風暴，顯出一片恐怖的憤怒，使她整個臉孔幾乎變成另一個他所不認識的女人。她穿一襲天青色綢質西式連衣長裙子，雖然由於一陣格鬥，現得到處摺皺，但仍使她苗條的胴體呈露一片豐麗的線條。也許，正是這些，加上這個原始味的夏夜，才叫她遭遇一次個人的「珍珠港事件」。

『哦，修士！』

『瑪麗！』

很久，他們說不出一句話。所有言語彷彿全凝結了。

『謝謝您！』

『不用謝我，這是天主的意思。』

『我也想，這是主的恩惠。可是，首先我仍得感激您。』

『不，我也不值得被感謝。因為，我並沒有完全盡到責任。』

她詫訝的望著他。這時，她的神色似乎稍稍安靜了些。

『我本想推開房門。後來，考慮一下，才決定用現在這種方式，這樣，除了保護您，還可以多保存一個人。』

她微微沉思一下，有點憤怒的道：

『經上告訴過我們、必須保存惡人麼？』

『經上沒有告訴我們這樣。可是，主曾經啟示我們，一個偶然迷途的羊，必須拯救它。』

『您還覺得這是一隻羊？』

『瑪麗，看在天主面上，我希望您饒恕他一次吧！主既饒恕一切罪人，對於這個曾經多年忠於主的罪人，我們也應該饒恕他。他會不會被毀滅，完全取決於您的聲音。』

『不，取決於您的聲音。』

『那麼，憑聖母的名義，把這件事忘記吧！』

『好，我答應您，不再懲罰他。可是，「忘記」？我永遠不會「忘記」。』

『那麼，至少答應我，今晚我們不再提這件事。……我的心現在亂得很，得讓它平靜一點。天主知道，今夜這一夜，我將怎樣過去。』

『我現在的心情也亂極了。』

『那麼，讓我們沉默的長長的散步一次，來平靜我們的靈魂吧！』

他們離開無水的湖，穿過疏落的樹叢，走向那片大草地。湖中固無水，草地上也很少草，它像一片廣場。白晝，它似一派荒漠，銀色夜光下，卻充滿一片神祕的綺麗光輝。半圓的雪色月亮，使遠遠近近都氤氳著一抹抹氣氛。似乎有什麼在冉冉上昇，又有什麼在朦朧落下。一種類似煙霧的形體，不固定的，到處浮動。它飄拂於空中，也浮顯於人的思想。有幾對男女，靜靜兀坐草地長凳上閒談。有十幾個遊客，來來往往，在附近散步。天氣不頂熱，離納涼季節還早，公園內，絲毫不顯得擁擠。大部份遊客，都去涼棚茶室中喝茶。他們散步許久，沒有遇見一個熟人。誰也不大注意他們，這濃淡分明的一對。本來，一個穿淺天青色，一個穿黑色袍子，應該容易吸引遊人視覺的。

終於，印蒂在一片綠色柿子樹林邊停下步子，他望著白色月亮，低低道：

『我常常在想，怎樣才能獲取一種圓全，使自己靈魂得到一種永恆寧靜，那種極其深沉而又與萬物和諧的寧靜。我努力找尋這些，已經二十幾年了。可我的運氣似乎總不太好。』

『印先生，我覺得，您對生活太嚴肅了，對自己也太嚴厲了。』

『並不是我要對生活嚴肅，生活本身就是嚴肅的。而且，常常是痛苦的，使得我們——一些比較敏感的知識分子，不得不找尋一些相適應的觀念、原則。』

『經上本來就指示過：現實人生總是痛苦的、罪惡的，只有在未來天堂裡，才能得到永生幸福。』

『是的。』他的聲音有點痛苦。『就像今夜，這樣美麗的月夜，在全世界許多地方，卻有萬千人流血，在痛苦的死去。飛機大炮聲佔有一切，炸彈子彈、洞穿無數活人的胸膛，撕裂許多美麗的肉體。』

『您不能暫時忘記這一切，稍為自己想想麼？』

『個人命運，總是黏附於人類整體命運，像每一片樹葉子依附於整棵樹、整座森林一樣。當整個森林失火時，沒有一片葉子能逃出紅色包圍。』他的聲音是沉痛的：『常常的，我在許多次禱告中，祈求天主賜福，早日使這個星球停止出血。可是——』他嘆了口氣：『唉，我真不知道，這個地球，什麼時候才能不再旋轉在一片鮮血中。』

這一會，她的神情進一步安靜下來了。她轉過臉，靜靜望了他一下，聲音很低很低：『看樣子，現在您面臨一份命運難題了。』

他並不回望她，聲音也低下來：『是的，這是一個難題。』他回望她一眼。『可是，天底下沒有永久不能解決的難題。』

『印先生，請原諒我冒昧說兩句話。』她的語氣充滿興奮。這種情緒在她是不常見的。

『假如，今後在您可能發生的命運變化中，有一種機會，使您以後生活能稍微穩定點，幸福點，您會考慮它麼？』

他微微有點顫慄的瞧著她。他驚訝於她聲音的堅定，這類堅定，過去在他幾乎是不可想像的。

『我不知道您的聲音裡的真實涵意。我也很少往這方面想過。可是，不管怎樣，就您字面上語意說來，今後，在我可能有的各種命運變化中，我絲毫不可能很功利的考慮我個人幸福，那樣，是我的良知和良心不許可的。』

她聽了，有好一會，不再開口，只是婷婷的直立著。

『修士，我想，我應該走了。最後，我想再問您一兩句話。』她低沉的說。

『問吧！』

她抬起眼睛，慢慢凝視他，那雙像湖水一樣澄清的眸子，閃起一片巨大迷惑，彷彿有誰投下一塊石子，使水面捲起一大圈漣漪。

『在生活裡，是不是有那樣一種東西，它永遠是不可突破的？』

他稍稍沉思一會，一個字、一個字的，鎮定的回答她：

『在主的面前——在主的光輝下，沒有一樣是不可突破的。』他知道，他的聲音並不是一份回答，僅是在履行一種諾言。哪怕是最後一次吧，只要他的腳還留在現在這片精神空間，他就必須盡這份履行的義務。

她遲疑一下。『我的意思，也許是說：在宇宙裡，總有那麼一種東西，很難突破吧？』

『無論是在宇宙裡，在生活中，主的力量總是一樣的。』他堅定的道。哪怕這是「最後的堅定」，也仍是一種「堅定」。風化了多少千年的岩石，在未化成虀粉前，仍是一塊岩石。

在她雪白額顙下面的兩片湖水裡，又投下新的石塊，漩渦也更多了。

『可是，我覺得，有時，在人與人之間，有一種東西，總很難突破。』

他遲疑了，慢慢的道：『這個，是的，有時是很難很難突破，永遠很難突破。……』

『對不起，請原諒我剛才的問話。在我們現在所站的地面上，最好，我還是不提出這類問話好。』漸漸的，湖面的螺旋紋和粼粼閃光平靜下來了。『修士，我要離開這裡了。』

『嗯。……』他躊躇的望著她。

『也許，我們將永遠不會見面了。』

『嗯？』他的眼睛裡閃起一份懷疑。『您準備到哪裡去？』

『到很遠的地方去。』

他低下頭，沉思了一會，終於，用一種相當強項的努力，發出下面的聲音：

『我承認，在這個世界上，不只有那麼一樣東西，而是有好幾樣東西，有時很難突破。的確是很難突破。正因為這個，我們才走到教會這片神聖空間。可是——』他說不下去了。巖石必須維持化成齏粉前的最後「堅定」。他換了一份較柔和的口氣。『可是，我希望聖母賜福於您，主永遠保佑您。』他在胸前畫了個十字。『現在，讓我送您回去吧！』

他把她送到學校門口，他聽見她微微抖顫的聲音：

『印先生，看來，我是必須走了，走得遠遠的，遠遠遠遠的。』

她的美麗眼睛裡，彷彿湧現一些眼淚。她的聲音是深沉的。『印先生，讓我最後一次，再向您聲明：今夜，我所以不打算懲罰那個惡人，主要是為了尊重您的意思。』聲音低下來：『凡是您決定的，我沒有一樣不尊重。』

『非常謝謝您。』

『再會！非常謝謝您今夜的幫助。』她低下眸子，不敢再看他。

『再會！祝您今後一路平安。』他轉過頭，也不敢再看她。

三

這一夜，印蒂沒有回唐坊街教堂，他住入一個旅館。

他不知道是怎樣度過這漫漫長夜的。在他四周，充溢強烈妖魔氣氛，他無法寧靜。這一次，很像十三年前和左獅談話後的那個黑夜。壓在頭上的宇宙，整個坍塌了，他的靈魂又一次變成一些碎片。可究竟是中年人了，他不再像十三年前那樣憤怒，盈塞他心田、只是一片深沉悲哀與疑懼。無數隻熱帶鳥，似從月光的明與暗中飛出來，每一隻都具有最堅銳的利嘴，牠們雨點樣啄擊兩年半來他所供奉的信仰果子，不管後者怎樣堅硬，今夜全被啄成粉碎。許多顏色，芳香本來不成問題，現在全成問題了。一些線條、形式，原來是完整的，這一夜卻百孔千瘡了。連一朵朵早已平靜了的波浪，此刻也再度奔騰澎湃。他不可能睡。一次又一次，他在室內踱著。窗外月光越是一分比一分明亮，他的靈魂也越是一陣比一陣黑暗。

不知何時起，他跪在窗前，作了一次長長祈禱。

啊，主！今夜，又一次，我像一棵熟透了的麥穗子，匍躺在你腳下，我整個心像大風中麥芒，震顫、搖閃，不能靜止。苦惱被捧到唇邊，像先知約翰血淋淋的頭，從地底下被捧出來，我又得低下額顙，張開嘴。啊，主！我皈依你的時間，像太陽一樣鮮明、悠久，為什麼我的靈魂還不能寧靜？你的兒子額上的血，紅了兩千年，說服了萬萬千千生命，為什麼不能叫我的心停止抖顫？為什麼我愛這血，崇敬它，卻無法把它和你頭上的光圈聯成一片？為什麼我不深信這一切和你之間的血緣。

啊！主！為什麼在開始的弦子上，就響起終結？為什麼一個「？」在祕密咬蝕祈禱？為什麼在你腳下、千千萬萬人睡得那樣像熟透了的十月稻穗子，我卻永遠醒著？在你偉大的形體邊永遠睜著眼？啊，主！為什麼我早上望你，正午望你，夜裡望你，這樣望望，那樣望望，總望個不停？為什麼你創造的如花的夜不能叫我閉上眼？為什麼你的膏油與芳香不能叫我永醉？

啊，主！二十年來你兒子背後的大十字架，一直是我的倫理窠巢；你兒子髮上的荊棘冠，是我夢想的真理加冕禮。各各他山上的西番蓮，是這一世界萬花之花。我把你的兒子看做一切生命中最偉大的精素。我為他對瑪格達娜的聲音而哭泣。我為他替門徒洗腳而流淚。我為他在神廟前的憤怒而憤怒。我把他看做人類的真正起點，也是唯一終點。他的形象太久是我的風，風裡混合著太陽、花朵、天空、夢幻。聽見他的名字，從沒有一次，我不幸福，不充滿愛。啊，主！可今夜我的心為什麼這樣不能謐靜？為什麼我總不能肯定：兒子是父親的兒子！父親是兒子的父親？為什麼我在父親與兒子之間找不到血肉連繫？啊，主！啟示我吧！給我閃光吧！幫助我完成這個連繫吧！

啊，主！在你的經卷上，用各式各樣語言說愛、畫愛、奏愛。追蹤你的靈啟，我已相信：愛是我們的眼睛，沒有愛，我們看不見。我又相信：愛是我們的耳朵，沒有愛，我們聽不見。我也相信：愛是我們的嘴，沒有愛，我們說不出。愛也是我們的腳，沒有愛，我們站不住。

啊，主！我相信愛是我們的大地，愛是我們的糧食，愛是我們的水。可是，為什麼，我又感覺，在這個地球上，愛是如此跛腳，寸步難行？為什麼，你所捧給我的愛，我只能用幻覺和它在天堂舞蹈，卻不能用手臂挽住它在大地上同行？唉，主，為什麼在吸乾你全部經卷後，圍繞在我耳邊的，依然只是傳道書上最簡單的兩句——「虛空的虛空，虛空的虛空」？

啊，主！你是偉大的！你比地球、火山、大海、星辰偉大，你是比生命更生命的生命！你的果子永遠紅熟；你的葉子永遠碧綠；你的花永遠幻美；你的光是生命的肉；你的顏色是生命的血。啊，主！你在地球上的聲音，為什麼一開始就那麼喑啞、無光？為什麼說述你的神聖故事，從第一個字起，就跛腳了、滑倒了？為什麼它規定你的六個勞動日，好像你是底特律一爿工廠的機器匠？為什麼它給光、暗、空氣、果樹、星辰、魚、鳥、野獸、男女定下生日，說這是你手訂的？為什麼它說女人是男人的一根肋骨造的？為什麼伊甸園才一築成、就出現毒蛇和它的誘惑？啊，主！你在地球上的語言，一開始就變成漫畫，這是你的意思，還是你的選民們的意思？為什麼你的伊甸園畫幅與地球畫幅如此相像？為什麼海裡的魚、空中的鳥，必須管理？為什麼人類也要像魚鳥一樣被管理？為什麼你在地球上的語言，一開始就詛咒你的兒女的繁殖，增加他們懷孕的痛苦？為什麼你的語言只歌頌兩個人的世界？伊甸園只許兩個人存在？

啊，主！你給宇宙以光，你給地球以夜、以日！你給世界以魚、以鳥、以果木，但今夜，為什麼不能叫我像海裡的魚、空中的鳥一樣幸福？為什麼你不能給我以果子的紅熟？為什麼你不能叫我像光一樣的和諧？夜一樣的睡眠？白晝一樣的嗼靜？啊，主！為什麼，我——你的子民，隨時想擁抱你，你卻不斷閃開我？每一點鐘，我想走近你，你卻總是我的開始，不是我的終點？今夜，我是出奇的渴望你，企盼你的拯救，為什麼你卻把我拋在孤獨的荒漠？為什麼，你像崑崙山高峰那樣，閃閃爍爍、雲雲霧霧，使我和你永隔萬水千山？

啊，主！為什麼？為什麼？為什麼？為什麼？為什麼？為什麼？……為什麼這許多「為什麼」今夜完全爬出來，爬蟲樣佔有我的心靈，叫我喘不過氣？

啊，主！我所噴射的話，你聽見麼？我的祈禱，你呼吸到麼？我的可怕的靈魂混濁，你看見麼？我的極度黑暗的血液，你感覺到麼？啊，主！你是不是永遠不迴聲？只活在我的聲音裡？永遠是迴光，只亮在我自己的光裡？永遠是反射作用，只反射我自己的思想、呼籲、祈求，而不能給我以真實的得救？啊，主！我的主！我的主！

啊，主！我的心在出血，我的眼睛在眩暈，生命是一個如此巨大的痛苦，叫我像阿特拉斯肩揹地球似地，肉體每一秒鐘要崩潰。我不能再忍受了。我不能再忍受了。我必須盡最大努力，在我自己崩潰以前，先得讓痛苦崩潰。假如我還要活下去，我就得這樣。哦，我必須這樣！啊，主！最後一次為我祝福吧，祝福我快點粉碎這片痛苦，獲得一個新的生命吧！

四

天明時分，他寫了兩封信。一封給主教，另一封是給醫院的辭職信。此外，他又擬了一個單子，把他應辦理的一些未了事務，和應交代的物件，一一解釋清楚。

他給主教的信如下：

最可尊敬的主教大人：

我以神聖的羅馬教會尊嚴的最謙卑的頂禮謨拜者之一，向您寫這封信。

由於主的偉大啟示，幾年前，我光榮的被獲許成為一個公教徒。不久，又批准我作一個終生修士。我把這兩次獲准，作為我平生回憶中最神聖的一部份。它們說明了：聖靈的感召是多麼深刻、沁人，連一個從未在聖靈光輝中睜開眼的人，都掃除了各式各樣偏見，豁然張開眼睛，第一次認識到主的崇高、博愛。

自我成為一個公教徒和修士起，直到現在止，已經兩年多了。重新查看一下這段長久經歷，就不能不感覺到：作為一個公教徒，我始終是純潔的、虔誠的，我從未有忝於一個修士的職守，也無愧於大人的厚愛與關懷。我把我生命中最珍貴的部分獻給主，獻給聖母。只要是能增加神聖教會光榮的，沒有一涓一滴，我不懇摯的捧出來。主的兒子在各各他山上的形像，沒有一分鐘，不環繞我四周，滲入我的血液。兩千年來，無數聖者和殉難教友的面貌，沒有一夜不透入我靈魂深處，使我深刻的感到，作為一個公教徒應盡的責任。我把這種責任，當作我在現世凡塵中的最大榮耀。

可是，沒有一種榮耀，不具有無比和諧性。沒有一種責任，不具有與它完全一致的觀念意識。沒有一種虔誠，不具有與它絕對呼應的基礎旋律。古巴的夜明海，只能發光在古巴岸邊。聖保羅大教堂，只能發光在梵蒂岡。一個公教徒的信仰火燄，只能發光在神聖的信念中。假如有一天，他發現：在這片神聖光輝中，混雜了極褻瀆的暗影，在一片莊嚴責任中，產生了與莊嚴絕不相稱的幾乎是罪惡的觀念，那麼，他就有權重新審核他所奉行的虔誠與責任。

最可尊敬的大人，我很遺憾，不能不坦白告訴您：最近，在神聖羅馬教會所統轄的我們的神聖空間，我發現極褻瀆的跡象。在這裡，我不想揭示那個褻瀆者的名字，我只想說明，這樣一個跡象，使我極為沮喪。雖然，我不是不可能直接指控這一跡象，但考慮到在這片神聖空間的傳統，特別是在您的領導下的這裡教會的多年傳統和習慣，我擔心我的明白指責不會產生有效的結果，反而引起您與一些神職人員的歧視和敵意。為了不想在這片神聖空間造成一種混亂，為了保持我個人的信仰尊嚴，我不得不考慮另一種較溫和的反應，就是，我必須暫時（也許是長久）從教會退出。

與這一反應相伴，同時我還不得不重新對公教真理作一次慎重檢查。在檢查之後，我覺得，神聖羅馬教會所遵循的真理本身，也應該對上述褻瀆跡象負相當責任。這種褻瀆與陰暗，過去有，（但我自皈依後就不再認真想到它們），現在有，將來也可能有。這樣，曾一度給予我最高圓全的真理形體，現在，就開始顯出裂象，因而多少引起我的幻滅感。我希望我能繼續保持對主的虔誠，這幾年來，祂是如此給過我巨大的靈魂穩定，與強烈的幸福。可是，很遺憾，我怕我是不能像過去幾年一樣，毫無保留的接受聖經的教義了。

向您寫這封信，使我很難過。我是多麼想繼續留在您所管理的神聖空間。過去幾年來，您與幾位神父，對我又多麼慈愛、親切。可是，我一生對絕對真理的追求，使我無法再捧住一隻有點殘闕的杯子，縱使它裡面殘餘的水滴對我依舊有極大價值。我希望能得到您的諒解。我虔誠的向您聲明：在結束這封信時，我決定結束我的修士生活和對公教的皈依。

讓我最後一次以公教徒的虔誠，為您祈禱：求主賜福於您，以及和您在一起的幾位神父們。

五

吃完早飯，發出信，大約七點鐘左右。他知道，教堂裡所有的人，這時都在做主日彌撒，連守門人也不例外。他從後門悄悄返回到自己寢室，迅速捆紮行李，整理好箱子，和一些書籍什物，一共四件，分兩次提到後門口，讓兩輛洋車把它們與他帶出東關外。天主保佑，他作這一切時，誰也沒有看見。

他把那封辭職信和清單放在書桌上。臨時想起的幾件事，他也在另一紙條上，一一說明，（包括今後他的信件轉遞）。凡是屬於教堂的物事、傢具，他一件未動。牆上那些聖畫，本歸他私人所有，他並沒有帶去，連那尊供奉了兩年多的聖母像與十字架，他也仍留在原處。

『我想不到你會這樣突然離開教會。』鄭天遐挪了挪黑玳瑁眼鏡，微微嚴肅的道。『不過，我記得，你每一次的行動、都是很突然的。』他稍稍帶了點笑容。『在一生中，這是你第幾次的「突然」了？』

『大約是第五次吧！』印蒂輕輕嘆了口氣：『我的命運並不好。』

『我們當中，誰的命運也不會好。一整個時代的命運，就是個大凶年。』

『我想不到，在一片應該是神聖的空間，會發生一些叫人簡直不能相信的事。』印蒂沉思道。

『十三年前，你不就對我說過：人類慣於用一大堆最強烈的「主義」可狄香水灑在「卑劣」「醜惡」的臭鹹魚上麼？』

『那是一個極複雜的，充滿生死鬥爭性的場合，現在這個，卻簡單多了。』

『你錯了！』鄭天遐笑著道：『你是讀過歷史的。你應該知道，自有人類以來，可能，羅馬教會是一切組織中最複雜最充滿鬥爭性的。』

印蒂聽了，沉默一會，慢慢道：『我知道這個。可是——』他低下頭，望著窗外打穀場。

『形式總是最騙人也最誘惑人的東西。人即使被騙一千次，但當他面前出現第一千零一種新的形相時，他依舊要飛蛾撲火似地撲過去。』停了一下。『歸根結柢，當血淋淋的受傷肢體從海水裡撈上來後，他才真正相信海裡是有鯊魚的。』

『老朋友，我看你很可以休息一個時期，不要再栖栖遑遑的，為一些抽象事物那麼麻煩自己了。』

『你是說：希望我放棄對生命最偉大的圓全的追求？放棄找尋那種最堅實的永恆體？』

『嗯，我看你實在太折磨自己了。我希望你能多多愛惜自己一點——我們在這個地球上的時間，剩下來的，可並不太多了。』

『不。』印蒂毫不躊躇的說，聲音很堅決：『對一種較深的永恆與較大的圓全的追求，已變成我的生活方式、習慣，和我生命的一部份。假如不這樣，我將根本不可能存在。』他望著鄭天遐。『每個人都有自己的圓全。你放棄過去的圓全，回到這個郊區，在這裡，你仍有暫時的圓全，並且，獲得你的靈魂平靜。不過，目前，你的至上圓全境，並沒有過去那樣廣泛與富麗堂皇罷了。』

『那麼，今後你打算怎樣呢？』

『現在，我對你只要求兩件事：一、讓我的行李雜物暫放在你這裡。二、請你代我轉一切信件。明天，我準備到終南山廟裡，在一個月，冷冷靜靜的考慮一下。很可能，我會對宗教問題形成自己的看法。它應該是我這兩年多來的一點收穫。別的，等我從山上回來再談。可能，我要到重慶去。那裡現在是抗戰中心，我早就應該到那邊去看看了。』

晚飯後，在鄭天遐的客室內，印蒂第一次開煙戒，一面吸煙，一面對主人作一次長久表白：

『昨天夜裡，我簡直不能入睡。最黑暗最可怖的一幕，是埋葬了兩年半的「自我」，又一次復活了，而且，似乎突然比過去巨大了，由於兩年多來、它受了一次奇異的餵養。也許，它是我現在悲劇的核心和焦點。假如我真正能把「自我」與「自我」人格的無上尊嚴，絕對放棄了，重新回到教堂，讓一切好像從未發生過，那麼，也許我依舊可以奴隸式的匍匐在聖像十字架下。

『我想，放棄、放棄、放棄吧！把一切最屬於你自己的，放棄吧！首先就得放棄我在這個地球上的最大財寶：「自我」。』

『但一個聲音又在我耳邊響：「讓地球圓滑地迴轉吧！讓『自我』圓滑地迴轉吧！」自從太陽裡那朵狂火、輕結成地球這樣一個古怪圓球後，這片冷酷球面上唯一還繼承太陽熱烈血液的，就是「自我」；唯一還帶那原始火燄色彩的，就是「自我」。一切生命、記憶、花朵、芳香、奔流，全死在這一冰冷球體上，只有無數千萬個「自我」，那最太陽的，或者那最少太陽味的，還魚樣新鮮、活蹦、活跳。即使地球不再圓滑地旋轉，冰樣爆裂、粉碎，在那茫茫虛無太空，這些「自我」——人類的個性花朵，依然在雲彩與雲彩間不朽的放光，像那萬萬千千顆星斗一樣。放棄「自我」，等於放棄我的生命意義，顏色、芳香、味道、聲音，我將成為一個無光、無色、無香的死物，不再多彩多樣。

『然而，我找尋了近二十年，所以沒有找到最後的，正因為我自己沒有放棄那最後的。當我身上還有一片最後的「自我」顏色時，我的靈魂畫布就不能算最最純粹、潔白，我就不能真正接受宇宙的顏色、天空、雲彩、太陽、星斗、波浪、月光、草地。只有放棄了一切，讓自己赤裸裸的，我才能真正接受天空、太陽、大地。我必須讓這些裝飾我的肉體，變成我的肉、我的血、我的思想與記憶。凡是真正屬於天空、太陽、大地的，也就是真正屬於宗教的，屬於那最偉大的天主的！

『可是，放棄，談何容易！

『你輕輕在嘴裡喊一聲「放棄」，不過二分之一秒，甚至五分之一秒。但在這五分之一秒——二分之一秒的決定裡，你卻得付出十萬萬秒、甚至二十萬萬秒的代價。過去二十年裡，你一秒秒鐘積累起來的，比最吝嗇的猶太守財奴還吝嗇的堆積起來的窖藏起來的，全得奉獻出去，而且最後砸個稀爛。今天是這地球上最珍貴的，那深藏在埃及努比亞金礦最深處的，明天卻變成恆河沙數的一沙，垃圾堆邊的一塊臭骨頭、爛菜皮。說來說去，這又為什麼呢？為什麼必得以整個世界的歡樂代價，來贏得那最抽象的，而且最簡易的呢？只為了一點——內心的和平？但心靈就此能和平麼？那最內在的和平與歡樂本身如此勢不兩立麼？那些美麗的希臘瓷瓶（裴底斯時代的皿器畫像），當真就如此妨礙那個神祕的和平麼？那種倫理的和平比藍鬍子還殘忍，需要這麼多的勒索麼？它非要希臘雕像，要賽尚的畫，要德比西的音樂，與月夜的手風琴，要蒙古草原的情歌，……而比一切還可怕的，它非要你的青春——你全部青春不可麼？

『這一切，只為一個觀念？一個虛幻的觀念？一個比古帝王還獨裁的觀念？一份最少色彩變幻的情緒？為了這些，你放棄一個世界？一切所有大地的夢？

『我這一切思想、矛盾，是我對自己極苛刻的一面。我是用敵人可能對我攻擊的矛，來攻擊自己、分析自己。凡是涉及信仰的原則，一切武器中最厲害的，就是對「自我」的歪曲和誣衊，凡人們所能做的最嚴峻的分析，我自己先作分析。事實上，我是不該對自己如此苛刻的。當前的悲劇還不只是「自我」問題，而是「自我」以外的問題。

『焦點是在這裡，但又不在這裡，最主要是：現在，我面臨是與非、善與惡的交叉路口。這不僅是一個「自我」的考驗，也是一個真理的考驗。我怎能閉著眼睛，不看我昨夜所看到的一切。我怎麼能向自己掩飾一個罪惡的事實？我怎麼能跪在一個邪惡的靈魂面前，從他手裡接受那號稱最神聖的東西？目前這個「自我」已不代表一個自私的「自我」，它代表一個最高的正義，最深沉的醒覺。即使我不該為了自我放棄一個偉大信仰，也得為了一個正義來堅持一種更真的真理。』說到這裡，他扔掉第三支煙蒂；又沉靜又有點痛苦的道：『這就是為什麼、我不得不放棄那美麗的聖母像和神聖的十字架。』

六

印蒂在終南山頂卜居不到一個月，就接到鄭天遐的通知：從N大城寄來一封快信。這是他母親寫的。她告訴他，父親病勢轉重，恐怕不能捱過這個秋季，希望他見信後立刻回家，與病人見最後一面。

看完信，印蒂決定在兩天內動身。啟程前一夜，他向鄭天遐說，他對天主教的看法，他兩年多來的經驗，經過近一個月的沉思和提煉，已獲得初步結晶，下面就是他近來的心靈記錄。

天主教和某些宗教的堅固存在（佛學是例外），主要是由於人類對神祕事物的追求的疲倦，因而選擇一種極簡易的解脫——一根魔杖，把全部宇宙謎底戳穿，這樣，人們就自以為：

在一秒鐘內，獲得全部宇宙真理。歸根結柢，世界一半在神祕中，一半不在神祕中，人們對神祕力量的追求，是必然的。雖極度疲倦，但為了讓狂熱的餘火不熄，就更必須有永恆的寄托。天主教已給予人類近兩千年的永恆寄托，新教——基督教也建立四百幾十年。神父或牧師的職業，是一種象徵永恆的最大寄託的職業，又是一種「好奇心」與「狂熱發洩」交錯編織成的職業。

就目前情形看，宗教命運將成為人類永恆命運，正如藝術命運與哲學命運一樣。宗教不只不會消滅，在一兩百年內，現存各種宗教，甚至不會大大削弱，即使削弱，也必由另一種宗教或類似宗教者所代替。一切改革或革命，只是宗教外形的變革，不是宗教基本命運的變革。我們能消滅一切足以產生宗教勢力的各種因素，但不能消除那最具決定性而又幾乎與大自然一樣命定而客觀的因素：痛苦。

天主教最主要的特徵，是情感的皈依，不是理智的歸宿。它也有理智，但只是附帶用來解釋情感規律，並予一切情感及神祕事物以合理的哲學論點。它先情後理。由於合情，才合理。它是知識的形而上學打入情感後的最好表現和最高表現。人們常以為獨斷與一偏是它的最大缺點，其實，這正是它最大特點和優點。這裡面含有最徹底的精神。我們明知宇宙萬象不能獲得一個最簡單的總解決，但心理上依然渴盼一個澈底解決，特別是當精神苦痛時。天主教給予我們一種總解決，雖然它常是一種很勉強的總解決。但有些人寧願選擇一種勉強的解決，不願永恆的自然的懸空。用科學、哲學，或其他觀點來駁斥宗教，絲毫不能搔到癢處。它主要那一套，不容許其他觀點駁斥，用科學哲學來駁斥，等於用量米的斗來量布，用解剖刀來解剖人臉上的笑，一無是處。

一般人常以為宗教的最大弱點是崇拜神，其實，這正是它的最強點，也是它最精彩處。一切宗教哲學、戒律、社會性，甚至道德，也全是它的附產物，是次要，只有「崇拜神」，才是它最主要之事，最智慧之事，是最神祕之事，也是最美麗的事。在這裡，我準備從宗教中抽出最新因素，即「美的崇拜」。這種新因素，不是從宗教藝術或文學中來，是從「崇拜神」而來。拜神本身，就含有超越一切美學的純美。不，單單「神」、或「主」、或「上帝」這一字，就代表一種最偉大的美。第一個發現「上帝」這一字的人，他的偉大，幾乎部份的等於上帝。因為他發現了一個比一切存在更偉大的存在。他的功績遠超過神話中的開天闢地的盤古氏。

我們全知道，愛情是一種美，一種藝術。建立在愛上帝和被上帝所愛的基礎上的宗教，實在是一種最偉大的美的探險。也只有在這一場合，神的存在才具有最新的也最健全的意義。崇拜神是人類對美的最高崇拜的表現，也是人對最高美的無止追求。我們儘可把這當作一種偉大思想，因為它裡面包括一切文化的最高特點：真理、美麗、智慧、善良、勇敢、道德。必須站在純美立場，上帝才是一個最偉大的榜樣。這樣一種偉大人格，雖尚未經證實，但人仍可以把它當做一種象徵存在：不只象徵神本身的高潔，也象徵人性本身的高潔。一切藝術的最偉大特點，是象徵，上帝是一種最偉大的象徵主義，因而也是一種最偉大的藝術。我們說，未來世紀的文化享受，應以藝術為主要特點，這在宗教方面，也找到最確切的基礎。

作了以上分析，那麼，在我們新的宗教觀點中，過去所有為世人詬病或批評的宗教缺點，全可一掃而空。因為，或者，它們原是宗教中較不重要的部份，或者，它們本是宗教的主要特點。

經過一番蒸餾澄汰後，保留下的，盡是宗教精華。

我們可以說，人們崇拜神，是一大美學，一大詩情，一大藝術，從這裡，庸俗狹窄的信教者，可以受到一種極深刻的教育。宗教所以比道德偉大，因為它含有比後者更深湛更廣泛的東西。它比一般藝術偉大，也由於同樣的理由，因為它的對象比一切藝術對象更偉大，它的美感也超越一般藝術的靈感，那是一種對宇宙間最偉大的神祕的探險。這也不是以美育代宗教，因為宗教本身原含有偉大的美育，而傳統的所謂美育，也不能構成或代替宗教的主要因素。所謂美育，必須與宗教結合，接受「神」存在的幫助，才能發展成一種新的更偉大的美育，一種嶄新美學。

把人類對神的愛，比作男女愛情的擴大和最高象徵，這絕不是褻瀆，這是最健康最入情入理的說法。也正因為這是最高的、最擴大的，它才比男女之愛更迷人、更醉人。如果沒有這種健康的人性的基礎，人對神的愛不會這樣深刻。假如說，愛情是人類透視不朽的巔峰狀態。「崇拜神」所以如此普遍、深刻、永久，有些理由是人知道的，但以上這一祕密內場景卻很少有人坦白解釋過。

可能，藝術是人類的最大謊言。卻又是最動人的謊言。雖謊，人亦信，且迷。可能，「上帝」也是最大的謊言，卻又是最偉大最美麗的謊言，因此，雖可能謊，人亦信，且迷。

人想出上帝這一觀念及其實體，等於人發現了上帝。而在頻繁的描畫及想像中，似乎又是人創造了上帝。但反過來，上帝極可能先人存在，創造了人。這二者的關係，是極迷人的、複雜的。可是，不管怎樣，上帝真正的魅力，在於它先人存在，不管這一存在是一個觀念，或一個實體。

在我們精神生活中，除非你不敢接觸這一極神奇的邊緣，否則，你會立刻感到：上帝（不管它是一個觀念或一個實體）實是一種無窮無盡的靈感。它是人類一切不能滿足的慾望的滿足者，也是一切慾望鑑別者。它是良心的寶庫，也是良心的最後裁判官。它是我們的慈母，又是我們靈魂的懲罰者。凡人性中不能完成的，在上帝身上，以最集中的形式與內容完成了。它是萬有創造者，是宇宙原動力，卻又可隨人類的想像而極度伸縮，富有無可描畫的彈性。一切如此錯綜複雜微妙，我們簡直可以說，一部「人神交往史」，是一部最偉大的心靈探險史。一點也不假，崇拜上帝的過程，是研究人類心理的最好途徑。從這方面看，宗教學具有極深刻的心理基礎，因而也就具有生物學的一部份基礎，同時也是全部人類文化的一部分基礎。一切最原始的、最昨天的、最明天的，都輻輳在這裡。

從功利觀點出發而信仰上帝，最為淺薄。希望上帝賜予勇氣或單純的良心，也不算高貴。這些，人本可以從其他方面得到，不必單純求之於上帝。在道德上求之於上帝，實不了解上帝的特點。上帝既是一種特殊存在，它只能是人類最高的特殊感覺的源泉，和情感的水源，而不完全是、或較少是知覺的源泉。因此，只有把上帝作為最高的美的對象，以這種信仰格調作主要格調，才最高貴、最健康、最純潔。

上帝是什麼？那是無窮的美，無盡的象徵主義，是永遠聽不完的樂曲，看不完也展顯不完的畫幅，它是最偉大的風景，也是人性的最高表現。你要什麼，它有什麼。它是個永遠的謎，卻又永遠答覆你的一切。

上帝的特點迷人處，正由於它是一個未知數，一個最大的謎，一個永不涸渴的夢境源泉。假如謎被揭穿，未知數ＸＹ變成已知實數，夢境化為現實，那麼，它就失去最大魅力與特點。我們所見的世界、地球、行星、宇宙體系，或許只是真實宇宙的一半，上帝卻代表另一半。由於這個未知世界的可能性，上帝世界越是神祕，才越是迷人。夢境的徜恍迷離，一經點醒，就再無魅力。崇拜上帝時所以產生最深沉醉，正因為它那神祕境界是我們想像的最高園地，和狩獵場。

上帝故事的價值，正是一部童話與神話的價值，它又比後二種偉大得多，因為它包括一切，卻又超出一切。想想看，人生的謎底，宇宙萬象的謎底，幾千年來，千千萬萬人讀破千千萬萬卷書，竭盡一切智慧，尚不能解，「上帝」二字，卻輕輕解決一切。單是這一點——即使它僅僅是一種假設，也就具有不可思議的偉大貢獻。

宗教是重複與包圍作用影響心理的最突出的例子。有關上帝或教堂的一切，重複的次數越多，人們也越易受感染。理智方面的真理，只要是真真正確，即使不重複，它對你仍有永恆的影響。感情上的魔力，卻需要不斷重複與包圍。連母親對孩子的魔力，也仍產生於不斷的重複與包圍。上帝與宗教的魔力，既有待重複包圍，一切宗教儀式以及教堂空間，就變得很重要。沒有這些，上帝在你身上的力量便會減少。世界上有許多事，不大靠重複的儀式而產生，有些事，卻靠重複的儀式。上帝與宗教屬於後一類事。不過，這是傳統的方式。我所考慮到的一個新的上帝觀念，如前面所闡釋的，就不全靠儀式、禮拜、或彌撒。因為，把上帝觀念當作一種極偉大的靈學觀念，拜神者即含有極主動的決定力。

這裡，達到我個人的重要結論，就是：開始崇拜上帝時，人是主人，結束崇拜上帝時，人也是主人，只中間一段，上帝是主人。開始時，人有崇拜的主動決定力。結束後，人又恢復了自由的抉擇力。只中間的一段，當人沉醉在崇拜情感中時，上帝才變成主人，支配人的一切。

∞崇拜的過程，可以長，可以短，可以是永恆，也可以是剎那。

因此，你可以信上帝，也可不信上帝。你需要信時，隨時可信；你不需要信時，隨時可停信。但停信非否定上帝，是暫時停止默想上帝，因為你不需要去想它。即使你停止想它，它的可能存在並不受影響。即使你真信上帝，但當你停止默想它時，信仰的效果依然消失。一般宗教徒，其實就是這樣保持人與神的關係，但他們並不自覺。不同是：這些信徒，在感情上屬常離開上帝形相，但理性上卻完全肯定上帝存在。我們呢，理智上只把它當作一個偉大假定，只因為這一假定在美學上和感情上會創造出一片偉大境界，而我們對此情此境又有極大決定權與主動性，我們這才按我們的新觀念和上帝打交道。

我們可以打一個比喻，（自然，這比喻可能不是最精確的），上帝是一種偉大的酒，需要時，你可以喝一杯；不需要時，你可以把杯子推開。舉杯或停杯，主權在你。但在喝酒而沉醉時，主權不在你，你已變成它的俘虜。在生活裡，人們找尋各式各樣沉醉。上帝的酒液既是一切酒液中最偉大的，人們自然有理由找尋它。

這樣，豈不有背宗教的莊嚴麼?不，各時代有各時代對神的不同觀念。比如，新教徒對上帝的觀念，及崇拜儀式，在天主教徒看來，就不夠莊嚴了。

由於上帝觀念的重複性與包圍性，由於它的酒性，和崇拜它時起點與終點之間的中間一段（在這一段，人們必須成為上帝奴僕），人們崇拜上帝，必須提高警戒。人們可以膜拜上帝，卻不能太長久接近它，正如人不能太長久沉醉於酒一樣。

一個長期酒徒常是一個醉鬼，一個長期的上帝信徒也是變相醉鬼。我發現，不少天主教徒，和許多神父，都有一種酩酊的神情，和沉醉的風度。不管沉醉於酒是怎樣一種美麗，醉鬼總是危險的。他常常忘記酒以外的一切。最可怕是，這種單一的酩酊，會叫你做一種單純的俘虜，你會失去絕對的自我尊嚴。

上帝的優點，是它無上的美，弱點則是它無上的壓力。傳統觀念正與我相反。我反對以悲觀者與痛苦者的姿態接近上帝，把它當做極功利的藥劑。喝酒則與喝藥不同。同樣是酒，各種酒的質量也不同。上述的酒的比喻和酒的沉醉，只是一種近似的比喻，嚴格說來，上帝只能是一種詩的存在。接近上帝，只是欣賞一首極偉大的詩，沉迷於一種崇高的美。

人類的傳統是以十字架的態度接近上帝，從它身上感到巨大的定命的壓力，因而轉覺自己渺小、平凡、有罪，終於求陰暗的贖罪，解脫。我則以為：我們應該以快樂者和審美者的姿態接近上帝，這樣，我們就覺得一切充滿光明、喜悅、詩意，絕不再覺自己平凡、渺小、有罪。為了避免這種不正常的定命的壓力，我主張，我們有時可適當的崇拜上帝，卻不該太長久的沉溺其中。終其極，我們是人類，應多想人類的事，少想人類以外的事。一切必須人性化，非神性化。我們給神應有的崇高地位，不能完全生活在它的觀念中。我們是生活在較平凡也較正常的人性化的生活中。

羅馬教皇庇護十二世，一生從不在陽光中散步。這是最大的病態（這使我想起我以前的女友莎卡羅）。我以為，教堂應該拆去，至少應該限制，我們應以大森林、大草原、大海洋作教堂，一切沐浴在光明中。天主教堂的玻璃窗都是彩色的，有畫的，妨礙巨大的陽光赤裸裸的流入。一般教堂空間，都嫌太陰暗、太沉痛。

照這樣說來，有時我們以無比崇拜態度談論上帝，有時，又以不敬態度談論它，這二者豈不矛盾麼？一點也不，我們只是把一切人性化、健康化、自然化。即使是糖，吃多了，也苦。酒精喝多了，會中毒。眼睛，太久凝視赤道陽光，會盲目。大火，太靠近它，會燒死你。萬事萬物既如此，對上帝崇拜及耽溺也是如此。

我們最愛的是子女，有時，對他們的責罵，並不妨礙對他們的最強烈的愛。我們對上帝的主動抉擇和警戒，也不妨礙我們對它的愛。

總之，在生命筵席上，上帝只是無數佳餚中的一味。假如要準備一場最豐富、最完整的筵席，不能不備上帝這一味菜。但是否吃它？如何吃法？多吃還是少吃？主權全在我們自己。用這樣一種審美態度，至少可把傳統中極不健康的部份淘汰淨盡，雖說在一般教徒看來、有太不夠虔誠的缺點。

在未來世紀中，人們必須以嶄新態度對待宗教和神，這才符合科學精神，我們上面的態度，幾乎完全是科學的。

以上思惟，在過去二年中，或多或少，可能已暗暗孕育於我思想海洋深底。但直到近一月，經過這次意外事件，又經過我近一月深思，它們才從海洋深底漂浮上來，予以記錄。

聽印蒂唸完他的宗教新解，鄭天遐笑道：

『我覺得，經過兩年半的宗教修煉，你的基本傾向並沒有變。你天性是伊壁鳩魯派，滲雜了一些後天的司多噶味，不管怎樣粗糙的或嚴肅的鍛冶，你依然保持你本能的透明和犀利分析力。我覺得，較之天主教，佛教與你的個性接近得多。假如當初你選的是佛教，或許你不會遭遇到這種心靈危機。』

『也許是這樣吧！』印蒂沉思道：『坦白告訴你，在近一個月的山居中，越來越厲害的，我似乎又返回東方。我彷彿覺得，這麼多年來，朝西走，並沒有給予我應得的滿足。』

『我也這樣想。』鄭天遐嘆了口氣：『所以，近兩年來，我才這樣熱愛「歸去來辭」。』

第六章

一

鄭天漫站在電話機旁邊，感音鐵片彈起一片暗澀聲音：

『我要你就來。我住在西北醫院九號房間。』

『怎麼，你病了？』

『你來了，就知道。我有點事，非要你來一趟不可。』

放下聽筒，他聽見第三節上課鈴。他每天一節國文課，已下班了。他揮揮袖口粉筆灰，向西京中學校門口走去。

當他出現在電話機聲音指定的空間時，他看見唐鏡青斜坐白色病床上，瘦削的臉上充滿不安，病人似乎早就在焦灼的等他了。

『你什麼時候進院的？』

『不要緊，再發性闌尾炎，星期一來，第二天下午開刀，一切很好。再過三天，就可拆線，現在能下床走了。……先不談這個，我要和你商量一件事，不，我要請你替我決定一件事。』

『什麼事？』

『我打算離開雍興。』他的聲音低下來，暗淡的眼睛掠過隔床幾個病人。『我想和兩個朋友合辦一個小型家庭化學工業社，專造肥皂、雪花膏、牙粉、生髮油、花露水之類。他們出錢，我出技術，但我又決不定。入院前一週，我一直在考慮這件事。後來發闌尾炎，住院，一直又在想它。我不知道究竟離廠好，還是不離好。』

他進雍興，是鄭介紹的，所以請他決定。

鄭天漫躊躇了一下。『你現在剛開刀，還是憩兩天吧，何必急急忙忙想這件事？』

『不是我要想，是這個要想。』他指指頭部。『我正為了想好好休息兩天，才急忙打電話，請你來作決定，決定了，我才能安靜。否則，日夜像被鬼纏住，簡直纏不清，頭都纏大了。』他大大攤開兩手，做了個手勢。『我的腦子現在比這個還大！』

鄭沉思了一會，慢慢道：『這當然要看你自己意思，你真決定了，也就算了。』

病人有點煩躁的道：『說來說去，你還是在和我耍雞生蛋、蛋生雞的把戲。我要是自己能決定，何必急忙請你來？』停了一下，語氣溫和點，聲音很苦痛的道：『我現在根本不能決定任何事，思想簡直像打籃球，一隊拍著球衝往這個球籃，另一隊又把球搶了，衝向另一個球籃，兩隊爭成一片，我也就跟著，一會兒往這個籃網衝，一會兒又向那個籃板衝。這兩週來，我不是生活，是在走兒童浪木，這分鐘衝在南極，下分鐘衝向北極，不知道究竟留在那邊好。浪木又一直在劇烈擺蕩，停步在中央不可能，非走、非跑、非衝不可。有成千成百個理由叫我不要離開廠，又有成百成千個理由，叫我離開廠。考慮這個手掌的正面，有許多美麗的指紋，但反過來，又有些醜陋的凸曲青筋和稜骨。我的心真是被放在一個石磨盤上硬磨，簡直是磨成麥粉了。因此，我不得不請你來。——』

鄭天漫問他，為什麼他突然想離廠。

『這個，我過去似乎也和你偶然談過。你知道，我什麼都能做，就是不能做戰俘，我能一百次一千次忍耐，但我不能忍耐自己絕對無限期的忍耐。幾年來，在雍興工作，我早已得出這樣結論，這不是化學工廠，是戰俘收容所，它所製造的，不是肥皂，是人類的無窮無盡的忍耐。』

『領導層，是一幅奇怪的太極圖的圓周，圓心是兩儀的廠長與他的太座（夫人），周圍的四象，是副廠長、主任祕書、總務科長、人事科長，外層的八卦則是一些蟻聚在他們四面的技師、職員，一些乾三連、坤六斷、兌上缺、巽下斷之類。這個太極圓周有它特殊氣氛，色彩、線條，正像月球圓體內有它獨特的阿平寧山，柏拉圖山峰和靜海。它是極完整的一套。

這些人是同一個模子澆出的符號，這個符號是「？！」；它特點是：凡屬於這圓周裡的，蟑螂也是鳳凰，凡不屬於圓周內的，鳳凰也是蟑螂。這不過是一個地方公營肥皂廠，廠長卻把它當神聖日耳曼帝國，他自己是查理曼大帝，四象們是他的各部大臣，那些乾三連、坤六斷們是他的軍隊。下自廠長家裡擦屁股的草紙，上至廠長夫人麻將牌桌上輸的錢，都由總務科開支。這個關中唯一最大的肥皂廠，由於環境好，得天獨厚，本可決定性的蔥籠、茂盛、蓬勃、健旺，但在廠長這個良醫照顧下，它卻一天天消瘦、貧血、營養不足。他自己則愈來愈胖，面色紅潤，脈管裡充滿洋溢的鮮血。他有一個癖好，假如有一秒鐘聽不見奉承話，他就活不下去。在太極圓周以內或以外的人，必須對他腦門上那個小肉瘤唱讚美詩，對他太太鬈曲的頭髮波浪（仿好萊塢明星的）和旗袍上的小菊花唸法華經，對他小兒子唇邊一顆黑痣奏聖壽舞，對他公館裡一隻貍貓的花色或點子，做一場小彌撒，而且，還得歌頌他辦公桌上的筆洗、墨硯，他家裡茶几上的花瓶、茶壺、磁杯，以至大門外的風水之類。這些彌撒、佛事、詩篇，對他是另一種煙捲，不是用嘴、用喉、用支氣管吸的，而是用耳朵吸進去。假如他的味覺、嗅覺離不開菸草，他的聽覺也離不開菸香。

太極圓周中心，既然如此，以他為圓心的那些奇怪直徑和半徑們，也就白天黑夜伸出白手黑手，掏摸廠裡的保險櫃，相互吹肥皂泡，對圓周以外的人展開前哨戰、游擊戰，甚至陣地戰。他們相互研究臀部的形狀，圓頭肌雙頭肌的肥瘠，肉的厚薄，像地質學家勘察地形與礦場，搜尋各人屁股上肌肉最豐柔、感覺最靈敏的一塊，為了用最巧妙的手勢拍上去。

他們正把圓周擴大到幾個主要技師。至於一般技師和職工，永遠排斥在周外，永遠是前哨戰和游擊戰的對象。

『我不反對生活裡的一些享受、荒唐。但我不能忍受卑劣與欺騙。以前我曾經荒唐過、無聊過，我從不否認自己的荒唐、無聊。相反的，我最看不起自己的，就是這片荒唐。有一件事可以確定的是：我從沒有騙過人、害過人。我也在杭州辦過廠，我卻從不許可違反正義和良知的事。個人生活可以無聊，但在公眾事業上，絕不能集體無聊與無恥。

『現在，我遇見的卻是一些騙子、迫害者、卑劣者與陰謀家。他們所要求的，我一樣也不能給他們，我只能在製肥皂上下工夫，卻不能成天空吹肥皂泡。我能研究肥皂裡的鹼性的濃淡，卻不能做地質學家，專門勘察這幾個人的臀部，把他們的肉厚、肉薄、肉軟、肉硬，當做我生活的唯一中心。唐鏡青現在誠然已一落千丈，陷入無底深淵，卻還沒有墮落到這最後一步。』

他曾就開展廠務，提高行政效率，改善產品質量，改進生產、技術等方面，提出一些方案、建議，不但未被採納，反受冷遇、歧視，認為有野心。

『自然，再留下去，是可以的。我必須學駱駝，只喝給我的那點水，只吃我的那點飼料，可是卻得日夜在荒漠風沙中打滾。』他的話語慢下來。『可是，離廠又怎麼辦呢？我們所擬議的家庭化學工業社，是有希望的，但萬一失敗呢？』他眼網裡顯出陰影。『不管怎樣，現在我總算有一筆固定收入，假如辦社，還得請朋友們投資，誰又能寫包票，說這筆錢肯定是扔在陸地上，會開花、結果，不是扔在海裡，餵魚餵蝦？……我真苦惱得很，日夜不安，簡直不知怎樣才好！』聲音充滿煩躁。『再不決定，我真要瘋了，今天實在沒法，雖然才開刀幾天，我只好請你來給我下決定。決定了，我才能靜靜休息幾天，安排以後的日子。』嘴角畫一撇諷刺的笑紋。『不怕你笑，你要不來，我決定拈鬮，拈到「離廠」就離，拈到「不離」就不離，正像莊隱從前想拈鬮決定老婆一樣。否則，過幾天到廟裡求籤，聽籤文決定……現在，我才真明白：為什麼有些最聰敏的學科學的人，上街拆字卜卦了。』

聽完了，鄭天漫那雙千年神龜的褐色眼珠向上翻了翻，他的答覆很簡單。

『既然如此，我認為你應該離開雍興，另為自己闢一條路，一定要把酸梅當水蜜桃啃，不是辦法。資本不夠，我們大家想辦法。當初介紹你進雍興，我也是托一個親戚，我自己和廠長並不認識，想不到廠裡這樣糟。』停了停，他接過病人遞過來的一支煙，點著了，吸了兩口，慢慢問：『對這件事，賈蝶怎麼個想法？』

唐鏡青噴吐出一大圈藍煙，搖搖頭。

『不提了，提了真氣人。她反對我離廠。說現成飯不吃，要去討飯吃（她把請朋友投資說成是討飯），她和我吵了好幾場。』他褐黑臉上又顯出痛苦。

『那不管她，你決定另搞好了。』

『那麼，下星期五我出院，星期六——或最遲下星期一，我就遞辭職書。』沉思了一下。

『不過……』

『「不過」什麼？』

『我怕萬一失敗，自己賠了不算，反累朋友。……而且，失敗後，雍興也不能回去了。……這以後生活……。』

鄭天漫發現，這個朋友的心，快要被磨碎了。天知道是怎麼一回事，太多的思想，對他直似一座太殘忍的打穀機，把他的心像稻穗子樣磨打著。

『現在，我只能對你說幾句最簡單的話。十年前，當初假如你對景藍少考慮點，稍勇敢點，你的命運將整個改觀，又何致落到今天這種地步？這最簡單的一課「人之初……」，難道直到此刻，你還沒有讀完麼？還需要一部康熙字典註解麼？』

唐鏡青噴吐著夢一樣的煙霧，夢一樣的道：『有時，我簡直一點主意也沒有，成百成千個理由，雨點樣湧進我腦子，我不知啜飲哪一滴雨點才好。』他的臉色顯出夢一樣的顏色。

『以前，我和你們談過，我患過度思維症。那時候，我奏一曲提琴，有時幾乎翻遍三四本樂譜，不能決定奏那一支。泡一杯茶，有時也要考慮三分鐘，決不定應該泡紅茶？龍井？香片？還是普洱？抗戰爆發，時代海嘯的衝擊，使我這病症稍稍好了點。當時，假如你不馬上決定泡什麼茶，你就永遠喝不到茶，你不在一秒內決定那一支曲子，你就永遠別想演奏。但到了這片紋風不動的死靜古城後，生活的泡沫、沉澱，舊病又漸漸復發。（我的思想像老鼠牙齒，任何一塊木片、紙塊，全被咬成一節又一節、一粒又一粒，又細又碎。但鼠牙多少總算還有個結論：碎片。我的思想比鼠牙還難有結論，從一節一粒碎片，又繼續咬下去，永遠是從碎片到碎片，永無結論。日裡夜裡，總這想那想，越想越碎，越碎越想。我沒法叫自己停止不想。我的腦子是一柄最大的破壞巨斧，一切來到這裡，全被砍個稀爛，破壞個乾淨。但是，就連這不斷揮斧破壞，斧頭本身依然不承認它是破壞。它破壞了一切，又破壞了自己的破壞，於是，這就等於數學上的十除三，永遠是寫不完的三。

『剛才我說我是慢性闌尾炎，用保守療法，本可遲兩三月再開刀，但我因為腦子病了，過度神經衰弱，想來這裡，靜靜休息十幾天，一面也好避避我那個壁虎老婆。可是……』他的眼睛痛苦的射向四周。『這裡到處都是呻吟、血跡、傷口、痛苦，哪裡靜得下？……真可怕！我真怕自己要發瘋，像你那位女親戚一樣。』

走進這間巨大三等病房後，鄭天漫一直沉浸在唐鏡青的話聲中，暫時忘記四周。此刻，聽見他最後的話，眼睛才像兩只果子，開始掛在周圍樹枝叢間，和它們一起搖顫、閃亮。他第一次大吃一驚，這個世界竟有這麼多病人！在街上，他覺得人類是好好的，在走、在笑、在跳、在看藍天、曬太陽、坐在擔子邊吃餛飩、吃羊肉泡饃，而且，石頭是石頭，木頭是木頭，菠菜葉子是綠的，蘿蔔是橢圓的。但一到這裡，人類肉體忽然完全變了樣，有點像博物館大酒精瓶裡的陳列品。這個缺了點什麼，那個多了些什麼，另外一個肉體內部不對勁，而且，木頭也沒有木頭味，磚石不像磚石，菠菜的色素，蘿蔔的形像，也歪扭了。一切「走了盤子」。

朝東一隻床上，那張臉，有一個大肉瘤；西邊窗口，這個人，兩條腿伸出來像潰爛的槲樹根；南邊床上，那位病人，臂膀斷了根骨頭；北面躺著的這個病人，胃囊變成漏斗，食物會漏下去。另外一些生命，卵子膨脹得像一朵大繡球花，屁眼裡多了根瘻管，脊背上害了個大瘡，或者，內臟在發炎。一個瘦瘦病人，頭上纏著厚厚的白色繃帶，像個土耳其人。一個魁梧漢子，匍在床上亂滾、大喊，是才割去痔瘡，屁股上像失了一場大火，不斷喊痛。一名工人，渾身緊裹白色紗布，躺著叫娘，是全身灼傷。一位商人，躺著呻吟，剛割過闌尾。一個學生，捧著大肚子像孕婦，慢慢扶住床走，是割疝氣的。每一張臉，都有一種異樣神情，像被最兇的黃蜂群螫刺過。

這些剛從古墓底發掘出來的臉，斷斷續續的哼聲、呼痛聲，加上強烈的酒精味，碘的氣息，安福消腫膏和凡士林的氣味，床上便壺的衝激臭味，灌腸的肥皂水怪香，麻醉藥，紅汞，與一些藥水的奇異氣分子，這一切組合成一片極複雜的化學氣氛。一對襯白色床單、窗帷、護士的白盔白袍、大夫的白外衣，它們給人一種又斑駁又單調的矛盾感覺，嗅覺蕪雜，視覺又複合又單一。於是，一個外來者的精神狀態，便變成一個東周時代：到處四分五裂，卻環繞著一個空頭的中樞。而且，不管一個怎樣健康的人，才走進來不久，猛然會感覺：自己也變成一個病人，肉體上總有哪裡不自在，或者，胸膈有點疼痛，或者，頭有點脹，或者，臂膀變得不自然，或者，腸胃有飽塞感。

也許，鄭天漫為了抵抗這種病人感的傳染，他很快又恢復談話，用思想的忙碌、來分散這種病害的抽象襲擊。他說：『我們談的，這就算定奪了。不過，我有一點小小的題外疑問。』他停了停，在斟酌措詞，以免刺激病人。『我只奇怪一點，就是：你在雍興，幾年也過去了，為什麼這一次突然這麼堅決想離去？』

唐鏡青燃起第二支煙，也遞給客人一支，陰暗的慢慢道：

『有人說，闌尾人人有，慢性闌尾炎很多人也有，但發作的，只是一部分人。有的人，抵抗力強，到老不發作，順順當當活一輩子，根本不需動手術。只有抵抗力弱的人，才開刀。雍興廠裡可怕的瘴氣，在人們精神上所反應的症狀，也正是一種慢性闌尾炎。抵抗力強的人，可以揹著它，舒舒泰泰活一輩子。我抵抗力弱，必須開刀。也許，前兩年，我的抵抗力還強，沒有發作，現在，不行了。……這一種靈魂炎症，可能比真正的慢性闌尾炎還可怕得多，當你抵抗力一旦崩潰時。』慢慢的嘆了口氣，又加了幾句：『我的身體，現在一天天不行了，單這半年，就鬧過兩次病……我的精神狀態也是如此。』

鄭天漫顯然不想再聽他談疾病一類的話，岔開話題。

『賈蝶呢？……她怎麼不在這裡？』

唐鏡青臉上更痛苦了。『你別提了，她不在這裡還好些，她在這裡。只——』

他的話說不下去了，兩粒淚珠出現眼邊。

一剎那間，他們兩個都沉默了。只聽見對床那個才割痔瘡的人又瘋狂的吼起來。他在喊「救命！」他臀部那場大火，燒得更兇了，簡直像人類紀元開始後尼羅皇帝在羅馬城放的那場大火。

二

獅子是他的頭。毒蛇是他的手臂。野獸是他的身子。火燄是他的眼睛。瀑布是他的血液。他不是躺在病床上，是躺在古代巖洞裡。二十幾天臥病，似乎不僅沒有剝奪他的精力，倒叫他更野獸化了。他覺得，從頭部到腳跟，都充滿原人火力。這許多天，體溫調節中樞受毒素刺激，肉體內氧化作用特別旺盛，皮膚火燙，毒血沸騰，這一切，叫他原始化了。其實，這只是他交感神經的錯覺，他連坐起來，都還有點搖搖晃晃呢！但越是失掉的，人越用幻想加強它。也許，他的情感野獸化了，病床這隻獸籠叫他變成獅子、毒蛇，而比病床更獸籠更折磨他的，還有另外一些事物。

於是，唐鏡青回憶：這三週是怎麼一回事？是洪荒時期？是野獸窟？是白色的蝸牛涎液在滴，爬？是過年睡「元寶覺」？是死亡掛在他枝頭上，像腐爛的果子？四週前，他和友人合辦關中家庭化學工業社，又是怎麼一回事？是肥皂的芬芳？藥水味？鹹味？是牙粉的香味？雪花膏的馥氣？四週、四週、四週又四週前，他在醫院裡割闌尾，又是怎麼一回事？是盲尾裡的酚質？是腰部麻醉的岩石感？是理療人員替他下部理髮？……

他清晰記得：鄭天漫替他作出決定後，經過閃電式的籌備，他們開辦了化學工業社，製出第一批成品，肥皂、雪花膏、花露水、香粉、牙粉。他們原想製牙膏，因為買不到鉛管，只好作罷。第一個月底結算，營業不算好，盈餘很少，他所分得的，還不及雍興的薪金一半。本來，一切事業開頭，總是這樣，不足為奇。但那個壁虎女人卻刮起一陣風暴。接著，他病了，是急性肋膜炎，併發肺炎。他延醫、吃藥、打針，現在，熱度從攝氏卅九度五退到卅七度二。

剛才張醫師來，有點奇怪：熱度竟退得這樣慢，直到此刻，還沒有退清。他哪裡知道，他家裡這個護士，並不是與他合作，是和肋膜炎和熱度合作，盡可能延緩它下降的速度。

他的視線射向一隻屋角，那裡有一幅沒有蜘蛛的蜘蛛網。這片空間，已不再是雍興廠職工宿舍的兔子籠，是另一座兔子籠。它不是火車頭式，是卡車式，一個四合院的一間廂房，他臨時租下的。依然是沒有玻璃的窗子，沒有地板的黃土層，沒有充分的光線，卻有大雜院各式各樣豐富的嘈鬧聲。

回味這三週一切，他第一次彷彿真正咀嚼到什麼是海水鹹味？過去十年的鹹味，不是真鹹味。在病院裡割闌尾的那一點鐘，和這三週比起來，也不算什麼了。

他聽見腳步聲。

『張醫生走了嗎？』

他聽見賈蝶在房門口哼了一聲。

『你沒有給他僱車子嗎？』

『你沒有關照我。』

『關照你？連這點禮節都不懂？唉，人家將來要罵死我們的呀！這麼遠來看病，連車子都不替人家僱！唉，這是……』床上人額上沁起大粒汗珠。

這個胖胖的張醫生，是唐坊街教會醫院的，過去由於印蒂介紹，他們認識了。平時有什麼病患，總延請他來診治。目前，印蒂雖然早已脫離教會，但醫生和他個人之間，仍保持一份友誼。這一次，他病倒床上，張便定時來看他，幾乎是盡義務。

『又發脾氣！我又不是你肚裡蛔蟲，怎麼知道你心裡意思？我們是鄉下人，不懂城裡人禮節，你怎麼不早開導開導，叫我長點見識？』

『你還辯！你還辯！真氣死我了。』

『氣什麼？你就是老無故生氣，熱度才退不清，剛才大夫說過，要是別人，早就退清了，偏你就退不清。』

『問你呀！』

『問我？天天上街給你買藥，買吃的、喝的、穿的、用的，服侍你茶、水、飯、洗臉、漱口、吃藥、大便、小便、蓋被子、換衣服、洗衣服，還要帶小孩子，給他換尿布、揩屁股、抹鼻涕，連學校裡，我經常也請幾天假，缺了不少課。你還要粗聲粗氣的「問你」！一個人要憑良心。人生病，良心沒生病。』

『你還說！』

『是你惹我說的，不是我要說。我巴不得成天做啞巴，免得淘閑氣，算我倒楣，嫁給你這個怪物！』

他閉上眼睛，又一次感到：獅子是他的頭，毒蛇是他的手臂，野獸是他的身子，火焰是他的眼睛，瀑布是他的血液。他不是躺在病床上，真正是躺在古代巖洞內，做野獸。但不管怎樣，在原始時代，壁虎到底是萬物之王，他身上任何野性，都不能「王」過這位「女王」。

漸漸的，他覺得自己越來越變了，變得更下賤了。從前，他最厭惡的一些字眼，此時也漸漸出現在他嘴邊，像一些又酸又爛的葡萄。賈蝶也變了，兩三年前，她還是一隻不大有聲音的冷酷壁虎，現在卻是一隻發巨大聲音的壁虎。以前，她話語不算最多，這兩年來，特別是離廠後，又特別是辦社的第一個月後，她的話語像田裡莠草，一天天多起來，不，簡直是一小時又一小時多起來。他的聲音，像滾雪球，越滾越大。假如他的聲音不靜止，她的聲音絕不先絕響，她使他發三十九度高燒，也不例外，只不過音響輕點罷了。

他在床上翻了個身。聲音真是一種奇異動物，有的是那樣迷人，像熊貓，像莫扎特音樂，有的卻是另一回事。

院子裡響起一片吵鬧聲，又是那位鬥雞眼合肥女人，和那個癟嘴杭州老太婆吵架了。又是為那兩隻雞。合肥女人的母雞，跑到老太婆房裡，拉了屎，後者就罵街，前者也回罵。杭州已六十多歲，成天就愛搓麻雀，一天到晚，房內劈劈拍拍，像年三十放爆竹。因為日夜雀戰、鬥爭，一雙眼睛已經戴上深度近視眼鏡，醫生一再警告她，再與竹子鬥爭下去，眼睛可能要瞎，但她還是日夜在屋內放爆竹。不放，就和合肥大吵。合肥三十多歲，據說從小是獨養女，作風極獨特，像現代畫派中的超現實主義或達達派一類。別人買小菜，半點鐘就夠，她要兩小時。買兩斤蘿蔔，她可以走遍一條街，張大那雙電炬式的鬥雞眼，看遍所有蘿蔔攤子，相遍所有蘿蔔面孔，又翻遍所有蘿蔔籃子，問遍所有蘿蔔價錢，然後，像農業學專家一樣，一一研究它們的大小、優劣、貴賤及新鮮度，再作最後結論。蘿蔔本是最便宜的小菜，二分錢一斤，她一定要殺到一分，或三分錢二斤。不僅是對蘿蔔，她的學者風度，也遍及其他蔬菜瓜果範圍，甚至對許多商家貨品，也深有研究。據她說，附近幾條街上大餅店，她全研究過。那一家大餅多大，她心裡都有數。她曾一家一家秤過，發現馬家胡同拐角那家大餅最重，一隻有二兩四錢，別家只有二兩三錢，或二兩二錢。比如，大街柿子餅店隔壁一家，她警告大家，千萬不要去買，一隻只二兩一錢，有時甚至是二兩。她偶然病在床上，托鄰人買大餅，不管颳風下雨，指明一定要到馬家胡同拐角那家去買。她還有幾種獨特之處，她極少買洋火，生爐子，總愛把別人紅煤揀一塊引火，為此，常和別人吵起來。又如，她從不買信紙，寫信，就向唐家討，據鄰居說，她已這樣向鄰舍討了兩三年。再如，有一回，一隻母雞病故，她硬說是她婆婆害死的。

『我們捉雞，輕手輕腳，放在塒裡。你捉雞，用很大的力氣，放在塒裡，把雞抓傷了。』

婆婆也不是省油燈，馬上搖著冬瓜似的胖腦袋，大聲反擊道：『我是人，不是畜牲，怎麼好好的，會把雞抓傷了？你紅口嚼白舌的……。』

於是，這一場婆媳舌戰，直到鄰居們怕吵聲會把震落屋瓦，打破人們腦袋，紛紛出來排解，雙方這才收兵。

至於合肥與杭州之戰，很像歐洲歷史上那場著名的三十年戰爭，時戰時停，時停時戰，究竟何時結束，只有上帝知道了。

唐鏡青低低道：

『遞把毛巾給我拭拭汗。』

賈蝶絞了把手巾，遞給他。

他拭了拭臉。『怎麼不大熱?我要一把熱手巾。』

『將就點吧!現在不早不晚，不燒水。為了拭一把臉生火，哪有這麼多煤球?上個月的一擔煤球，還欠著哩。這是水瓶裡隔宿的水，臉盆裡又多潺了些冷水，熱水得省點用，要不，回頭又抱怨沒水喝啦!』

『不是有兩隻熱水瓶麼?』

『前天鐵牛在廚房桌上爬，一不小心，打破一隻，只剩一隻了。』

『唉。』

『唉什麼?小孩子懂得什麼?連大人都不懂好歹，小孩子懂?』她搖擺著短頭髮，大聲說，彷彿他是個聾子。

他把那塊半冷半熱的毛巾撂在床頭茶几上，又閉上眼睛。他再一次感到：獅子是他的頭，毒蛇是他的手臂，野獸是他的身子，火燄是他的眼睛，瀑布是他的血液。可是——

他陡然想起兩個月前，割闌尾的一幕：那似乎是他平生肉體痛苦的一個紀錄，也是人類忍受痛苦的一種史乘。他服了鎮靜藥，戴了白帽子，躺在手術台上。第一個痛感，是護士在他腰部施行局部麻醉，那一針，比往常任何一針還疼，但大體還可忍受。一架足球門式的銅柱子安置在他胸部兩側，要他雙手放在頭後，不可越過銅柱。接著，一碗水潑到他小腹上，助理大夫微笑道：『有點涼是不是？』他「呀」了一聲：『你開玩笑，這是一碗滾水！』小腹下部像失火，特別是陰毛剃過處、火燙得他直哼。他知道，這是一碗碘酒。咬咬牙，算是過去了。於是，兩層消過毒的厚布蓋在身上，一片白色帷幔在他臉前拉開，他感到一隻鋒利無比的手術刀已把右腹劃開，有一點點痛，人們說像蚊子咬一樣，其實比它痛多了。不一會，開刀的大夫溫和的警告他：『現在要比較痛些了。』果然，他馬上感到肚子不對勁。這不只是痛，而是一種奇怪的難受，彷彿齊天大聖那根金箍棒攪弄他的五臟六腑，所有十二指腸、空腸、迴腸、直腸、乙狀結腸、昇結腸、橫結腸、降結腸、盲腸，甚至胃囊、膽囊、肝、腎臟、橫膈膜，都給攪成一團。金箍棒不斷攪，越攪越厲害，真如「西遊記」裡孫大聖攪那條河一樣。那不只是痛苦，而是超於痛苦以上的極難忍耐的怪異感覺，不管怎麼咬緊牙關，還是無法抵禦。他緊閉眼睛，是無法忍受。他睜大眼睛，也無法忍受。他的一隻手，死命抓住護士臂膀，希望能給自己一點抵抗力量，但腹部風暴還是猛吹、狂颳。他望望窗外天空，渴望它幫忙，天空不回答。他看看白色天花板，它也冷視他。他凝視電燈，瞅望電線、望玻璃、望柱子，甚至望空氣的透明，想把自己全部意識交給它們，但肚子裡颱風仍在亂捲，金箍棒仍在猛烈騰攪，他承認，這是有生以來他一次感到真正的肉體苦痛。這時，大夫正在他肚子裡找闌尾，粗手粗腳，把一根根腸子翻來弄去，頗費時間，有時它們粘得太緊，太昇上去，可能找不到。找到了，還得用力把它拖出來。即使當初腰麻（註一）也沒有這樣痛楚。假如沒有麻醉，那真不可設想了。無怪同室一個病人割闌尾時，狂喊『救命』，手腳亂動，臨時不得不給他呼吸大量笑氣，讓他全身麻醉。『我只能再忍受十分鐘了！這是我忍受的最大限度。』終於，他不得不輕聲宣布他的感覺時限，他的語調總算冷靜，這證明：他還在作最後鬥爭。但宣布不到五分鐘，大夫微笑道：『不需要十分鐘！你看！』一條二寸長的香腸在他眼前晃了晃。他嘴裡低聲道謝，但腹內的颱風餘威未息，仍在猛颳……。

他常常想起這段經驗，因為，那是他平生所經驗的最高肉體痛苦，那是一種無從形容的感覺，而且，他居然還能那樣平靜的向大夫宣布：『我只能再忍受十分鐘了！』而且，終於有那麼一條血淋淋的闌尾出現在他眼前。現在，他又經驗這種粗手粗腳在肚內找闌尾的感覺，但他能向誰宣佈那最後十分鐘的神經時限？並且，到頭來，終究有沒有一條被找到的闌尾晃顯在他眼前？

他感到奇異口渴。

『蝶！給我一杯水。』

她倒了杯開水給他。他在枕上偏過脖子，喝了一口，馬上吐出來，吐得褥單上都是水。

『好燙！好燙！這樣滾燙的水！加一點冷開水不行麼？』

『你不能冷一冷再喝麼？』她那雙巖石味的小眼睛冷冷瞪著他。

『唉。』

『又是「唉！」又是「唉！」哼，剛才嫌毛巾太冷，這會嫌開水太燙！我是怕你嫌水瓶裡的水不熟，特地到鄰舍那裡討來的。你又嫌太燙！哼！真難侍候！不關照雇車子，怪我，小孩子打破水瓶，又怪我！做人真難死了！究竟還要我這個妻子怎麼服侍呀！可不磨死人！嗯！白天黑夜的磨人！究竟磨到那一天？嘿！為什麼不叫你那個什麼景藍景黃的來服侍呀！那是——』

她還沒說完，「嘩喳」一聲，茶杯摔到地上，剛巧撞在茶几腿上，砸碎了。

『好好說話，砸什麼東西？發什麼脾氣？我是個氣筒子，算給老爺們出氣的？！你說你有病，我也有病，哪一個沒有病？誰要你好好的廠不做，要搞什麼關中關西家庭化學社，連褲子都要蝕光了。將來我和鐵牛都出去討飯，看你還砸什麼茶杯？發什麼脾氣？虧得那個景藍景紅的見識高，到底沒有嫁你——』

唐鏡青猛然從床上坐起來。這一次，獅子真是獅子了，毒蛇真是毒蛇了，野獸真是野獸了，火燄真是火燄了，瀑布真是瀑布了。

『滾！滾！滾！快拿一根繩子把我勒死吧！快！快！快！讓我快點死吧！讓我快點離開世界吧！我不要活了！我不要活了！』

正喊著，鄭天漫出現了，他是特來探病的。他一進門，就聽見鐵牛哭聲，賈蝶嚎哭聲：

『讓我也死掉算了！我也不要活了！我也不要活了！這麼壞的脾氣！我怎麼活得下去啊！

……』

他看見唐鏡青坐在床上，披著一頭獅子鬣髮，極怪誕的睜大兩隻紅眼睛直像個瘋子。

唐鏡青一見客人走到床邊，忽然緊緊抱住他，嚎啕痛哭起來。

和唐認識十幾年了，鄭天漫第一次看見他這樣大聲哭泣。

三

鄭天漫靜靜返回自己客廳，靜靜向四周投疲倦一瞥，靜靜坐下，靜靜頭靠沙發背，靜靜疊起雙腿，靜靜——咀嚼這個下午，以及凸現於這個下午的那位病人的眼睛，那雙獅子眸瞳。他必須靜靜靜靜的，不再讓思想裡的那頭獅子咆哮，不再讓那隻壁虎展開可怖形象。他必須靜靜靜靜的，讓兩種「不再」變成煙霧，叫眼淚不再變成叛徒，使記憶不再作祈禱，感情大潮不再隨記憶地球扁平度的膨凸力而來臨。

他又一次靜靜靜靜向四周投疲憊的一瞥。

黃昏。又是黃昏。不只是一個人警告他：這座古城最可怕的時間，就是黃昏。太陽沒有了，地球卻沒有真黑。西方殘餘的光，天空最後的光，一些沒有名字的光，一些不像光的光，一些比黑暗還可怖的光。它們編組一串可怕的時間——晝與夜的邊疆時間。現在，他就坐在這樣的時間裡，一個力量似乎把他拉向下午、正午，甚至清晨，另一個力量又把他推向更深的黃昏、初夜、午夜。於是，他眼睛內飛旋一些幻象：蜂翅的音響，太陽的輪廓，霑露的泥土，繁複重疊的枝條，風的摺皺，火在飛撒，霧在拖曳，薄暮裡哞哞的牛，黑暗的森林野獸，黜暗的蠱惑的蜘蛛網，寂寞的蜘蛛網。——他點起一支煙捲。紅煙頭暫代替將熄的一輪太陽紅。他吸著，似乎是吸太陽。一篆篆煙霧又暫時阻擋黃昏可怕的光。假如他當真甘願失足，墜入黃昏大海，那麼，這片藍色煙霧正好畫濃了暮色，他可以一口口噴吐暮色。他慢慢吸著，深深吸著，在一捲捲煙篆中，這個破舊小客廳幻變成一個花癡，有點如瘋如狂，又像無數條鰻魚，不可捉摸。他能抓煙蒂、抓火柴、抓煙篆，卻抓不住這片黃昏，更抓不住四周空間的那片又寂寞又神祕的氣氛。

其實，首先鰻魚化的，是他自己，他自己就永遠是一片不可捉摸。這一分鐘捉摸不住下一分。今天捉摸不住明天。這個月捉摸不住下個月、下一年、下十年。不只他，他的地球上的同類也大多如此。走在十字街頭，有許多次，他很想抓住一個行人問：『你究竟要做什麼？你為什麼要這樣做？不那樣做？你活著究竟為什麼？幹什麼？你將來究竟打算怎樣？……』他想抓，終於又沒有抓，因為，他們的答案早出現在他眼睛裡（不是耳朵邊）。他看見答案將是一張張驢子臉，沒有表情，沒有思想，沒有波動，也沒有聲音，牠們不會在這樣問題前「啊呃」（註二）長嘶的。假如把他們一個個放在壓榨機裡壓，也許會壓出一點聲音，回答你，這分鐘是在買襪子、買肥皂、買大便紙，或者，想吃一碗羊肉泡饃，想吃一碟羊油柿子餅，或者，想去看朋友、買電影票。再不，乾脆什麼也不「為」，只是讓兩條腿活動活動。「將來」，「究竟」，「為什麼？」他們比驢子還茫然。他們生活裡根本就沒有這些名詞，正像沙漠上根本沒有牡丹花，海底根本沒有輕汽球。

他只不過是群驢中一隻。可能，他會把長長頸子伸向槽盤以外，但所望見的，也只是磨坊和它的磨。

唐鏡青不是十字街頭群驢之一，景藍也不是，他們「跳槽」了，但結果仍各自被牽回磨坊。這以後，唐又第二次跳槽，結果卻從一座風平浪靜的磨坊，跳到一個充滿風暴的磨坊。他每一想起這個提琴家兼化學家，便看見一條悲劇的雨虹，被揉成碎片的紅，那麼美的弧形，又那麼碎。小夜曲、圓舞曲、西班牙白鴿曲、西湖、玫瑰花、青色山、綠色水、月夜、花園、青春、幻想，——終點卻是一隻壁虎。

於是，他又想起自己：頤和園裡的自己，北海公園裡的自己，西湖邊的自己，洗美繡身邊的自己，在茶座裡，找口紅印跡的瓜子殼的自己，和洗美繡同啃一隻烤白薯的自己，大風沙日抱著她不下床的自己，初戀時的自己。那時候，生命是山、是水、是薔薇、是畫眉、是風、是雲、是星星、是北極光。她紅他、他熱她、她火他、她光他、她眼睛他的眼睛、她嘴他的嘴、她心他的心。一切在時間法輪以外。一切又在時間法輪之內。他們從未想到時間有翅膀、有腳爪。多少個春天，總是那個絢爛的春天。多少次秋天，總是那個澄明的秋天。直到那個黃昏，像今天一樣的黃昏，她化為一座海底沙漠，絕對的沙漠，不再有魚游、浪流，永遠沉默、沉默，比這片黃昏更深的沉默。一年以後，他們那個可愛的孤女也永恆沉默了。

黃昏！黃昏！黃昏！常常的，他翻開綠蒂的書，深深深沉浸在裡面，似有心自殺者，深深深深往海底沉。當他閱讀得如醉如狂時，比如說，讀到拉門卻這一段：格蘭雪斯被蚊子叮了一口，叮在下頷上部，靠近嘴邊，她試用舌尖去舔這地方，再用她的上層牙齒去咬；當她第三次去咬那塊地方時，男的拉門卻偎著她，也去咬這片蚊子叮過的芳唇，把它含在嘴裡，——他放下書，覺得自己牙齒也癢癢的，舌尖也癢癢的。他向四周望望，希望身邊有那麼一張俊秀的臉，也有那麼一個才被蚊子叮過的唇邊下部（不叮也不要緊），好讓他去咬一咬。假如是十年前，不用說，早有一張嫵媚嘴唇來讓他咬了（那時，他們常常同讀印蒂）。此刻，四周或者是一片空虛，或者是一副陝西型的南瓜臉，南瓜上面，是一個像南瓜瓤一樣顏色的嘴。一看見這些南瓜，他整個心便沉下去了，一切話語像流水遇到水閘，堵住了；一切感覺也如遇零下四十度，凍結了。蘇荔紋的南瓜臉是一本沒有字的書，沒有畫的畫布，沒有音符的五線譜。不管他用怎樣最近式的印刷機，也印不出一個字，任何一枝神筆，也畫不出一根線條，一個音符。而且，根本不需要舉手動筆，只要他一睜開眼，看見她，一切全完了。一切最水的，也下水了；一切最山的，也不山了；一切最海的，也不海了；一切最玫瑰的，也不玫瑰了。

她也在笑，卻不是笑著他的笑，她的嘴唇也在動，卻不是動他的動，嘴他的嘴。夏夜，當他眺望滿天星斗，讚美道：『那顆黃昏星多美。』她的聲音是：『隔壁張大嫂買了個白木砧板，真好，切肉一點不釘絲。』下雨天，當他沉迷在如煙如霧的雨景裡，喃喃說出雨中幻想，或者輕輕唸一句「巴山夜雨漲秋池」時，她的回答是：『我們又有天落水好洗衣服了。』當他偶然借來一具留聲機，播放一支蕭邦小夜曲時，她的反應是：『還是河南墜子好！』這一切，使他想起從前一個故事。他一個朋友的母親，從外省來杭州，一看見西湖水，就大聲讚嘆道：『在這裡住家真好，洗菜，洗衣服，多方便！哪怕洗碗、洗碟子，用水也便利極了！』

他早和她分床睡了。不久，他還想單獨住一個房間。在一個潔白的軟軟木棉芯子的大枕頭上，枕著兩顆等於兩條平行線的腦袋，又彷彿一隻老南瓜與一隻哈密瓜並排擺在一起。一隻裡面裝滿了星星、月亮、馬拉梅、蕭邦、狄勃西、和古雅典時代；一隻卻裝滿麻油、醬油、菜油、豬油、醋、鹽、柴、米、肥皂。無論如何，你不能使這兩類東西湊成一個拼盤。你不能來一個麻油清炒星星，醬油紅燒月亮，你也不能把波蘭舞曲放在擦衣板上，用肥皂洗，或者，做一盆「醋溜雅典時代」。她的眼睛是黑的，卻不是黑蝴蝶的黑，黑檀木的黑，而是鎮江黑醋的黑，充滿醋味。她的頭髮是黑的，卻不是黑夜的黑，黑天鵝的黑，而是黑鍋底的黑，有油鍋氣味，一看見它，他就聽見鐵鏟子敲鍋的「哐哐哐」聲。她是個女人，又是個雜貨攤子，和她睡在一起，床上等於擺了地攤，他永遠是個買主，買不盡的掃帚、拖把、畚箕、洗衣刷、銅勺、雞毛帚、竹籃、筷子、瓢羹……。和她同捲在一個被筒內，他又像抱著一個巨大汽油鐵筒，永遠啃不了、嚼不動的鐵桶，而且，他也無法抱得住、抱得緊，它又硬、又大、又冷，只叫他雙手痛、肉體痛。

記憶的走馬燈這樣團團走時，他聽見走廊上腳步聲。他扭開燈，看見蘇荔紋捧了杯茶過來，他的走馬燈似乎暫時達到一個終點。

『對你說過多少遍，叫你泡茶不要蓋蓋子，你看，茶葉全給燜黃了！』喝了一口，皺皺眉頭。『昨天還和你說過，用那把瓦壺燒開水，泡茶，不要用那隻鐵壺，鐵壺有鐵鏽氣。你看，好好的龍井茶，色香味全給你糟蹋了。』

她也知道這點，龍井茶，得來匪易，是他學校同事妻子，從淪陷區捎來的，分了他一斤。這是明前頭茶，毛毛兒長，極嫩，一葉一瓣蕊子，顏色碧綠如水彩，泡出來，葉葉下沉，全見葉底，清香如幽蘭，令人沉醉。為了這點好茶葉，他學杭州本地人，特別買了個大瓦罎，半注石灰，用牛皮紙包好茶葉，放在上面，再蓋緊罎蓋，這樣，茶葉就不受潮，色香味不變。而且，由於石灰把水分吸乾，茶葉顏色愈見鮮綠。這樣名貴的茶葉，他捨不得常喝，只偶然泡個一杯，想不到她這樣不珍惜它。

龍井是走馬燈的終點，卻又是「哐哐哐」大黑鍋的起點。通過這一點，各式鐵片聲全蜂湧出來。

『告訴你好多遍，刷過的馬桶放遠點，不要靠房門口放，好好客堂，這不像廁所了？』停了停。『到處都可以晾衣服，偏圖省事，竹竿子搭在門口窗沿上，別人就得一輩子低頭走路。』用力把手上煙蒂插在煙缸裡。『我們是在一個家庭裡共同生活，不是在教堂裡做禮拜，天天要我講經傳道，幾十次幾百次的傳道。這樣子，傳道人聽道人不太辛苦麼？』

道不傳則罷，一傳，馬上五色繽紛，各式各樣的枝條和葉子，全部「出籠」了，他棕色小眼珠只要向四周一溜，成串的話語，也就噴灑出來。那隻景泰藍花瓶，應該放在茶几中間，偏偏老歪擱在一角，這算什麼？那幅馬蒂斯紅衣女玻璃鏡框，久不拭擦，紅衣女快變成灰衣女了。他讀過的綠蒂小說，放在桌上，她要整理，就該插在書架上，原來綠蒂全集是一排，為什麼東插一本，西簪一本？精緻的硬硬的洋裝書，和一些軟軟的線裝書雜在一起，像一些大胖子和一些矮瘦子站在一起排隊？煙買回來，拆開了，就該放在廳子裡，以免受潮、走味，為什麼又要一遍遍傳道？好不容易，買來幾隻雅梨，吩咐她高高掛在壁上網線袋內，偏亂放在桌上，給蟑螂咬得左一個右一個洞？拖鞋，他一回來，就要穿，應該安置在客廳門後，卻老是遠遠擱在院子裡作日光浴，害得他東尋西找，像哥倫布找新大陸？幾隻母雞，關在後院，經常要她當心，順手關後門，偏大開特開，雞就竄到客廳裡亂拉雞屎。

這一次黃昏佈道，當晚飯上桌時，達到最高潮。他一看見那盤洋蔥炒肉絲，就憤然道：

『你看，你這是炒的什麼菜？這不是洋蔥炒肉絲，是洋蔥煮肉絲！告訴你多少次，炒菜不要多放水，灑點醬油就行，偏放這麼多水，乾不乾，湯不湯，洋蔥癟搭搭的，一點沒脆勁。』他的眼睛射向另一碗菜。『這碗青菜，給你炒得又爛又黃、又是湯湯水水！早告訴過你，炒青菜，油要多，要辣，火要旺，菜倒下去，炒一會就行，千萬不要蓋鍋蓋，這樣，菜就又綠又脆，又夠味，而且富營養。你這不是炒青菜，是黃燜青菜，把青菜變成黃菜。』放下筷子。『這不是考究，是不該糟蹋菜。好好材料，白白糟蹋，不是暴殄天物麼？一個人一天三餐飯，一年一千零八頓飯，不能頓頓淘氣，儘吃些既無營養、又無滋味的東西，這樣子，一個人活著還有什麼意思？』

蘇荔紋睜大那雙呆滯的牛眼形的棕色眼睛，畏怯的望望他，又一次低下頭。她說不出一句話。因為，她覺得宇宙間所有道理，都被他這爿「一家春」客店獨佔了，沒有什麼剩下來留給她了。

『我不要吃這頓飯了！你一個人吃吧！這樣吃飯，非得消化性潰瘍不可！』

他站起來，戴上呢便帽，裹上咖啡色圍巾，氣沖沖的向門外衝去。

蘇荔紋仍舊睜大那雙牲口樣忠實的眼睛，目送他怒沖沖的急促背影，她簡直有點手足無措。她有點像一隻本來忠實於主人的看家狗，莫名其妙的被主人踢了一腳，除了夾著尾巴，低叫著躲到一角外，再無別的反應。不同是，她既沒有尾巴，也叫不出，更不能像狗蜷伏一角，因此，她只能怔怔站著。

四

當鄭天漫走到范惟實家中時，使他驚詫的是：范家奇異的靜寂，靜得像投映入天文望遠鏡的遼遠海王星星團，和唐家的獅子咆哮，他家的鴉噪正相反。范惟實本是隻喜鵲，屬於善叫的鳥類，即使把他放在蒙古大戈壁上，他也會獨自大叫一點鐘。他的一九四二女主人紀紅尼則是一隻黃鸝，她的歌聲，曾壓倒去年十二月八日太平洋的火焰聲音，也曾把今年第一天的西北冰雪溶化成小陽春，客人們簡直不知道是那天洞房花燭美，還是她歌聲美。但現在，這兩隻善叫的鳥都沉默了，變得像構成古埃及法老王墓的那些岩石。范斜靠在籐椅裡，默默吸煙，寂寞的凝望炭火盆暗淡的紅光。紀在靜靜織灰色絨線。兩人嘴裡手裡動作，本不阻攔他們發聲，但客堂內卻沒有一滴音籟。並不是因為鄭進來才沒有，憑微妙直覺，他突感到：這裡早就沒有聲音了。火盆內炭火也不旺，像主人內心一樣。

紀紅尼是一個二十一歲少女，梳兩條長長辮子，辮梢結兩支天藍色綢花。她本有一副圓圓的茶色臉頰，透出紅燭似的明紅，一雙烏檀木色的黑眼眸，也像紅燭火蕊，閃射光燄，每一秒都在運動，而且，隨任一陣奇異的風流走、飄散。配上一枝娉婷的身子，她很像德伽斯那些著名的畫，那些畫跳舞少女的畫題。但今夜昏黃燈光下的她，卻叫鄭天漫微微感到奇突

——有一點什麼不對勁。起先，他懷疑自己的心情，是否半小時前那盆黃燜青菜影響了它，而它在被歪扭後又影響了他，此刻視覺、觸覺，正如同一幅風景，在春天和冬天，看來就完全不同。他的心情，現在可能是攝氏零下十五度，然而，似乎又不是這樣簡單的零下零上問題。他快一個月沒看見她了。這個月裡，地球上多少萬平方公里已變了顏色。多少個國家改換了旗幟。何況上一次見她時，她正躺在床上生病？但記憶總是真理，告訴他，她是一隻五月黃鸝。在古城的一些晚會或音樂會的上空，常飛翔她曼妙的歌聲。假如不用伽莉古西或麗蓮彭絲的標準來苛求她的嗓子與技術，她就算是古城一隻鳳凰了。在他印象中，這個二十一歲少女，一直是一串閃爍的水銀，一片發光的水流，從沒有停止流動過。哪裡有她，哪裡就有幻想的香氣，青春的芬芳。但此時她卻像掛在空中竹籠裡的一尾魚，非常凸出的不調和，彷彿魚上了天，果子沉睡在水底，轣轢轉響的車輪變成牆壁，圓舞曲化為石頭（怎麼個變法、化法，他不知道，他只是這樣感覺）。正在編結灰色絨線的她，和舞臺上作Solo的她，有點像兩個肉體、兩個靈魂。她那兩片薄薄的菱形嘴唇，閉得這麼緊，像重重上鎖的古囚牢鐵門，這似乎不可能。形體上，她主要變化是，臉頰不太圓圓了，也不太緋紅了，像紅燭四周過多的燭淚，叫它化為一支蒼白色燭。她的胴體也不能再算苗條，而是相當瘦弱了。

在范惟實的蒼白臉上，在他白色無邊眼鏡後面，客人看見一雙寂寥的眼睛。主人在專神吸煙，努力用捲煙迷霧把自己埋掉，像星星峽外面大風沙埋掉一些旅客。

看見鄭天漫出現，紀紅尼站起來，拿起茶具，向廚房走去。他不像蘇荔紋，倒記得他的習慣，愛喝現開的水泡的茶，而且，有一套講究。

『你這裡怎麼這麼僵？冷？比外面春寒還要僵？比西北風還要冷？』

『兩個人在一起，到了不想發任何一滴聲音時，那就天下太平了。』主人噴了口煙，又遞了一支煙給客人。『無聲的屋子，無聲的客廳，無聲的人，無聲的火，無聲的煙，無聲的夜。——這就是我結婚兩月的結論。』停了一會，站起來，黯然道：『去！我們到聚興園喝山西汾酒去！我請客。』

當紀紅尼帶了兩杯現泡的綠茶進來、問他預備什麼晚飯菜時，他把臨時決定通知她。接著，他戴了呢帽，穿上大衣。當他們走向大門外時，是客人而不是主人，感到有一個生命被拋棄在門內。

客人感到，一九四二的主人，仍和一九四一或一九四〇一樣，生活習慣像個行腳頭陀，獨來獨往。

在聚興園，當熱騰騰香噴噴的紅燒甲魚端出來後，三杯汾酒下肚，主人幌動著修長身枝，稍稍恢復了固有的喜鵲姿態。

『摘沒有熟的果子，被懲罰的是你的舌頭，你的喉嚨，你的腸胃；有的蘋果，外表看來紅紅、圓圓，似乎熟透，吃起來，卻依舊生澀，肉又硬又酸。少女的蘋果臉頰，是一種危險，它會創造你的錯覺。且不談果肉生熟，就連那片表皮層的圓紅，很快也會失掉。它們只是幻影、破滅是你做幻影奴隸的代價。

『結婚可以催果子成熟（或者叫它常保紅、圓），但那過程極緩慢而苦痛。很少有人耐心等這個。我就首先缺少這種沙漠的忍耐。……或者，許多人不需要這個。他們可以吃各式各樣果子，包括全生的、腐爛的、蟲蛀的、還未熟透的。他們也可以把石頭當熟果子啃，把泥塊當蘋果嚼。可惜我沒有這種嘴巴的魔術。——我的舌頭只是舌頭，不是點金石。來，乾一杯！』

從范惟實語調裡，鄭天漫看出：他患的是急性病，似溶解播散期的滲出性肺結核，他自己則是慢性病——可能逐步穩定的增殖性肺結核。前者結核菌在猛烈活動，患者症狀特別明顯，對病人的精神刺激大，也極痛苦，後者病菌有時活動，活動時人苦惱，靜止時，人也就平靜了。起先，他自己也是急性症，但漸漸的，時間把它轉為慢性的了。范的病症，能不能轉為慢性的呢？

從范惟實以後的話語觀察，他不大看出這種可能性，因為，他們之間還有些別的差異。

他喝乾一杯酒，繼續傾聽。

『只有短短一個月的歡樂，這裡面，還得扣除一些苦惱、浪費，和等待。你知道，和一個處女共取得歡樂，必須支付這些必然的帳目。等到它們完全付清時，好了，「月子」沒有了，她嘔吐了，頭昏了，腰痛了，不能吃東西了，在床上幾乎躺了半個多月（註三）兩個人的生活，一個在吃鎮靜劑止痛藥時，另一個人就無法唱小夜曲。鋼琴壞了，沒有伴奏，你還可以直著脖子去臺上獨唱，但沒有鑼，鑼鎚子卻無法敲；沒有畫布，你無法畫；沒有枝條，果子無法掛。……這一個星期，她的病總算好了，她想唱「藍色多瑙河華爾滋」了，但我卻沉默了。因為，兩個月來，一直嚼一只沒有熟的果子，我有點反胃了，而且，天知道什麼時候她又會突然嘔吐，忽然眩暈呢？按照她的單薄體質，她是可能嘔吐好幾個星期的。

『問題還不止是嘔吐，主要是蘋果的內層。即使她不嘔吐，這個內層也會揭開的。』

范惟實把兩只空杯子又斟滿了，對客人舉起杯子。有一個短短時候，他暫時讓甲魚芳香佔有他的口腔。接著，他挪挪克羅米無邊眼鏡架子，微微抒情的道：

『也許，她的情感是這個世界最潔白的一朵康乃馨，可惜是：竟簪插在我這隻周秦古鼎裡。這隻經過太多時間風沙衝擊的古鼎，不需要一朵白色康乃馨，只需要一隻結結實實、沉甸甸的。

『在這個古城文化界裡，我也總算是一個頭面人物。我知道，紅尼很愛我，日夜想法接近我、抱緊我，像紫藤和凌霄花，她的靈魂日夜向我情感牆沿攀纏。可是，我知道，她也知道，這種攀纏不太容易。這扇牆太高了，牆腳又充滿荊棘。她的紫藤和凌霄無法生根、運動、貼攏。也許，我根本就不是任何攀爬植物的適宜對象。

『我年紀不算大，仗著我叔父兩個朋友的關係，我不僅成為這裡一個幹部訓練班的上校教官，還兼任市府掛名參議。我可以自由支配自己大部分時間。在古城裡，我的這支筆又是一座山峰，文化界很少人不向它朝貢，再加上我生活裡的吉卜賽情調，奇異的經歷，這一切，就迷惑了她的眼睛，她把一切都交給我。——但我不是一個保險櫃，至少不是某些攀纏植物的保險櫃。

『找了解她的卡門情歌、「聖母頌」、「甜蜜的家」、小夜曲，和「我的堪塔基老家」。但我卻更願和她談毀滅了窠巢的蜂群，談陳舊的菌味，樹脂的臭味，太陽永遠穿透不進去的空間，談海螺獅式的女人，巴比倫色調的女人，巴比倫夜的風情，談邪術的擁抱，煮熟了的大紅蝦，維納斯的跛腳丈夫，冰峰、巉巖、峭壁、奇異的北極光，列寧格勒的黑夜，古畫雪景裡一頂白髮翁的老風帽，談杜斯妥也夫斯基和斯特林堡，談只有在死亡剎那才看見的美麗幻象……

『可是，她的幻覺不能滲入這些。她的腦細胞也不能浸透這些。我摸到的，她不能摸到；我呼吸到的，她不能呼吸到；我走到的，她不能走到。一句話，她是太年輕、太年輕、太年輕了。

『對我這樣的人，年輕就是一個悲劇。』

他放下酒杯，點起一支煙，遞了一支給對手。他們默默吸了一會煙。

『我剛才所說的話，特別是最後兩句話，對你這樣人，本不需要註解；它們本身都是正文，也全是註解，但我還想再解釋幾句。

『在我這樣年齡，一個字、一句話、一段話，已不祇是單純的一字、一句，或按照字面句面的一字、一句。它們是一隻隻果子，搖顫一樹的杈椏、樹葉、枝條、風颸、陽光、黑夜，與各式各樣的霜雪雨露。我說，「天是藍的」，不只說天藍，想天藍，在這一剎那，它映襯我的一生。它映襯：我所見過的六月火燒天，灰色的秋雨天，淒冷的陰暗冬天，大雪天，狂雹天，暴風天，龍捲風天，颱風天，以及玉門關外大「布亂」天。這些記憶，都編織在「天藍」四周，像花環。但她只聽見我說「天藍」，只想「天是藍的」，從沒有想到這兩字四周，有那麼多複雜東西。而且，我也不一定唄讚「天是藍的」。可能，我是經過那麼多顏色古怪的可怕天空後，終於我淒苦的想：原來，有時候，世界上也還有「藍色的天」，這是悔恨，是沉鬱，是傷感。順著這一層去分析，在另外時候，我說：「天是藍的」，也還有各式各樣其他感覺。但她聽來，總以愉快的情緒想：他讚美藍天。你看，一句極簡單的話，在說者與聽者之間，竟有這麼大距離，更不用說一些較複雜的思想了。

『當然，我不全怪她。因為，在她一生中，她最多的經驗，只是「天籃」的經驗，你不能叫她從「天藍」擠出「天紅」、「天灰」、「天黑」、「天紫」。即使她見過這些，她也記不住，感不到。因為，她自己正像天藍一樣簡單，就認為天永遠是簡單的藍色，而任何人說「天是藍的」時，對她，除了字面簡單涵意外，再沒有別的意義了。

『前面我說，她的紫藤和凌霄花不太容易攀纏上我的牆沿，主要在此。一句話，四個字，已經如此隔膜，整個生活，更不用說了。終於，你看見今夜無聲的屋子，無聲的客廳，無聲的火，無聲的煙，無聲的夜。』

『那麼，當初你為什麼和她結婚呢？』

『那是一種誘惑。處女的新鮮誘惑。這一生，我嚐過不少異性，都還沒有嚐過處女的新鮮。現在，為了這份新鮮，我得付出最陳舊的代價了。』他低低加了一句：『人真不該拿一時靈感當聖經呵！』

談到這裡，一支煙已抽完，酒壺全空，盆子裡紅燒甲魚也早失蹤，一部份或許已進入十二指腸，變成腸壁上羢毛的運動對象。范惟實蒼白臉孔紅紅的，原先寂寞的眼睛，也奕奕發光，完全恢復他的喜鵲姿態。他談的是悲劇，神情卻有點像喜劇。他看看空了酒菜的壺盤：

『再來一壺酒，再來一盤紅燒甲魚，怎樣？……今年以來，除了新婚那一夜，我還是第一次這麼興致好。』

『添的這盤甲魚算我請客，酒歸你，這才公平。』鄭天漫說。

主人點點頭，隨即吩咐堂倌，接著，他們又滔滔不絕談下去。

鄭天漫望著堂倌消逝的背影，轉動一下他的棕褐色的神龜眼珠，黯然道：

『今天一個下午，我好像作冥土旅行，直到現在，在這空了的酒壺酒杯和菜盆旁邊，才發現自己已離開冥土。』他噴了幾口煙圈。『像我們這樣的人，在我們這樣年齡，在這樣冷的夜裡，我們還不得不把聚興園當做樂園，這是我們的悲劇。這個悲劇的起源，究竟是怎麼一回事？是怎樣的大風沙迷了眼？不需要去細細考證了。總之，它現在是悲劇就是了。』

他約略敘述唐鏡青今天下午的一幕，與他自己的情形。『你現在可以明白，為什麼第二盆紅燒甲魚必須由我請客了。』他彈了彈煙灰。『吃了這幾年紅燒甲魚，我終於發現：我們這些人，本來是一些河裡的鯽、鯉、鰱、鯤，到了這座古城後，一條條才變成甲魚，永遠被命運的廚師紅燒。……你從這盆名菜裡，吃不出「自己」的味道麼？』

范惟實聽完了，許久不開口，在深深沉思，終於，他喃喃道：

『這也正好回答我許久以來的一個問題：在我們這樣年齡，為什麼我們永遠發覺，男人比女人更富有吸引力。』

鄭天漫也陷入沉思，在默默吸煙。一支吸完，他慢慢道：

『不過，惟實，我要警告你：按照你目前觀念軌道發展下去，你知道你會付出怎樣代價麼？你知道你這支無定向火箭頭會發射到什麼地方麼？』停了停，態度稍轉嚴肅，聲音異常誠懇。『你倒底和我們不同。你們這是第一次結婚。她是這樣年輕，又這樣愛你——這些，你不能不考慮。剛才我已說過，我和鏡青是慢性肺結核，會拖好幾年，甚至十幾年，或者一輩子。你是急性肺結核，一個時期以後，可能會穩定下來。說到究竟，紅燒甲魚是紅燒甲魚。汾酒是汾酒。老實話是老實話。』語氣更誠懇。『十年前，我曾警告過印蒂與唐鏡青，想不到十年後，我又警告你。……當然，你們情形不全相同。』

范惟實聽了，沉思一會，慢慢道：

『我知道你的警告的含意。我也有點預感到它。從這件事，我不禁想起一段痛苦的記憶。等酒菜來了，我將告訴你這個可怕的故事，我自己過去的故事。』

二十分鐘後，當第二盆熱騰騰香馥馥的紅燒甲魚捧上來時，范惟實扔掉煙蒂頭，把兩隻空杯注滿酒。他一面飲，一面吃，一面滔滔汩汩，談他剛才許諾過的那個故事。

五

五年前這個時候，我們在維也納飯店告別。我曾宣布我的湘粵獵豔旅行，終點是桃花江。享受著我海外叔父的經濟支持，一路上，我採集了一些奇麗肉體，可以說是：一場肉體的豐收。但終點不是流行音樂中的桃花江，卻是十年前叫全中國心臟跳顫過的武漢。鎗聲響了，「蘆溝曉月」的月亮紅了，血腥了，虹橋機場為亞洲大火山，整個大陸投入抗戰熔岩漿液的暴雨中。

沉沒在胴體盛宴中的人，絕沒有想到飈線熱雷雨來得這麼快，從對馬海峽那邊衝來的極地海洋氣團，會這樣猖狂。可是，對於耽溺在胴體裡的野人，一場磁性暴雷雨正好是一帖清涼劑。它以巨人的偉力，把我從一場更深的墮落中拔出來。不管我願意不願意，也不管這是不是一個最圓全的答案或最後的答案，總之，我的大腦與手腳算是暫時有了個答案。

在一切答案中，最深的一個答案總是：做一個中國人。

仗著我叔父過去的社會關係，我擔任武漢一個文化機關的宣傳工作。我做了一些文人應該做的事。我盡了一個中國人應該盡的責任。有好幾個月，我的生活又回到大革命時代的那種方式。時代鐘聲日夜敲我、喚我，我必須完全換一個人。

但任何一個未婚者總有權回答他的本能。任何戰爭或革命，也不排斥生物學。

由於和文藝界常接觸，不久，我認識女文人路珊。

這個女人在肉體方面的慷慨，那種中世紀的遊俠風，吸引了我。可是，只當兩條肉體纏結在一起後，我才開始了解；這個肉體主人的起點與過程。

其實，她是十九世紀浪漫主義與世紀末色彩的混血兒，巴黎蒙馬特區的波希米亞主義畫派的典型作品。假如你看過都魯斯・勞特芮克的畫，特別是他那張「晚年王爾德肖像」，熟知這個跛腳畫家寄居妓院的生活，以及他最後死於酒精與女人的軼事，那麼，你就會透徹了解路珊這樣的女人，正像從一片綠色大森林中、特別能鮮明的理解綠色的特點。不同是，勞特芮克還留下一些不朽的畫，或者說，一些不朽的荒唐。但路珊卻什麼也沒有留下，除了一片叫人又恐怖又膩心的記憶。

不錯，路珊曾寫過幾篇清新秀麗的散文，被幾個文人捧過。流暢的文字，浪漫主義的大膽想像，再加上世紀末的刺激與挑逗，出於一個相貌並不難看的年輕女人的手筆，這自然會引起一些男人的注意。然而，毛病也正出在這裡。

一兩篇優美處女作，不能證明一個人可以成為一個大作家。在一生中，每個人，或多或少，都有點深刻的經驗記憶、情感、思想，對藝術說，它們是一片未開墾的處女地。而最初的墾殖、播種，總是輕鬆的，耕作將是順利的，收穫將是豐滿而簡易的。但最初的處女沃腴被太輕易的收穫耗乾後，接著來的卻是真正的辛苦，鐵杵磨成針式的苦工。一百個寫過優美處女作的人，常常的，只有兩三個變成大作家，又幾乎只有一個半個、是真正的不朽大師。

原因正在此。路珊輕率的浪漫主義和脆弱的世紀末，當然不會對鐵杵磨針感興趣。當她耗盡處女地的豐腴，不再產生誘惑某些人的作品時，她乾脆就用肉體的浪漫主義與世紀末風格來補充裝潢她貧弱作品的魅力。這時，她才二十二歲。

最後，她乾脆完全用她的胸膛與大腿代替她的作品。這在我們社會裡，特別是在一個到處戰爭的亂世，並不算奇怪。

第一個爬上她床頭的，是S市一個年輕的文學批評家，她的主要吹鼓手。兩年內，他榨乾她處女地的所有沃腴和脂膏後，便像扔一隻空罐頭一樣，扔掉她。接班的，是一個日本文學翻譯家，一家日報的編輯，他乖巧的鑽進批評家所留下的那床熱被窩。一年後，她又變成一隻空罐頭。第三個後備人員，是一個紅新聞記者，兼編一個大型晚報的副刊。這時，她早已不大動筆，只偶然寫一兩篇點滴式的散文，令人想起一枝燒殘的蠟燭頭。她的生活觀念全變了，她的生活方式，更比她初期作品無數倍的驚人。新聞記者離開她後，當天半夜，她就自動悄悄爬到鄰室一個電影小導演的床上，後者素有東方范倫鐵諾之稱（註四）。她馬上被趕出來。導演大聲嘲笑她道：『直到昨天晚上，你那裡面還裝滿我朋友的剩菜、殘羹，你也不打掃打掃，清理清理，就向我大請客，你不嫌我倒胃口，要嘔吐麼？——請另找一張床，另找一位食客吧！』

幾天後，她當真找到另一個食客，一個電影編劇者的床。那不是一個范倫鐵諾，是一個勞萊型（註五）的人物。這時候，她早已從一片高貴處女地，變成一隻垃圾箱了。大家都知道，性的放縱是她生活的中心，一次性交對她不過是一次友誼握手。比起S市四馬路的女人來，她只不過多一小撮理論或哲學罷了。

這以後，她和另外好些文人作過這樣的友誼「握手」。有人說是一打，也有人說是半打。

當她過多的「握手」、叫S市文藝界最愛「握手」的文人也感到膩心時，正好抗戰爆發。兩個月後，她乘機開碼頭，來到武漢。

在一個月時期內，這裡沒有多少人知道她的過去身世。

我們不久認識了。她似乎打聽出我過去的波希米亞經歷，認為我是她最理想的對象。大約相識一週後，有一晚，應當是她告別的時候了，她卻忽然向我道：

『你和我談了半天女人，但你忘記：這裡正是一個女人！……你不想看看我的美麗身體麼？』

沒有一個男人能拒絕這樣一種方便。我接受了。

在未明瞭她過去經歷時，我為她這種徹底未來派的性作風，感到震動。有生以來，我第一次看見一個知識分子的女文人，在肉體方面，這樣坦白、豪放、慷慨。

路珊不算美，也不算醜，這是居於「中間色」的那類女人；加點顏色，她會亮一些，減點色彩，她又暗下去。她的肉體，瘦瘦長長，不算飽滿，有點類似趙飛燕那派體型，是一枝既無荷花、也無荷葉的空空荷莖枝梗，假如說得刻薄點，這是一片經過太多耕作的土地。從地質學角度說，雖然還未到衰老晚期，至少也是中期末——接近晚期了。她有一個瘦削的小小臉蛋，五官算是勉強整齊，僅鼻子太纖小點，但她塗上厚厚白粉，加上豔麗化粧，粗看起來，稱得上薄具姿色，特別是，那雙大眼睛帶點神經質，注視你時，有點燃燒氣味，襯著那副雪白的臉，黑白分明，倒稍稍能吸引人。關於她這雙不正常的眼睛，我還要說幾句。有時，它像三稜鏡一樣，輪流透顯好幾種不同光色，有時是火，有時粉紅，有時是青色的暈，有時叫你恐怖，在第一眼裡，它們就會膠在你身上，表現一種神經質的黏液性。好幾年變態生活，午夜當白晝，太陽當月亮，大量的煙草、酒精、咖啡精，一切刺激食品，和性的放縱，剝奪了她的生命精華，她整個人顯得孱弱、憔悴，患深度神經衰弱。她最愛穿一襲粉紅色西式長袍子，腰間繫一根彩色帶子，配上她那副塗著太多脂粉的蒼白瘦臉，在第一瞥中，就招展出一份日本女人的風情；但在第十瞥以後，這片風情就像日本櫻花一樣，很快凋謝了。

最初幾夜，我就感到她的反常。似乎不是我在享受她，而是她在享受我。她要把我從根掘起似地享受著。

以後，我才漸漸知道這份變態的根源。

她近三十歲了。一隻最兇猛的班鳩，也要找巢了。她把我當做築巢材料。她估計我一定歡喜她這樣的女人。在性的方面，她盡可能鼓勵我、刺激我、誘惑我，簡直變成一個性感的幽靈，日夜纏繞我、魔祟我，叫我受不了。

她忘記了，一個波希米亞主義者，卻不一定能和她共築一個巢，同宿一個窠。她更忘記了，我有我的私生活哲學。按照這種哲學，我可以歡喜各式各樣有魅力的女人，卻不一定歡喜各式各樣的性生活，更不用說讓一個性感的幽靈長期霸佔我了。女人誘惑我的，不只是她們的性感，更多是她們的複雜的女性魅力、青春、智慧、純粹的肉體美、詩的戀情、剎那的奇遇、生命海洋的幻變，堅強的力，等等等等等。

最主要是，我不是一隻好的巢，不能接待任何鳳凰或鴻雁。

因為她把我當作最後的巢，同居後，便用各種手段來維護她的巢主權利。她日夜監視我的行動，侮辱我所接觸的任一女性，甚至我朋友的妻子。假如我稍稍反抗，她便神經質的舉起刀子，或安眠藥，來回答我、威脅我。這一切的結果，非但不能逼使我和她正式結婚，反叫我發生恐怖。我怕一個夜晚，她會殺死我。

後來，我慢慢明白，一個女人，近十年來，被一大串男人當做性交機器和空罐頭後，她已變態了，怕繼續扮演空罐頭角色，被扔掉。於是，她決心死死抓住我，像一條殭屍爬出棺材後，緊抓住她面前任何一個人。

可惜她選錯對象，也找錯巢。

這也就是為什麼，像我這樣的人，終於會來到這種荒涼的黃土層，在嚴肅的黃河岸上奔波好幾年。……一個夜晚，我逃出武漢。我再不能忍受她了。

去年秋天，一個友人從湖南來，帶來她的片斷消息。我走後不久，她嫁給一個五十歲的軍官做妾。不到三個月，因為她一再神經發作，用刀用剪子的胡鬧，逼他一步也不單獨離開她，要麼和她一道出去。這樣，他便把她遺棄。於是，她在湖南變成妓女。幾個月後，連鴇母也把她趕出來。

她完全瘋了。

白天，她變成叫化子，人家可憐她，給她一點喝的、吃的。晚上，她睡在郊區土地廟裡。

起先，還有幾個無賴流氓，利用她的神經失常，晚上把她帶回去。後來，連這些魔鬼們也恐懼她的瘋狂發作，不敢再玩弄她了。

從此，她成日成夜跑著，結果，不知所終。也有人說，一個晚上，她跌到汨羅江裡淹死了。

聽了朋友的消息，我的心情很苦痛，就在這一晚，有生以來第一次，我決心結婚，打算接受人生道路上應有的歸宿。

不久，我發現紀紅尼。我欣賞她的青春、純潔、天真、善良。在滿城號外聲中，我向你們宣佈：即將訂婚。

但我現在才明白，我依舊不是一個好巢的營造者。我可能會叫任何鳥類失望，特別是翅膀剛長成的，初次飛翔的小鳥。

然而，我常常想起路珊的空空荷枝的影子，和她的土地廟，特別是她那雙瘋狂的眼睛。我怕……

講完這個故事，酒杯、菜盆子又一次完了。他們要了點飯和小菜。這時已近十點了。

獨自在歸途上，鄭天漫不斷咀嚼范惟實最後幾句話，特別是，沒有說完的那句：『我怕……。』他不敢想它下面的話。他想，真怪，人生竟會有這麼多的重複——生命似永遠在重演。

他蹣跚走著，想著，想不到才進門，一條影子駭了他一跳，他定眼一看，那是蓮蓮，旁邊是蘇荔紋。他聽見女孩子焦急的聲音！

『表叔，快去，姑媽不好了！今天晚飯後，她神經發作，跑到大街上，亂喊亂叫，撞到一輛汽車，她受了重傷，被抬到西北醫院裡，正等你去呢！恐怕……』

她說不下去了，哭泣起來。

『啊！』鄭天漫怔住了。他定定望著她，似乎不相信她的話。

最深沉的聲音，在最簡單的聲音中。

一個妻子，不管她的感覺是石頭，是鏽鐵，是泥塊，對自己丈夫這片核心腹地，終是一架堅琴。他肉體上任何一絲風颸，或早或遲，總會彈出琴音。即使一滴最簡單的聲籟，她也會聽出一個將進行、或正進行的風暴。枕邊、鬢角、燈下、髮叢、月光中，一杯酒、一盞茶、一角衣衫的磨擦、一些柴米油鹽的瑣碎……，這一切精緻的或不精緻的焊接、擁抱，使她對丈夫有一種本能的奇異聽覺、視覺。她能聽見他靈魂裡掠過的那些不協和音、雜音、變音、異音、裝飾音。透視出他核心處的蒼白色、淺灰、墨黑、微妙的粉紅，和突然的火紅。這些偶然音、偶然色、偶然風，起先是一顆又一顆的疏落星子，各自散光，可能逃過她的視覺，有一天，一陣譎妙的陣發靈感，忽然使她把它們連串在一起時，那可能是一片完整的銀河，一個凸出的星座，一切明亮如白晝。

管曉菡發現鋼鐵商與喻綠影之間的蛛絲馬跡，正由於這一套神祕的男女心理。到蘭州前她所看見的，只是偶然的一顆兩顆星斗；回古城後，又是一顆兩顆星斗；現在，它們顯出名字了：大熊星、小熊星、天爐星、雙子星、盾牌星，……終於，在一個窔奧的剎那，它們陡然連成一座銀河系，坦白得駭人。決定性的那四顆星星，是喻綠影的眼睛、莊隱的眼睛。一個下午，他們單獨坐在客廳裡，她偶然走過，發現這四隻眼睛發射一種奇異的光輝交流，再加上他們臉上那一陣子灼炙得燙手的流火閃爍，一下子，她豁然恍悟了：過去本很神祕的這一整個愛情銀河體系。

這以後，一顆又一顆新星，更擴大了這座銀河的亮度、廣度。一張戲票，一桌麻將，一杯酒，一盅茶，一個「嗯」，一個媚眼，一碟菜，一個訪問，都使她感到風暴的威力。

沒有一雙在戀愛中的眼睛，能逃過任何人的眸子，特別是妻子的眸子。

奇怪是：管曉菡還未對自己的新發現說一個字，莊隱就已明白她明白了。而且，就在這個詭譎時辰，她也明白他開始明白她的明白。

爆炸就從此時開始。平素她是一隻最馴順的羔羊，此刻，卻是一條咆哮著眼淚的黃河。

『究竟，我哪樣對不起你！自從嫁給你，我過過什麼好日子？一會兒上海，一會兒杭州，一會兒蘭州，一會兒西安，腳底板老繭都磨破了。我不吭一聲。我給你生兒育女、燒飯、炒菜、洗衣、縫衫、掃地、抹桌子，人來客去，裡外應酬，哪一樣我不是鞠躬盡瘁，死而後已，像侍候皇帝一樣，巴結你、牽就你？究竟我貪圖你什麼？你每一回請客，館子裡小菜不中意，一定要我親下廚房，辦酒席，忙得像熱鍋上螞蟻，團團轉，請一次客，我總要躺倒兩天。你說，你什麼時候給我延醫、吃藥、打針過？從前，我是體育學院舉重健將，體重一百十五斤，嫁到你家後，現在瘦得只剩下一百零三磅，我幾時抱怨過你？我三從四德，實指望做個賢妻良母，可你還是在外邊拈花惹草。婚前婚後，和那個小寡婦勾勾搭搭，不說了；一次次窯子進、窯子出，甚至把窯子當公館，一住七八天——甚至一個多月，在裡面辦公會客，以妓院為家，我也不說，睜一眼，閉一眼，任你胡鬧。現在，你竟讓那個臭婊子闖到我家裡，踩到我頭上，當老朋友面，欺負我，你究竟把我當什麼人？我是明媒正娶過來的，又不是你小老婆，幹嗎受你作踐？你當那張棕棚床上大做市面，鬧得南院門一帶的黃狗黑狗都知道了，你把我當瞎子！要不為了你這張死屍人臉皮，我就一五一十說給溫夢岩聽，怕他不幸了那臭婊子！什麼好貨色！千人騎萬人睡的，到處亂軋姘頭，只要年輕的，生得白俊點的，就死氣活賴往家裡拖，哪個不知？誰人不曉！我管曉菡也是人，是有廉有恥的人，不是窯子裡貨色的，你有臉做得出，我還沒臉看得進。我的忍耐是有限度的。從今以後，我再不讓步了！嗯！我寸步不讓，有她沒有我！有本事，你把我休了，要她和姓溫的離了，你就娶她進來，我退位讓賢，成全你，好不好？姓莊的！我總算認識你了。這個家我也不要了！它是姓喻的，不是姓管的了！我走了！……』

她哭一陣，罵一陣，喊一陣，又嚎一陣；任憑奈良弼怎麼勸解，總是不聽。她那雙圓圓的黑大眼睛，成為圓圓的黑色自來水籠頭，淚水幾乎是滔滔不斷奔寫到圓圓臉孔上。她的嘴巴簡直變成一口被搗翻了的黃蜂窠，成百上千帶刺的毒蜂都飛衝出來，撲到莊隱身上，咬他、齧他、螫他，把他殺得不亦樂乎。

終於，她出走了，發誓不再回來。她避居到鄭天漫家中。

管曉菡出走後，次日上午，莊隱獨自坐在客廳裡，拚命抽天仙牌，這是他們準備販運入川的煙捲，是河南許昌煙葉，質地極高。

一夜失眠使他明白許多事。

這場風暴發作的前一週，喻錄影彷彿早已有點預感。

在蓮湖公園裡，第一次，她問到他們的將來，當時他堅定的道：『別的，我不知道，有一件事，卻可以肯定，就是：莊隱沒有任何理由和他的妻子離婚。直到現在止，她沒有任何一丁點理由，足以叫他提出離婚。』

『那麼——』她似乎有點失望。

『隨命運河流把我們飄到哪裡吧！』

她聽了，更沉默了，好像默認他的話，又似乎懷疑它們。

『哦！』她輕輕響了一聲，不再開口了。她白淨的臉上，滾動著兩行眼淚。從此刻起，她彷彿又深一層了解他這個人了。而對她說來，這個人正是離奇命運的化身。

『和我相交這麼久，你也知道我的人生哲學了。我從不考慮明天。我最重視的，今天，這一刻，這一秒，從有限的人生時間中，一天只要我們雙方還能取得無限的生命快樂，我們就該盡最大力量去爭取，不管要付什麼樣的代價。』

現在，經過一夜反復思考，他大體已看清那條河流。它本來朦朧曖昧，管曉菡的眼淚洪潮，和話語蜂群，卻洗滌也衝開所有河上煙霧。一週前，他對那綠色影子說過的第一段話，又一次經過自我肯定，而且幾乎是鐵的肯定。別的不說，單說昨天的爆炸，除了在男女關係方面，她狠狠攻擊他，此外，在別的事上，她始終沒有直接侮辱他一句話，一個字。這說明，她是有分寸的。而且，大部份話語，她只是一面哭泣，不時重複責備自己：她究竟做了些什麼，要受到這樣遭遇？她突然變成一隻母獅，主要不是撲向他，更多卻是撲向自己、咬自己。她毅然出走，也是一種引咎自責。這種種，他無法忍受。這個風暴，她選定家裡沒有人時爆發的（甄鄺兩家全出去看電影了，只有佘良弼一個在家）。為了不顧向外人公開。即使避居鄭家，也只說明，是與佘良弼一點小爭執，毫不牽涉莊隱，為了顧全他在外面的體面，他在這個社會的事業。這一切，都叫他加強了他在公園裡的那個結論。實際上，自從結婚以後，不管他怎樣挖空心思，也挖不出她任何有虧婦道之處，哪怕是一丁一點。她真正是個賢妻良母。

就在這一夜，在午夜的森林式的黑暗中，他更看清他與喻綠影的一切。假如他與她結婚，他當真幸福麼？她能比管曉菡給他更多更完整的東西麼？他的答覆顯然是代數上的Ｘ、Ｙ，而可能是個負號。

管曉菡不能給他的，喻綠影也不可能給。另一方面，管曉菡能給他的，喻綠影倒不一定能恆久給他。喻的奉獻，與其說是對他的熱愛，不如說是對溫夢岩的厭惡，為了有意反抗他的暴政，以及她所遭受的厄運，她才復仇式的投向他。她並沒有看清他的真輪廓、真靈魂，正像一個落在海底的人，不需要仔細分析，就抓住任一塊木片或飄葉。她血液裡的罌粟毒素算是洗滌了，但九年來的溫夢岩和那個環境染給她的另一些素質，不是這麼容易滌盡的。無論是他，或者她自己，都沒有那樣一個魔法，能縮短但丁地獄與淨土的距離，更不用說天堂了。視覺是投入淨土了，但腳趾還多少挨擦煉獄邊緣。主要是，她綢緞綾羅慣了，怎麼都行，就是不能嚼菜根。管卻是一個既能綢緞也能菜根的混合型女人。儘管四周不斷閃著天空色的綢緞彩光，她的雙腳無時無刻不屹立於現實低地深處。從一年多來往中，他看出喻個性深處有一頭真正的獅子，它第一口可能就是最致命的一口，他不是一個有耐性與獅子長期打交道的人。

孤獨的躺在黑暗中，當他醒覺的看清這一切時，他很痛苦。

生命為了掙脫痛苦，才搜索幸福。得不到幸福固苦，得到，也依然苦。情感的河流，命定要流在暗霧迷離中。只有在這種隱沒中，它才流得很舒徐、自在、甜蜜。一旦霧消煙散，黑暗轉為白晝，一切魅力也跟著消失。人們將發現河水的渾濁，河面的污穢飄浮物，河床的泥濘，河身的奇形怪狀。最大的悲劇是，這種河本無盡頭，隨時可以是盡頭，任一跳都是個迅捷飛躍，也是個永恆休止。

由於時局和環境的曲折掩蓋籠罩，他們這條河流，也流了很長一段了。

『是的，已經是很長的一段了。』

他看看牆上水銀表，紅色柱正昇向八十五度。不久，它將衝往八十七度，八十八度，甚至九十度以上。漸漸的，模模糊糊的，他記起去年那個火旺夏季，野獸樣固執的夏季。這一切，離現在似乎極遙遠、極遙遠。

他噴出一口藍色煙圈圈，仔細凝望手上的天仙牌煙捲，——一切正在這裡。晚飯後，和甄、佘、鄺，三個討論行裡的貿易與業務時，莊隱冷靜的道：

『運煙到四川的事，我想親自走一趟。這裡的職務，請老甄暫代。』

由於前一陣子戰事影響，時局的變化，使他們在各縣收集舊鋼、廢鐵的工作，不易順遂進行。華達貿易行便改變商業戰略，暫派人到河南葉縣一帶蒐買許昌捲，主要是天仙牌。據老煙客評價，這種煙，味道近似美國 Chesterfield，如有便車（亦稱黃魚車）夾帶販運到重慶，大有厚利可圖。因為，那裡煙市場上，優質菸葉特別緊張。他們便通過熟人接洽一輛回渝的軍用空卡車，打算把若干箱許昌煙運去。

聽到莊隱建議，另三個微微有點詫異。因為前幾天本已商定，由甄俠、鄺半齋押運煙捲入川的。很快的，他們明白一切，話題也岔開了。

『你走一趟也好。』甄俠輕鬆的道：『七年前，我早就說過，人生沒有什麼嚴重的事，吃喝拉撒而已。一切會很快過去的。』

『已婚中年人的愛情，很少能有真正的結論。社會不反對他們為自己尋找方便，卻不會鼓勵他們推翻現狀的形式秩序。……既然已經方便過了，也就夠了。這也是為什麼，直到現在，我還不想結婚。』佘良弼頗有深意的說。

鄺半齋道：『你離開這裡，喻小姐只不過一時的苦痛。漸漸的，她會忘記這一切的。像她這樣的女人，一生中，創傷太多了，再多加一個兩個，不會叫她特別受不了。假如你不這樣做，對管小姐，卻是一個永久苦痛、永恆的創傷，任何藥也治療不了。』停了停：『我贊成你到成都重慶走一趟，而且儘快的走。』

經商議後，他們決定三件事：一是：一星期內，讓莊隱動身。二是：鄺半齋夫婦和佘良弼馬上到鄭家，把莊隱的決定告訴管曉菡，美她在一兩天內回來。三是：莊隱的啟程，暫不讓外人知道。這幾天，他可以到九十里外蔡家坡去釣魚，避避喻綠影，這裡的事，由他們料理。

雖然這樣商定了，但午夜裡，莊隱躺在床上，仍為自己補充一個祕密協定：入川前一夜，無論如何，必須再去看喻綠影一次。這一個月，溫某因事到蘭州去了，正好方便他作最後一次幽會。這回相聚，他一定要把一切告訴她。讓他們在一片充滿人性的溫情中分別。他們過去的一切夢境仍像一朵玫瑰，在今後每一炷春季記憶中璀璨閃耀。

他已達這樣一種年齡，在這種年齡，不許可任何太具殺傷性的悲劇。他必須把人生的每一段——不管是痛苦的，還是幸福的，都要寫成一幕或多幕藝術傑作，使他今後回憶起來，富有極大的甚至是深刻的享受性。

『是的，在我面前的這條河流，隨時可以是盡頭，隨處可以是盡頭。他重覆午夜思想，又加了一句。可是，即使已經到達盡頭，這段河流仍應保持它特殊的美麗夢境。』

註一：「腰麻」即腰部麻醉。
註二：「啊——呃」是驢鳴聲。
註三：這些都是指懷孕現象。
註四：鎗倫鐵諾是當時好萊塢美男子。
註五：勞萊是好萊塢滑稽明星，是瘦長子。與大胖子恰是一對搭檔。

第七章

一

天在炸，地在崩，風在燒，電在閃，毒蛇在咬，巨火在紅，大水在淹，瘟疫在奔，一切在瓦解。天瘋地狂中，這裡依舊是一張石器時代的臉。依舊是那些象徵極度堅忍與孤獨的皺紋，依舊是一副嚴謹的厚嘴唇，下面依舊是那幾綹飄瀟的三柳長鬚。也許它石器得對，因為，早在二十年前，它就先知式的洩漏人類的無邊苦難。不同是：地球上的生物在毒蛇大火中掙扎、搏鬥，它卻超越的升入雲際。

然而，毒蛇野獸似乎終於也追入雲際。這些皺紋橫一條豎一條，從前只隱隱綽綽，像現代畫上所追求的一種「中間色」，現在，卻似刀削斧劈，是宋畫上馬、夏的斧削皴與沒骨皴。那幾綹三柳長鬚也花白了。那本就清癯的臉廓更清癯了。那雙陰鬱沉思的眼睛，也凹陷而晦暗了，如兩座黑暗巖窟。

可是，這一切形相上的負號，甚至加了幾十個負號，並不能抵銷他自己獨特的正號：嚴謹的厚嘴唇邊的兩撮曲線，它們在十幾年前所表現的諷刺苦味，以及從這苦味中所流露的敏感與智慧氣，不但沒有減少，而且加濃加深了。因此，他的整個靈魂核心，不是眼睛，不是臉廓，而是唇角，從這裡，一條神祕經線貫穿了許多通往高空的緯線。

臉是一種奇異的東西，它像變色蜥蜴樣反映世界。假如不是臉，而是手、腳、臂膀或胸堂，代表一個人的總符號，那麼，事情就單純多了。手掌和腳背有時老得較慢（特別是因憂愁而引起的思考），臂膀與胸膛表皮幾乎就不大容易顯得衰老。人類可能有一個百年長青的膀子及胸膛，但臉——它反應大海潮汐，像鐘面指針反映時間。那圓面上長短針會告訴你：現在太陽爬起來了；一個人的臉同樣也會告訴你：現在是早上六點，太陽快爬起來了。過一會，它又揭露：現在十二點，太陽旅行到子午線上了。接著，它低語：現在五點，黃昏撒漁網了。最後，它幾乎無聲的喃喃：現在七點，夜了，太陽要睡了。可能，它也會夢囈：現在午夜十二點，漆黑一片。

這一切，因為臉長年負擔思想、感情和各式意識狀態。手、腳、臂膀與胸膛，卻沒有這些負擔。

印修靜先生的臉告訴人：此刻是下午五點，太陽在落山。

印蒂沒有想到，生物學家的生命、會有下午五點、七點，甚至午夜十二點。不是沒想過，而是分針走得較慢，十二點到五點變成極漫長的一段，使人忘記還有五點、七點了。而且，人臉上只有時針，沒有分針、秒針。

雖然有三個時間，實際上卻連成一片，像大風中一片湖沙旋轉，無頭無尾，也沒有一節節段落。

下午五點——七點——夜十二點，是最快的一段。

是的，外面是火、是雷，這裡卻是一個石器時代；但究竟下午五點了，而且馬上七點了，這張臉也就反映這些命定的時辰。疾病的幽靈改造千千萬萬鮮豔生命，這條黃昏生命，自然也不例外。印蒂望著這張蒼白發黃的臉，這副清瘦得只剩一副骨架子的面孔，一剎那間，不禁噤默了。

『這個世界和我沒有多大關係了。……我早已「關係」夠了。……我早應該擺脫這份關係了。……在大海裡，每秒鐘有無數個波浪沉下去。……秋天，在大森林裡，每秒鐘有無數片葉子在墜落。……我也該落了。……我早該落了。……你知道，目前這個世界，本不是我常綠、開花、結果的空間。……我應該落了。我早該和大地結婚了。……我很高興，當我停止脈搏跳動前，還能再見你一面。這幾年來，我很想念你。因為，你的葉子正在抽長、發綠；可能要開花、結果。……思想了幾十年，我現在才明白一個最簡單的道理：羊總是吃草的，父親總是想兒子的。』

從生物學家的開朗聲音中，印蒂不相信他真就很快「落」下去。至少，葉柄子現在還相當有力的纏住枝椏。他沒有答話，只做了個手勢，要病人少說話，以免太累。

『我就是為了吐吐我的聲音，聽聽你的聲音，拿我的聲音交換你的聲音——這才叫你回來的。我很快就要去了，你不希望聽見我最後的聲音麼？』

『爸！等你精神好點，再細談吧！我反正住在家裡。我怕你太累。』

『這會兒我精神很好。』他的眼睛盯在兒子身上那件表明修道士身份的黑色道袍。『你什麼時候開始穿起這件袍子的？』

印蒂發現，不只父親用詫異的眼色、望著他那高頂子寬簷邊的黑呢帽，和身上的長長黑袍，連母親也早就驚訝的注意他。他微微笑道：

『人需要穿上這種袍子時，就會穿上。這個，說來話長，以後細談。現在，我暫且談談大後方情形。』

印蒂極簡約的談了幾年來情形，大後方狀況，國內局勢，與戰爭發展。他省略那最陰暗的，只挑那最明亮的，好像十八歲少女，在綢布店裡，只挑最鮮亮的花布，一眼也不瞧那些黑布。

『照你這麼說，希望總算還沒有死。』病人臉色明朗了些。

『希望永遠沒有死，也不應該死。有時候，可能太陽暫時會在地底下睡一覺，它似乎死了，但明天早上，它依然又鮮又紅又亮的爬起來。』

印蒂說著這些，心裡有很大苦痛。人們永遠把自己看不見的花、畫給別人看，把自己從未聽過的音樂、譜給別人聽，像巴黎「未來派」。可是，面對這個已經五點多鐘的人，他有權強迫自己這樣畫、這樣譜。再說，不管怎樣，他本不願把地球上所有糾葛都與自己纏在一起。他像許多皈依永恆信仰的教士一樣，不同意、卻同情現實。至少，三峽那邊的現實，比這邊的要光得多、亮得多。而且，它仍是這一代萬千人的重要指靠，不管他願意不願意，也包括他自己在內。

『是的，也不應該死。』床上人喃喃：『但我自己卻要永遠睡下去了。我不可能再離開這張床了。』停了停。『當然，我不能因為自己不歡喜這個地球，叫別人也跟我一道去睡覺。我自己對，叩人也不見得錯。這是兩種角度。這個世界永遠有極多角度，我唯一受不了的，是我現在四周的角度……人有時真矛盾。』

他說著，微微有點喘息。印蒂連忙制止他說下去。

為了讓病人好好休息，他退出病室。在客廳裡，他對母親道：

『我想不到，三四年不見，爸爸瘦得這樣厲害，老得這樣快。我幾乎不認識他了。』

『這兩天還算好一點。他接到你快信，知道你要回來了，他高興得很，精神也振作了些。』

糾纏生物學家的是心臟病。這種病與個人心情極有關係。八大城淪陷，他稱病在家，不再到學校教書。因為他是老日本留學生，敵偽曾派人訪問他，請他擔任××專科學校校長或教務長，他全藉病辭卻了。接著，有一個時期，日本人便常來找他麻煩，「搜搜他」。（註一）他目睹抗戰節節失利，漢奸聚蚊成雷，眼前一片黑，情緒便可怕的崩潰了，當初是個藉口，想不到後來弄假成真，真發起病來。這幾年，依靠田地上一些收入，與歷年積蓄來維持，境況沒有從前豐裕了。最近，他病情嚴重，另外雇了個女工燒飯，夜裡，么虎趙媽輪流看顧他，一個上半夜，一個下半夜，白天，她自己負責，又請附近私立醫院一個女護士幫忙注射，家裡忙成一團，真是一片煙、一片霧，煙煙霧霧的。

印修靜先生患風溼性心臟病，心肌和心瓣膜都受損害，二尖瓣閉鎖不全，心臟也擴大，症象是頭昏、氣急、心悸、心跳快而重、胸部有壓迫感。假如單這個病，不一定會立刻致命，問題是：他還兼患慢性十二指腸潰瘍，不能正常進食，不能吸收充分營養，不能多吃脂肪、蛋白質、纖維性植物。此病症狀是：腸胃疼痛，不時下痢或者便祕，大便發黑而硬。現在，他極度貧血，紅血球只有二百三十萬，比正常標準幾乎少了一半，白血球只有二千，中性只有百分之四十，血色素只有百分之五十，這些，都離標準遠得很。替他診治的謝大夫，是他在東京帝大的同學，也是老朋友，對她說：慢性腸潰瘍，用內科保守療法，一時沒什麼顯著效果，動外科手術，以他目前心臟病的嚴重，也不可能。十二指腸潰瘍影響心臟病，後者反過來又影響前者，兩者不斷惡性循環，毛病一複雜，就很棘手了。

『他說，目前沒有什麼有效辦法，只有拖。……』她慈藹的眼睛裡溢滿淚水。『我怕……』微微啜泣：『只有求上帝保佑了。』

『真是一點辦法也沒有麼?謝大夫不能再——?』

『謝大夫已經盡了最大努力。』她說：除了杜古泉經常探望老友外，就算謝大夫來得最勤了。

『前天，他甚至說：我是西醫，一向不相信中醫。但為了老朋友的病，我放棄成見，有生以來第一次，向你們推荐中藥。在西藥裡，沒有治慢性炎症的特效消炎藥，但中醫治內臟慢性炎症，卻有一些類似消炎劑的藥劑，說不上特效，可也不能說毫無療效。據他所知，有幾個患慢性十二指腸潰瘍的病人，西醫束手後，吃了中草藥，症狀倒漸漸減輕了。問題是，草藥要吃幾十帖，甚至幾百帖，要連服好幾個月。可是——』

『「可是」什麼?』印蒂急問。

『前天，謝大夫又仔細檢查了一次，聽了修靜的心臟，……說得不好。……怕不能等那麼久了。……』她又低聲啜泣起來。

印蒂噤默了。一個聲音低低在他耳邊響：『不能等——了!』天下多少悲劇，都從這幾個字來。幸運和悲哀的輪子，常常就決定於「等」的軸心。沒有這個軸心，一切最堅固的輪子，也轉不動。

但他還是安慰她，科學有時也會出現奇跡；有些醫生宣告不治的病，後來竟會漸漸自動痊癒了。他使用了幾個她最喜歡的字：

『相信主！只要能相信主，一切就必能得救。』

他此時已沒有權利使用這幾個字，但他的對象卻有權利聽，所以他還是使用了。

果然，印修靜太太一聽見這幾句話，立刻也安靜下來了。心裡一件大事，幾乎有點和丈夫的死一樣重大的事，馬上佔據了她：

『蒂兒，我很高興，你終於皈依主了。雖然你信的是舊教，我是新教，但我還是歡喜。因為，你的靈魂有了歸宿。……在這個世界上，只有神是我們唯一的歸宿。』

她問了一些關於他入教的事，印蒂全部回答了，只除了最近新發生的。他必須繼續扮演十八歲少女買布，只挑那最明最亮的，而黑布常屬於寡婦，他也不說明，他現在已沒有權利穿這件袍子了。只為了回到淪陷區需要保護色，他這才借用這片黑色。他隱瞞這些時，內心有點痛苦。但對於這樣一個已陷入痛苦深淵的女人，他不可能再加她苦痛了，假如告訴她離教情形，也許她會看得像生物學家的死一樣嚴重。肉體死了，靈魂還可得救，叛教卻會叫靈魂永墮地獄，這不是她受得了的。

二

瞞了女人的，不能瞞男人。他既對一個最親的血緣隱藏真相，就得向另一血緣坦白，以求內心平衡。第二天下午，當他一個人守病榻時，他對父親說明一切，語調很沉痛：

『在一切痛苦中，我最不能忍受的苦痛，就是撒謊。最近兩個月來，我常常想起五年前，我的朋友歐陽孚的話。他說，都市是無數蜘蛛網編結成的，每個市民都是蜘蛛，每一條網線就是一個謊，拆斷任一個網，任一條絲，別的網和絲也就受影響。所以，人們必須維持每一團謊，每一個謊。兩年多來，我在教會裡的經驗，使我感到，在神聖教堂裡，並不能擺脫這些蜘蛛網、絲。而這又是我最不能忍受的。促使我離開教會的，僅僅是由於最突出的一條蜘蛛絲。另外一些蜘蛛絲網，我還沒有算在內。』

床上人聽完兒子自白，陰暗的眼睛，久久凝望他的黑色道袍，終於，慢慢的沉思道：『一雙經過那麼多大海變幻的眼睛，一幅簡單的聖母像就能永遠叫它們固定麼？……一雙經過二十年鍛鍊的理智的眸子，一本聖經就能夠使它們飫飽麼？……』楞了一下，輕輕嘆了口氣：『這是你命定的悲劇，你的精神結構整個變了；由於二十年不斷苦思，它們全變了，變得極其複雜而冷靜。任何單純事物再不能適應它。任何一元性的狂熱，也不能滿足它。……也許，這個世界上，還沒有一種已存在的海灣，能停下你的錨，叫你停泊。』

『難道真沒有一種存在，具有無上智慧，無比抒情，又深深植根在今天大地泥土裡，能永恆抓住我？』

『在傳統裡，也許還有，你有試驗的勇氣麼？』

兒子不答，只用深邃而強烈的大眼睛凝望父親，他淡咖啡色臉上現出懷疑神氣，似乎這樣的問話不是問他這種人的。

正談著，聽見印太太的腳步聲，談話便改了題目。

『蘊如，你來得正好，我正想談一件事。今天下午，我精神很健旺，打算把我應該交代的交代清楚。』

印修靜先生蒼白的瘦削臉上，透著點興奮，但大體是冷靜的。他的聲音像那些生物標本一樣，冷幽幽的，響在這片瀦匯著仲秋暖氣的空間。窗外院子內，桂花金閃閃的開著。廊廡上兩盆入腦紅，舒展蔥綠，葉子幾乎和花一樣美。那種綠像滿滿酒杯似地，一碰就要溢出來。遠遠的，牆角下，玫瑰花枝叢中，一些綠葉在風中飄動。

這是最美麗的季節，最美綺的氣候，最緻麗的時辰。窗內病榻上，卻是一個將死的靈魂，一片冷幽幽的聲音。

『我不打算立遺囑了。我不相信遺囑。我不相信最後的聲音。假如最初的聲音是醜陋的，最後的聲音也不一定更美麗。死者的聲音、有時可能坦白些，因為死保護他，給他注射了一支坦白針，但大多卻是懦怯的，只傳授後代以保守陣地的智慧，為了彌補他一生所失去的許多陣地。

『我沒有遺囑，因為我沒有死。我只不過從「人」這個生物轉變成一些無機的和有機的化學原素，它們又漸漸轉入另外一些動物與植物軀體中。於是我將變成錦葵花、大荔花、野菊花、冬青樹、扁柏、針葉松，我將蛻為螢火蟲、金鳳蝶、螳螂、蟬。我將化為大地、水流、草叢、月光。終於，我變成世界，幻作星球。我並沒有死。我變得更無限、更巨大、更空靈了。我在生著另一種生，活著另一種活。我將活在另外生物學家或化學家身上，只沒有貼上「印修靜」或「印蒂」或「鄭蘊如」或「瞿縈」的標籤。元素換了一種拼湊，便又貼上另外標籤。我們隨著宇宙這個化學家的手掌的拼湊，變來變去，像變戲法一樣。歸根結柢，我們沒有死。

『一定要立遺囑，我的遺囑是那口玻璃櫥。』他動動嘴部，陰暗的眼睛怔怔凝望靠窗子的那口標本櫥，櫥裡有許多標本，蝴蝶、蝙蝠、瘠螽、蟬、螳螂，……。『不要忘記，這裡面有將來的印修靜。』

停了停，沉思一會，他搖了搖頭，又靜靜的道：『不，一定要我立遺囑，我的真正遺囑只是一塊破石頭。』

他的視線轉到窗前茶几上，上面有一塊三角形裂岩石。印蒂認識它。早在十年前，就知道它的歷史了。這是考古學家杜古泉從埃及帶回來的，是金字塔下面的岩石碎片，一塊殘闕的花崗岩，一種堅硬的火成岩，仍像十年前他第一次看見它時一樣，混合著石英的結晶體，雲母的閃光，長石的淡紅色與褐色的顆粒。這個特殊盆景，本放在書齋裡，它的主人生病後，才挪過來的。印蒂聯想起十年前因它而引起的那場辯論。

『是的，金字塔下面的這塊破岩石、是我唯一遺囑。心蘊藏我全部思想和感覺。我將把它轉贈給你，當做唯一紀念我的主要遺物。……不需我多說什麼了，這塊石頭替我說明一切。十年前，我對你所談所寫的，現在仍沒有什麼大改變。你只要找尋記憶和我的筆記就行。』他的聲音低下來。『是的，這是一種石頭哲學、石頭藝術。它比一切哲學和藝術更持久、更堅固。……不需要說什麼了，一塊石頭就夠了。』

休息一會，生物學家唇角那兩撇曲線又顫動起來。

『我的精神遺囑是一塊石頭。我的物質遺囑，當然要稍稍複雜點。不過，我只有你這麼一個兒子，剩下的一切，都是你們母子的，沒有本家或近親找麻煩。我相信，生活在這間屋子裡的人，沒有一個重視看得見摸得到的東西。

『六十多年來，我沒有傷害過任何人，在良心這個試題下，我總算沒有交白卷。我的妻子是個虔誠的教徒，像聖畫一樣聖潔，雖然她信耶穌，我信石頭，但四十年來，在這個宅子裡，各各他西番蓮和金字塔下的石頭、總算相處得很好。我們彼此找尋那最相同的，永遠只記住共同素，從不記憶相異素。這使我感覺，在人類中，相同素永遠多於相異素（我以為，在這個屋子裡，已解決了地球上最大難題）。

『我的兒子雖然很神祕、複雜，但並不淺薄，而且很堅定的站在這個地球上。他早已為自己畫出一條精神路線，我尊重它，我絕不濫用我的「最後的呼吸」的權利，強迫他留下來，陪伴我的老伴與這座古宅。這是我生活的基本原則之一：絕不強迫任何人違背他的自由意志。

『四十年來，在這幢房子裡，這個原則廣泛的應用著，並不是從現在起，我才開始說華麗的話。

『你的生活完全是波希米亞式的。把老母親揹在背上，你就做不成波希米亞人了。再說，在目前這片黑暗魔窟裡，做一個「亞洲」黑人，我更不同意。當我到底旅行後，我希望你姨媽遷來住，或者，藴如搬到杭州，她們老姊妹合得來。我剩下的一點房產，田地、積蓄，也足夠她生活了。橫豎她有她永恆的「主」。沒有我，她也不會寂寞的。這個老巢，你們怎樣處置，都行。可得給么虎一筆養老金。假如遣去趙媽，也要厚贈一筆錢，維持她的晚年。此外，謝大夫和周護士，得好好謝他們。我所有書籍、標本，留下來，給你做紀念。書齋裡有幾件古董，送給老友杜古泉做紀念。

『我希望我死得極安靜，像這裡的任一個生物標本。不許驚動任何人，除了老朋友。不希望在我身上多花錢，給我火葬，讓火給我一個最迅速的變形和忘卻。』

說到這裡，病人聲音特別柔和起來，滿溢著光亮，與梔子花式的溫存。

『還有最後一件事。

『我不是基督教徒，我也不信基督教，雖然我極尊敬並欣賞那個第一個死在各各他山上的人。但一個基督徒相信，他死了以後，會和他的家屬在天上相聚，假如後者也信教的話。為了蘊如四十年來對我的「愛」，為了四十年來，她給我的幸福、光華、溫暖，我願滿足她四十年來對我的唯一要求。她可以請牧師來講道，讓我將要冰冷的身體補受洗禮，並把我當一個基督徒來殯殮。不過，我得再重複一次說，我這樣做，只為了滿足我最愛的人的唯一願望。這是一種愛情的結論。在理智上，我是一個生物學家，我始終相信達爾文。……當我的思想將要完全停止時，我不反對任何以任何方式來導演我將要冰冷的肉體。……』

病人還沒有說完，鄭蘊如女士已哭泣起來。印蒂也流了淚，走過去安慰她。

『讓她哭一下吧！在死人榻邊，唯一的裝飾品，應該只是親人的眼淚的花圈。……好了，我的現實遺囑說完了。……現在應該談談你了。

生物學家休息了七八分鐘，慢慢道：

『我的孩子，對於你離奇古怪的一生，我不批評一個字。你有你離奇的理由，你有你古怪的路徑。我尊重你的路徑，我尊重這種印蒂型的個性，正像我尊敬一切能以勇敢、痛苦、孤獨、深思做混凝土，企圖奠立劃時代建築的靈魂。我不知道你能不能完成你的建築，但不管怎樣，你是一個勇敢的建築者。現在，我只想提醒你一件事。』

『什麼？』印蒂從母親身邊抬起頭。

『你對你縈表妹過於殘忍點。記住，對於生活本質，我們不妨具有生物學家的冷靜，但對於愛我們的人，我們不該把她們當做昆蟲標本看。你不必解釋。我明白，也尊敬你的理由。不過，……我想，年輕時，我們都想做國王，擁有一個地球。只當第一根白髮出現後，那頂皇冕才稍稍褪了點色。而且，皇冕也有各式各樣的。有的皇冕並不需要一個地球，只要有一平方丈空間就行了。……你給我的印象是：你所要的太多了。……假如你能少要一樣或兩樣，那就更好了。你什麼都想要。自然，我欣賞你的風格。可是，具有這種風格的人，往往要吃許多苦頭。在這個時代，印蒂型就是一種最倒楣的典型，你是我唯一的兒子，我當然不願意你吃太多的苦頭。』

『你要我再回到縈表妹身邊麼？』

『不一定全是這個意思。……不過，我想，或者你永遠做波希米亞人，或者，你不想游牧，找一個窠巢了，那麼，舊的窠是最好的窠。』

『我感激爸爸的苦心。不過，你是一個自然科學家。你當然不反對一切應該順應自然。最自然的，就是最真理的。』

床上人點點頭：『是的。……我只是提醒你。……我毫沒有干預你的意思。我一向信任你自己的選擇。——』

他停了一下，沉思道：

『你知道麼？你的縈表妹已從國外回來了。直到現在，她還沒有結婚，也從沒有一個真正男朋友——雖然不少體面男子不斷尾隨她、騷擾她。』聲音低下來？『她依然在想念她的西湖時代的好朋友，她一生中最敬重的人。……這真是一個幾乎偉大的女人！……我為你惋惜。我希望，總有一天，你能彌補我這份惋惜。……蒂，你能答應我麼？』

印蒂輕輕點點頭。接著，他的頭低下去，低低道：

『我希望，有一天，能照爸爸的意思去做。——』他正想說下去，病人突然有點氣急，咳嗽起來。

『爸爸，你談得太多，很累了，睡一會吧！』印蒂走過去，從茶几上小瓶內，取出兩片溴化劑鎮靜藥，遞到他嘴裡，用小茶壺幫他灌下去。

兩天後，一個晚上。印蒂孤獨守在病榻邊。窗外遠遠近近的，依然是一樹桂花香氣。雖然是在黑暗中，這片氣息，似也在神祕的氾濫著，微微溢到窗內，病榻邊。這是一個靜謐的秋夜。

『爸爸，從前天下午談話裡，我覺得你思想似乎有點變了。』

『你是不是覺得，我有點妥協了？』印修靜先生眼睛裡出現淡淡微笑。在他的嚴肅而陰鬱的臉上，這種微笑不大多見，很像一種叫做「綠雲」的蘭花，三四年才能開一朵黃蠟。

『你忘記了，我也是人。一個生物學家，也是一個人。前天，我曾攻擊過一些「最後的聲音」，但我自己也同樣被箭鏃射中。……』停了停：『是的，人在快離開地球時，他就分外「人」了。』

『為什麼這樣呢？』

『因為，我們不該傷害愛我們的人。或者，我們不該讓真愛我們的人少幸福點。』

『你這樣，是不是有點矛盾呢？』

『一點不矛盾。你看不出，在我前天的聲音裡，有一種新鮮的統一麼？』

兒子聽了，半晌不開口。終於，他輕輕道：『這次回來，我本希望從你得一點啟示。你知道我現在心情沉重得很。』

印修靜先生左手捋了捋三柳長髯，視線又轉到窗前茶几那塊三角形裂岩石上。他微笑道：『一切不都在這裡麼？』停了停，沉思道：『十五年前，我們曾經在這個窗外院子裡，古槐下，談過瘠螽的眼睛，現在你正經歷它的黑色。十五年前，你大聲否認的，現在都沉默的接受了。時間是繫鈴者，也是解鈴者。你曾有過紅色時代、金色時代、灰色時代。現在，你踏入黑色時代。瘠螽的眼睛，夜裡是黑色，但第二天在陽光裡，它依舊是金色。可是，假如你的地平線上再昇起太陽，那卻不會再是舊的紅色或金色。人到底和昆蟲不同。』印修靜先生又捋起三柳長鬚道：『前天你問我：「難道沒有一種東西……能永恆抓住我麼？」我曾肯定的回答你。是的，會有「永恆」抓住你的東西，那就是永恆本身。十年前，我曾說過，你所抓住的，只是表象，不是永恆。幾年後，你開始摸索永恆，掙扎著找本體。現在，或多或少，你已摸到一點永恆的邊子了，只是摸的辦法不對。你在承擔著錯誤摸索的後果（也許它更豐富了你）。你是東方人，你終將找尋我們的祖先。他們的聲音是最親切的，路徑也最合我們的腳步。不過，我要修正我自己的兩句話。你從南洋回來後，我曾對你說：「有一天，火燒到以無為顏色了，這才是最結論最綜合的顏色。」這十年，又使我不得不加上另幾句話：「這可能還不是最結論的顏色，你可能必須再「無中生有」，從無回到有，那麼，顏色就更深刻了。當然，這個「有」不是起先的原始有，它是經過以「無」為色的火焰大大鍛鍊後的真火，是最豐富的火，最堅固的火。……我的孩子，時間在拉著你的手，它同樣也拉著我的。』

印蒂聽了，深深陷入沉思中，漸漸的，他豁悟了一些什麼。他嚴肅的道：『你現在的註解，使我多明白一點你前天的話了。從前，我一直覺得你在啟示我「一路甩下去」，見山甩山，見水甩水，見火甩火，見金甩金，見星甩星，見月甩月。但前天下午，你給我的印象，雖然仍鼓勵我甩，卻有點叫我把已甩的再拾回來，所以我有點糊塗了。』

父親從床上伸出乾瘦的手，緊緊抓住兒子的手：『你能有這點糊塗，是你真明白的開始。

順著這條路，不久，你將抓住那最永恆的，也會讓永恆抓住你。……也許，我有些話，對你不是最合適的，因為，我們一隻腳不能同時踏兩條水流。你可能對我那些前後相異的話感到迷糊。但我不久即要永遠離開你了，所以就一起說出來，希望有一天你能回憶它們。……當然，路要你自己赤腳走。任何人的腳不能代替另一個人的腳。』生物學家的手鬆下來，放開兒子的手。『我的孩子，今夜，我願告訴你我最後的祕密。』

他休息了好一會，沉思著，開始慢慢說，好像一個古代聖者，安靜極了，也澄明極了。

『一棵千年雄勢的蒼樹，不管它怎樣造風、造霧、造蔭、造影、造華麗的葉子、造芳香的花，也有一天，終於老透了每一根絲纖維。它曾經被種過、蒔過、澆過、灌過、撫過、抱過、靠過。它曾經歷過暴雨蟒纏，大雪流衝，梟風瘋撼，狂雷獰擊，無量數風沙時間環繞它，無量數生命集中它。它曾開展過那樣巨大的綠色面積，它曾瀦蓄過那樣豐富的宇宙陽光，慢慢慢慢的，慢慢慢慢的，終於老耄了、駝背了、喘息了、枯乾了。白蟻鏤空它的年輪，芽蟲咬爛它的肉體，一切腐蝕性的蟲豸全寄宿在它這裡。杈椏僵化了，葉子叛離了，彈刀沒有了。韌度完了。……最後，人們像撕裂一片褐色皮紙，把樹身撕成一片又一片。

『沒有一個生命，——不管它是怎樣偉大的生命，不是終於也被撕成一片又一片？

『那最輝煌的古代宰相，幾百年後，被挖掘者從最華煒的棺柩裡拖出來，死狗樣提在手上，由一片破蒲包捲裹著。

『那最高貴最美麗最神聖不可侵犯的古代公主，幾百年後，被人們剝光一切衣服，用解剖刀剖開它每一個器官，從乳房的彈性研究到陰毛的顏色、數量。

『衰了，老了，生命像皮球內的空氣，漸漸洩完，——一切都在這裡。現在，我的肉體充滿僵硬的石灰質，柔軟的膠質減少到最低度。我的頭肌乾癟，我臉上的三窠深深陷落，我的硬骨組織脆弱，我的動脈逐漸硬化，我的肺呼吸削弱，我的心臟二尖瓣音三尖瓣音低微，我的交感神經遲鈍、麻痺，一句話，生命機能舞舞上的每一個演員，開始停止它們的扮演了。閉幕的哨子要吹了。

『不管怎樣說，你要沒有了，你要變成灰、變成泥、變成風了。一個在解體的人，沒有權利要什麼、說什麼，因為，他的意識不是完整的，他的意象只是一些幽靈，沒有多少真實形體。而且，有時候，他所要、所說也不一定有多大誠意。誠意本身是一片充沛飽滿的東西——是一套完整的機構，缺一點零件都不行。

『今夜，假如我對你還有什麼奉獻，那就是，我要向你洩漏一個祕密，老年的祕密。所謂老年的最成熟的圓全境界，常常的，常是強作鎮靜。他的生命已漸沒有了，生命本身已漸漸達到靜止了，自鳴鐘停擺了。鐘面指針也只好靜了。記住，針隨擺靜，不是針自動靜。一個快沒有生命的人，所能交給或留給地球的，只能是一片寧靜，一個生命休止符。

『許多青年人、中年人、追逐老年的圓靜，如孩子們在日光下追逐圓的鐵環。而許多老年人又匍匐在嬰兒面前，嫉妒生命的開始，嫉妒剛升起的火。

『從前，當我們享受空靈時，只因為我們還有無窮的火。真當釜底薪盡後，空靈的火也就冷卻，不再成熟了。真成熟，要空靈，也要火。一切最偉大的境界，歸根結柢，還是需要火，只是火色不同。

『人不應該為追求火色而滅火。

『許多東方的祕密，其實是一種悲劇。

『你應該追求那最有血有肉的真空靈，拒絕那蒼白的偽空靈。』

三

生命雖已瀕於毀滅邊緣，但人們仍盡一切力量來搶救生命。人明知這種搶救只有象徵意義，象徵性的希望，但人們仍奔走忙碌著有關搶救的一切。搶救本身便象徵生命還沒有死。假如搶救停止，即使生命還在呼吸，那卻只能算是死亡的呼吸。即使不能把生命搶回來，至少，在這個地球上，也應多挽留它幾天。一個命定要出遠門的朋友，我們祈求他的腳步盡量延遲提起，跨出那殘酷的門坎。在這裡，超越一切的是血緣，它用血液的光與熱編織這個病室，使生物學家在這個世界上享受他應該享受的最後的暖的幾天，充滿光與熱的幾天。

印太太日夜祈禱，求她的主賜予奇蹟。除了加意辛勤護理外，這是她主要的搶救。印蒂則和謝大夫、杜古泉商談一切可能用的注射針藥，和口服的藥，希望從這裡面出現奇蹟。杜古泉是唯一常來病室的老友。多年來他息影在家，把印修靜先生看做這個地球上僅有的知己。他雖然不懂醫藥，卻把經驗裡有關醫藥的常識貢獻他們。謝大夫雖然心裡早已宣佈老友死刑，但在態度上，卻仍把他當做充滿希望的活人。為了安慰病人，也為了安慰他的家族。就一般情形來說，在病人未斷最後一口呼吸前，醫生斷不吝惜大量職業性的慷慨，來描畫希望的。醫生對死的看法，本和一般人不同。他們生活裡，每天都有死，他們必需鍛鍊出職業性的冷淡。對於他們，死不是孤立的，只不過千千萬萬個死亡中的一個。經歷成過成千個死之後，他們再看不見死，死對他們也具有生的形象，生的內容，生的思想。雖則如此，他還是響應印家母子的搶救，因為，這個生命是他最熟悉的，也最尊敬的，雖說連病人自己也坦白拒絕了這種搶救。

印蒂回家後的第九天下午，謝大夫第一次建議停止搶救。

『我看你可以準備後事了。』詳細檢查病人心臟後，這個矮矮胖胖的老醫生，在客廳裡對印蒂低聲說。他白白的豐腴的臉上，第一次真正出現黑影。他深隱在金絲眼鏡後面的大眼睛，眼圈微微有點紅。

『怎麼？』

『他不能活過四十八小時了。他的心臟極度衰弱。』

『啊！』印蒂一句話說不出，眼睛裡盈滿淚水。他只楞楞望著他。雖然他早就預感這一切，但當它們正式出現時，他還是有點驚訝。不管病人身上聚集多少哲學，不管他自己血液裡衝擊著多少海水、浪花，也不管這個醫生對人生哲學具有怎樣大的業餘興趣，臨到這一刻，宇宙光也不得不暫黑一剎。

醫生的判決是準確的，印蒂回來的第十個上午，是印修靜先生在這個地球上最後一個上午。對於生物學家來說，可能是他一生人最美麗的一個上午。不是由於窗外那麼澄明的藍天，不是由於院子裡桂花那麼沁人的幽香，不是因為那麼迷人的仲秋天氣海水樣拍打著病床，而是因為：他的死是一種美，正像生是一種美。這是一種芳香，理智的芳香。熟透了的理智，比薔薇還芳香，比月季花還溫馨。他自己不感覺在死。病床四週的人也不感覺到床上有死。室內沒有死。他像千千萬萬死者一樣，在停止最後呼吸前的幾十分鐘或幾百分鐘，精神特別旺盛，簡直像健康人一樣。照傳統醫學說法，這是「迴光返照」。他自己知道，這是真正最後的一次太陽光，地平線在等待他了。他的慣愛怔怔下垂的陰鬱眼睛，第一次高舉起來，特別明亮、愉快。那張石器時代的臉，第一次消滅了時間痕跡，像是一張沒有時間的臉。臉上紅紅的，有點像窗外陽光。所有的堅忍與孤獨，都化成光明、恬靜。

唇角那兩撇曲線，也不再帶苦味了，顯得異常柔和。他溫遜的儀態、第一次變成沉醉性，這不是死者，這幾乎是一個聖者，正把自己肉體轉化為太陽和星星，把自己思想幻化成蝴蝶與玫瑰。病室裡每一個人，從印太太到謝大夫、周護士、杜古泉，都感覺到他的蝴蝶樣的思想、雲彩樣的聲音。即使像么虎、趙媽，和新來的錢嫂，雖然不知道他在說什麼，但是仍感到：有生以來，這是他們聽到的最美麗最迷人的音籟。印修靜先生愉快的瞭望窗外藍天，一眼也不看四周生命，沉醉式的道：

『現在，最後的時辰快來了。六十六年來，這可能是我最後的六十分鐘，或者十六分鐘。

『在二十四小時或四十八小時後，我的心臟的左耳左室和右耳右室，我的心瓣形的大動脈，將完全停止跳動，這以後，它們將在一片火焰中爆炸，化成一條火光、一陣青煙、一堆灰。我的冷卻的凝結的血液、我的眼睛、我的全部思想、情感、意識、將變成一片發腥臭味的青煙，消失在空氣大海裡。我身上最後最頑強的生命，我的軟骨組織，彈性軟骨，纖維軟骨，透明軟骨，也將化為一堆焦臭的永不再燃的死灰。曾經屬於生物學家印修靜教授的一切，將被你們收藏在一個直徑不到一尺的小小磁罎裡。你們看待這個磁罎，像我的老朋友杜古泉看待五十萬年前的爪哇人頭蓋骨模型。

『生命開始於母親的宮殿（子宮），終結於一隻小小磁罎。一切正像魔術。

『思想了，幻覺了，希望了，等待了，夢憶了，六十六年，現在，最後的終於來了。我的手、眼、身、步，即將完全停擺。印修靜先生即將最後一次關上他的門，永遠關上了，再不生物式的從肉體門內溢出什麼來了。

『這是最後的時辰，沒有色素的時辰，類似蜘蛛的時辰。真奇怪，我心靈裡一點蜘蛛黑影也沒有，反而分外明亮。明亮像繡球花束似的，一大球，一大球，閃灼在我四周。一切人的最後時辰都是蜘蛛色的，但我的卻是大繡球花色的。那永恆終點，一點不像夜，它是白晝。它一點不缺少光，有著太多的單源光與多源光。不是回到夜，是回到光。

『這是我六十六年來唯一的果子：肉體終點不是黑，是白。它不是化成一片空無，它是一片新的實有。我現在毫不空虛，卻奇異的充實。我空靈而不空虛。我透明而不渾濁。終點毫不可怖，它花一樣的瑰麗。

『我彷彿變成天上星屑，一顆顆，一粒粒，溶入一片偉大的白色中。我血液裡，開始出現地球的原始大轉動，大熱氣，剛從太陽裡噴出來，形成大黏塊在旋滾，這是多少萬萬萬萬萬萬年前的事呢？……金字塔，萬里長城，羅馬帝國，文藝復興。成千成萬個生命，又將變成什麼呢？又將變成放射蟲，海蠍，蜥蜴，梁龍，四牙象，大鳳尾草，大苔蘚，火成岩，石墨？不要說是幾十萬萬萬萬萬萬年後吧！就說十萬萬年後吧，我們將變成什麼呢？千千萬萬人的千千萬萬記憶，像一條細細的白色蝸牛涎跡滴在撒哈拉大沙漠大風沙中麼？像兩滴露珠潑在吐出巨大噴泉的鯨魚頭上麼？在萬萬千千團太陽大飛旋中，小小地球又算什麼？小小地球上的幾個人、幾句話、一點歷史記憶，又算什麼？誰能想像十萬萬年後，地球會又變成一團火、一堆黏土、一陣碎片、一塊小石頭麼？

『渺小！渺小！渺小！渺小！渺小！渺小！太渺小！太渺小！太渺小！太渺小！太渺小了！

『我們萬千個仇恨、屠殺、怨恨、鬥爭、恐怖、陰謀、終結不過是一團火、一片青煙、一堆灰燼了。

『現在，我所有最後語言，是希伯來語言，有過去格，有未來格，卻沒有現在格。大水樣淹沒在我精神裡的，是過去幾十萬萬萬萬年前全部星球海洋，和幾十萬萬萬萬萬萬年後的全部星球海洋。我最後的精神大潮，隨我最後的智慧地球的扁平度和膨凸力而來臨。在大潮中，我獲得最圓全的飛翔，最高峰的飛翔。我像活在時間以外的大金鳳蝶。飛翔在沒有時間空間的宇宙間。我洞透幾十萬萬年前，也看見幾十萬萬年後，在超越時間空間的宇宙裡，地球只是一個小小昆蟲，笨拙的爬行在星球軌道上。可能，有一天，它會脫離軌道和其他昆蟲——星球相撞，變成碎片，或者，它墜入太陽火海裡，被後者燒成一片灰燼。

『人類開始於大氣，也終結於大氣，一切生物將變成氫、氧、氮……

『我的孩子，我畢生努力的一大部份，只在完成一次超越的最後的飛翔。現在終算完成了。至於你，我的孩子，你不只要追求飛翔，你還命定要由時間以外飛回這個可憐地球上。這個可悲憫的星球、需要你新的聲音，從高空飛翔後帶回來的聲音。……可是，我卻不再飛回來了。

『死不只是黑色的，也可以是白色的，這是我六十六年來的一個心理發現，也許是某種科學的發現。因為，達到心理極度，只要是真實的心理，也就具有心理科學的準確。

『我的孩子，好好記取：那瘠螽眼睛的顏色……那些蝙蝠……那金字塔底的風化石……我的朋友們……再見了……我走了……』

四

生物學家的死去，對這座古宅來說，是抽掉它主要的結構精素，於是，整個宅子全空了。對他最親的人，一切感覺總和，同樣也如此。這是一個最簡單的字，一個人們常用卻又極少真用過的字：空！宅子空，人空。有一剎那，印蒂和印太太覺得，他們內在五臟六腑，全被一只唧筒抽空氣體、水分、血液，什麼也不剩。丈夫死了，印太太身體裡最重要的一部分也死了。死者不只帶走自己肉體、呼吸、動作，也帶走她的一部分肉體、呼吸、動作，以及把她與他連在一起的節目、情緒、意象。一隻茶杯，死者用過的，再接觸它，發現裡面的茶不再油綠，芬香。這扇窗子，死者眺望過的，你發現那嵌鑲在木格子裡的玻璃不再明亮，也不再帶窗外大紅大綠給你。茶、窗、花、樹、燈、畫……一切有情有彩有光有色的，不再有情、光、彩、色。整個世界也被剝了一層皮，失去鮮豔的造形，只剩下乾枯的骨架。

走路，她用自己腿。拿碗，她用自己手掌。但意識、感覺，她不全用自己意識、感覺，他也參加了一半，甚至一大半。心靈狀態，永遠是個合股公司。現在，另一半或一大半沒有了，她的感覺破產了。她的意象變成一樹黃葉，紛紛墜地了。有一個時期，她覺得一切空得可怕，肉內空，肉外空，天空，地空，一切都空。一天天過去。時間在增加空虛，繁殖空虛，連祈禱與她的主令不能填滿這空。有生以來第一次，在她悲痛的天空，她的信仰黯然失色，不再像平日那樣堅強的支持她。或許，天上不空，地上總空。人們平常有個錯覺，以為時間凋謝，日腳減少，實際上，宇宙的時辰卻一天天繁殖，增多。死亡出現後，生者便感到這種繁殖：時間似乎特別多、特別長。

印修靜先生走了，留在印太太血液裡的許多東西，也起了變化，在走、在飛了。對於女人，生命本是一堆記憶，以及伴隨它們的感情——一些不再看見聽見的。這些無形的感情之水圍繞一個噴泉——印修靜先生。他一走，噴泉乾了，四周圍繞體不再沾水帶露，也乾了、枯了。眼一閉，那些東西在旋轉，眼一睜，什麼也沒有。

只有在一個相當時期以後，她才能從人間噴泉再回到真正的天上噴泉——她的「主」，同時，把前一座噴泉完全移聚到後一座。

頭兩天辦喪事時，母子的眼睛與話語的主題，總圍繞死者。一經他們看、談，死者似乎並沒有死，他只不過睡著了，睡得奇怪點，可能靜靜聽他們談。他們所談的，並不是一個死者，而是一個活人。是談丈夫或父親的身邊瑣事。談他很疲倦，睡得很久。談他要出門旅行，遊覽一片遙遠而華麗的風景，一時不能歸來，但終於仍可歸來。奇怪是，彷彿只要他們一談，他就復活了。如果不談，他倒似乎真死了。生死不決定於他的肉體，關鍵在他們的嘴巴、語調、口氣。他們談得很安靜。至少，在談喪事、談殯殮、談埋葬時，是安靜的、實事求是的。將來，這樣談他的機會再沒有了。將來談，是用回憶的調子和聲音。現在，卻用現實的調子——動詞是「現在格」，不是「過去格」。因為，他此時還有許多有關的事務，他們必須辦、談。他們辦這些、談這些，全用現實的急迫態度，不是用回憶的調子。一些有關他的事正在進行，或就要進行，因此，他便顯得仍存。這些有關他的在進行的事：他的「壽衣」、靈堂遺像、花圈、燈燭、擺設、牧師的祈禱、火葬的火、塋穴的泥，似乎便等於他的存在。這意思是，仍有一個人的事在等他們辦，他們將為他做這做那；而他們做這做那，等於船夫為一個老年人搖過船來，讓他上船，送他到對岸。雖然做這做那本身，就宣告他已不在，或正因為他不在，才做這做那，但主觀上，這種「剛剛還存在」的感覺，和「他現在仍存在」的感覺，非常相像，正像死與睡非常相像，它們中間僅有的一點距離，被做這做那者用溫情與幻想填滿了，也抹掉了。事實上，他們做時、談時，就像他活著時談他，替他做什麼一樣，只不過聯繫得更深點、更溫情點，因而使他就更像栩栩如生了。

是的，曾有兩天，他活在他們嘴邊、唇上，許多有關他的他們動作中。但喪事辦完，最後一縷屍煙從煙囪裡消失後，一回家，他們終於感覺，他們所愛的丈夫和父親是真正走了，不再回來了。第一次，他們沉重的想到這個叫人害怕的字：「死」！彷彿他是從這時才開始真死的，前幾天，不過是死的序曲。

印修靜先生的死去，使印蒂第一次感慨：活難，死也不易。人們不能有一個美麗的生，也不能有一個美麗的死。在這個偉大世界上，竟沒有一種較少殘忍的死法。沉海，有鯊魚咬。從峰頂跳下去，跌個稀爛。飛機燒死，等於火葬。炸彈炸死，血肉橫飛。南洋野蠻人把老年病人從樹上搖下，跌死，再吃他的肉，那種大咬大嚼，大野蠻。西康人把屍體陳在高峰頂上，讓兀鷹啄食，這個現代普洛米修士最後面目，比古代的悽慘得多。也許，若干年後，有新的死法，如原子彈的爆炸，最乾淨，假如正砸在哪一位頭上，一秒鐘就化成煙霧，但這只不過是殘忍的時間大大縮短，並不是殘忍的消滅。而且，把原子彈用於個人喪葬，目前也不可能。也許，打空氣針死去，比較不殘忍，但別人不會替你注射，你自己動手，也要有一定勇氣。不過，無論如何，這比電死要正常些。世界上，真正還沒有一種毀滅形體的辦法，是絕對不殘忍。人們可以美麗的從無生有，卻不能美麗的從有生無。即使大西洋那邊最新式的電火葬（幾秒鐘內，屍體即可變成灰燼），也仍有折磨親人記憶的幾秒鐘。這樣想想，印蒂就原諒：作為中國傳統死亡代表的棺材了，至少，它的殘忍是極緩慢的。

而且，這種變化，像蘇州粽子糖錫掉一樣，很自然的，雖然死者變化得很醜陋，可怕。但上等福建漆漆過的楠木棺材，屍體渾身再用絲棉纏裹包紮，幾百年內，可不變形，只是一般人沒有這種經濟能力罷了。比較之下，還是火葬乾淨、簡單、通俗化，雖也有幾小時殘忍。這殘忍，死者自己不知不覺，生者心裡，卻被劃下大傷口。

有生以來第一次，印蒂看見一個最親的人變成一堆灰，一陣青煙。當他坐在火葬場外草地上，凝望煙囪裡飄起一縷縷青煙時，他不禁痛苦的喃喃自語：

『真奇怪，這一切真像神話，一個有血有肉的人，變成一陣煙、一陣霧。……

經過火葬爐灶間，一陣強烈的屍體焦臭、衝入他的鼻翼，他聽見灶膛內狂猛柴火燃燒肉體時的嗞嗞嗞聲，像用滾沸的豆油煎一條黃魚。他抗拒式的逃出來。

最後，一個一百十幾斤的人化為不到一斤的灰燼，先裝進黃綾子屍袋內，再盛入一口白地藍花的圓圓景德磁缸中。他定視著這磁缸聯想起生物學家一些裝昆蟲標本的玻璃瓶。這個人弄了一輩子昆蟲標本，想不到自己也終於被當作昆蟲標本，裝在小罎子裡了。

拿印蒂個性說，在他一生中，痛苦雖然不斷纏住他，像刺蝟似的，卻始終不能長久占有他。因為，他太不能專期忍受痛苦——痛苦有損一個人的尊嚴。他便經常用反抗或憤怒來回答它。這一次，面對一個最親的人的屍體，雖然他有點崩潰了，但仍沒有整個陸沉。他依然可用他老法寶：反抗，但他又怕，過度反抗未免太矜持、太矯情，他必須放縱自己的悲哀、軟弱，為了血緣性的道義。

他這份道義感，也正吻合考古學家杜古泉的另一種說法。

『死，在剛死的時候，是大的、深的、濃的，像一顆石頭剛投入水裡，水的痕跡是大的、闊的。由於傳統，有一個短時期，人們必須餵養死，把它餵得壯壯的、肥肥的，像動物園飼養野獸，為了讓它隨悲哀的旋風捲來，把自己整個吞噬掉。這種餵養，出於感情的良心。後者叫家屬培養且甘心接受這個吞噬。但良心也有它的時辰。一過正午，到一點鐘時，它可能要午睡。到了晚上九點，它就得大睡。人們演這類戲，主要導演者，其實還是「過去」。「過去」為了暫不叫一切完全過去，便把「過去」固定成現實，並發動「良心」攻勢。』

印修靜先生離開這座古宅的第五個下午，杜古泉先生與印蒂坐在死者書齋中。他們暗淡地談到死，又暗淡地談到生。古宅的年輕主人發現：在考古家的聲音裡，浪漫的抒情味越來越少了。十年前，從他身上，還嗅出江湖客的一團風沙煙霧，現在，卻只剩下稀疏的淡煙荒草。他黑黔黔的臉上，與黛黑而陰重的眼睛四周，布滿皺紋，只他嘴上那根粗雪茄，還依稀飄出當年的煙霧風沙。

他的話題也從古代回到現代。

『兩條腿的空間，不斷在縮小，縮小。青年和中年時，我到過印度、波斯、希臘、埃及、歐洲。越是帶有古代芳香的名字，越蠱惑我。記憶色彩越濃的物事，越纏住我。我要追逐那最古最古的，我恨不得自己也變成一個古代人，出現於現代柏油馬路上。中年將盡，我的空間，縮小到自己的國土，我在新疆走了好些年。快老年了，我厭倦流沙，縮小到自己老窠，像個老狗。目前，連老窠裡僅僅八九平方丈的空間，主權也受了威脅，寧靜也受了破壞。看樣子，還得再縮小，像你父親一樣，把自己縮小得住在一只小小磁罈裡，那麼，也許真正天下太平。』

印蒂道：『在磁罈裡也不一定太平。你忘記了，許多人在地底睡了幾百年，現在又從棺材裡跳出來，飛機大炮炸彈和空間主權是對立的。』

考古學家嘆了口氣：『正是這樣。現在連死人都被鬧翻了，不要說活人了。』他噴吐了一大團雪茄煙，陰重的眼睛四周有點雲霧霧的。『從前我把生命看成古物。一切的花朵都是古物。我們沒有將來，沒有現在，卻有過去。以後，我在塔克拉馬干大沙漠周緣發現，過去也只是一片流沙，我們終於什麼也抓不住。……『越往下活，口袋裡的東西越來越少，所能抓住的，也越來越少。……記憶應該是可以抓住的，但現在連給你抓記憶的時間與心情也沒有。』他的充滿回憶的眼睛，轉往書桌上。一只陶器，一隻漢朝的燈，那是他幾年前送給主人的。他噴了口煙，嘆氣道：『就在你什麼也沒有、只剩下一個空殼殼時，人們連你這一層空殼殼也要搶去。……我本想以一種古董似的寧靜，在老窠裡度我最後歲月，但窗子外面，石塊滿天飛舞，連這點寧靜都不給你。對我這一類人說，這個世界真太苛刻了。』

考古學家又長長的重重的嘆了一口氣。

老人的「牢騷」，有它的根源。他唯一的女兒，遠嫁華僑，此刻正坐在南洋一個橡膠園裡，喝涼涼椰子汁。他唯一的兒子，在滇緬路經商，卡車是他主要的家。他，一個鰥夫，廝守故居，只想昆蟲樣平靜的死去。死前，他打算完成一件工作，非洲和中亞細亞旅行記。然而，我們的「朋友」並不讓他平靜，虹橋機場的鎗聲、震碎了一切。這個希望平靜死去的老人，也得像一般人一樣，熄滅燈光，鑽防空洞。此次，可能是遷入又遷出難民收容所。再後，他的一些古董與敦煌寫經，花蕊引蜂蝶似地，招來幾個日本「學者」。他們叩開他的蝸牛廬，發現他是老日本留學生，而且是考古學家，便慫恿他出頭為「大東亞文化」服務。他雖以年老多病推辭，但這個藉口，看光景是拖宕不久的。除非他也能像印修靜先生假戲真作，被裝入一隻小小磁罏內。

『雖然我們沒有過去，但過去仍比現在好。假如你是晉朝人，雖然到處血肉橫飛，你仍可以做陶潛，喝五穀釀製的酒，在東籬下採菊。只要你專門喝酒、採菊，拿刀子的人絕不會來管你。有時候，甚至還可以學學劉伶罵罵來訪的人，說他們是闖進你褲檔裡。至不濟時，你也可以做漁樵，一拿起釣桿、柴斧，連鱷魚也不會咬你，老虎也不會吃你。現在，不對了。你當樵夫，山上有游擊隊，和各式各樣的隊伍，說不定一顆子彈會拜訪你的腦袋；你拿起釣竿，偏僻的湖邊，說不定會鑽出個東洋偵探，把你當作化粧的間諜。現在，我縮在我的蝸牛殼殼裡，還有人要敲破殼子。空間，越縮越小，越小越麻煩。從前，古書上說，秦朝白起坑降卒四十萬，那不過說說罷了。今天，這個大城淪陷後，幾個月裡，倒殺了二三十萬。算來算去，還是做古人好。難怪從前人常盛道唐虞之世，那可能是人類最幸福的時代了。只要是沒有血的時代，都是幸福的時代。』

『你打算怎樣呢？』

『實在不讓我做蝸牛，只好把這幾根老骨頭，再交給大風大浪去。』

『你想到內地？』

他點點頭，聲音低下來。他想赴重慶，那邊目前發現大批漢墓，他準備參加發掘，貢獻自己一點經驗。他幾個老朋友，大多在這座山城裡，或在大學任教，或居相當高位，他到那裡，不但很容易解決出處，而且也可能看見他兒子。

『想不到，一個快入土的人，還遭遇這樣一個世界，還是修靜好，索性平平安安被裝進一只藍色磁罎中，什麼氣也不淘。』

印蒂低低道：『許多快入土的人，不，許多已經入土的人，現在也重新出土了，像一件件古董。我們的偉大鄰居是偉大考古家，他們希望把所有地下的生命古董，都發掘出來。至於地面上的生命呢，也叫他們變成古董，真正埋到地底。』

『正是這樣，叫地面上的走到地底下，再叫地底下的出現在地面。叫活人變成古董，叫古董變成活人。』

杜古泉先生的雪茄煙熄火了，他陷入沉思中。漸漸的，像做夢似地，他喃喃道：

『想想從前，真是荒唐，我們把做人看得那麼容易，把事情看得那麼方便。你要怎樣，就怎樣，彷彿世界上什麼也不存在，只存在你的青春、幻夢、浪漫主義。我從前的考古工作，其實是一首抒情詩、一種浪漫主義，我只是為了到處旅行，滿足我對古代與異國的好奇心。我不像你父親，我一生從來沒有真正嚴肅的工作過。這幾年，一幌，就過去了。我所得到的東西，很少很少，一點流沙、流沙。祖先的遺產，有時也真害人，它使人忘記自己應該面對的現實。假如我沒有父親留下的巨大遺產，年輕時也就不會那麼浪漫主義了。直到現在，由於戰爭，儘管光景大不如前，也還可以混混。……知識份子中，很多都害這種「遺產病」，直到這次炮聲把大家驚醒。』

『不管你過去想什麼、做什麼，不管你願意不願意，你還是從過去回到現在。』

『是的！不管我們願意不願意。』老人喃喃著，終於含笑道：『從前做人像穿袈裟，目前是穿游泳衣，而且，這衣服一分鐘比一分鐘緊，像孫行者金箍咒，緊得你透不過氣。『如果陶潛生在現代，他也只好在院子裡種櫻花，彈三味線，喝日本米酒。劉伶呢，不被送進瘋人院，就是當「皇軍」箭靶子。』

他們談著，低低的平靜的談著。漸漸的，印蒂又回到十年以前。那時候，他認為這個考古學家的所有意識，都來自一個不可思議的核心，也就無法影響它的產物。此刻，時間逼這個不可思議的核心有點可思議了，而且也相當改變了，但晦暗仍是晦暗。看樣子，這條生命習慣於晦暗，正像蝙蝠習慣於黑夜。

當印蒂眼睛停在玻璃櫥內那隻蝙蝠標本上時，他聽見杜古泉的低沉聲音：

『你在這裡還停留多少時候？』

印蒂回過頭，困惱的說出自己的勾留日期。可能，三四天內他就離開這座大城，為了自己的安全。他已發現，有幾個敵偽人員，開始注意到這個終年在外流浪的天主教修士。昨天，借口探詢印修靜先生的死，一個偽方保長來調查戶口。

『在這個野獸城裡，越少停留越好，為了讓自己身上少沾點腥味。』他把雪茄煙蒂扔到煙灰缸裡，慢慢弄滅它。我準備在兩三個月內走，有一兩件帶不走的東西，想交給我侄媳婦保存，其餘的，她們能保存就保存，不能，只好聽天由命。這真叫國破家亡。』

當天夜裡，印蒂向母親宣布這個決定時，她有點驚訝：

『你不幫我搬家到杭州麼？』

『不，我改變計劃了。』

他分析昨天調查戶口的政治因素。魔鬼觸鬚已伸進來，接下去的節目，將一個比一個獰惡。說來說去，他曾在戰地工作過數年，也可算是抗日分子。儘管他是做救護工作，但萬一被帶到日本憲兵隊，天大的道理也被抹成一片漆黑，再也說不清。他建議母親先獨自赴杭州休息一個時期，以後再搬家，請姨媽鄭蘊荃和表兄瞿槐秋幫忙。這個房子，一時是賣不出去的。要等賣了再搬，他起碼得住三四個月，那絕不可能。

『你姨媽倒罷了。別提槐秋了，他一天到晚喝喝酒，下下棋，跑跑虎跑，哪裡能派用場？』她那雙禽鳥型的眸子、慈藹的望著他，眼眶裡盈著淚水，前幾年，他結了婚，有了兩個孩子，倒振作了一下，很像幹點事情的樣子。後來，妻子一死，他又萎下去了，什麼事不想幹了，頹唐得很。所以，這次你爸爸故世，我沒有要你立刻寫信告訴他。告訴他，他也不會馬上來。他懶得很。倒叫你姨媽辛苦兩頭跑！我可不過意。這年頭，能體諒別人，該體諒點。……現在，他們接到我們前幾天的信，應該知道了，知道就算了。』

『姨媽家總有一兩個幫工的，或者是老相識幫工的，帶來就是。再說，槐秋對這件事，有道義上的責任，他不會偷懶的。再怎樣懶，他心底裡，對我們家總是關心的。房子拍賣，可以托杜老伯就近照應，我已經和他談過了。』停了一會，沉思道：『依我看，房子賣不賣，也不急。實在賣不起價，就暫不賣，不搬，你一時也不少這幾個錢用。你就在姨媽家住一年半載，把這裡交給么虎趙媽，也不會出事。爸爸不過這麼說說，他也不一定堅持。人是活的，目前這個時局，一切都困難，我們只好靈活些。』

她聽了，一聲不響，擦著眼淚，在嘆息。好久以後，她才低下那副白淨的清瘦臉孔，低低的、深情的問：

『什麼時候，你才不東流西浪呢？』

『有一天，等這個世界不許可我做流浪者了，或者等我自己不許可我自己了，那我就考慮——』他歉疚的望著她。『這樣一天，也許很遠，也許很近。就目前說，你當然明白，做流浪者的、不止我一個，這個時代本身就是一條流浪漢。』

她雅緻的嘴唇顫動著，低低啜泣起來。他安慰她，但他又知道，他其實並沒有精確的言語和動作能安慰她。他只能這麼向她描畫：『我們的一切希望，全放在抗戰勝利上。拿目前國際形勢說，兩三年內，法西斯惡勢力可能連根從地球上拔掉。只要你能堅持一下，不久我們會永久團圓的。『我真對不起您！我親愛的媽媽，在父親離開我們以後，我還不得不再離開你。我只有請您一千次饒恕我，一萬次赦免我。我更要請你永遠疼我，疼這個永不成材的兒子。我希望，這個月內，你就到姨媽那裡去住。要么虎陪您去。』

他說這些，不完全像此時此地一個兒子應該對母親說的話，但除了這些，他實在說不出別的。如果他把內心真話全部傾倒出來，將更使她苦痛。最叫他自己苦痛的是：一個忠於自己生命觀點者，有時候，竟到達不得不刻意偽裝自己觀點的地步。一個人如果真要對一切人誠實，那又將是怎樣可怕的一幕。他不敢再多想下去了。

不過，這些言語，究竟也給了她不少希望，超於一切言語與動作的，是他那件黑袍子。它大大安慰了她。她信賴它。而且，比過去許多次歸來，她覺得這是他唯一真正接近她的一次。即使他再離開她，她依然可以在禱告中同他會面。雖說他們皈依的對象不同，但那些基本原則是共同的。因此，不需印蒂多解釋，漸漸的，她平靜了。她僅有的要求是，這回他出去，一定要多帶點錢。她一個人沒有什麼大耗費，么虎和趙媽開銷也有限。田上收入，儘夠她們維持，連錢莊裡一些利息，全是多餘的。她決定把歷年積蓄，分一部份給他。他接受了，為了這不僅僅是物質，也是她的昵愛，他不能拒絕。

他作了下列決定：在兩個月或三個月後，等她的悲哀漸漸平息了，他將給她一封信，娓婉的談明離教經過。他不可能永遠欺騙一個深愛他的人，他的良心也不能忍受這種長期欺騙。

其實，如果他真下決心，本可以在三、四天內，伴她到杭州去。然而，十年前那條美麗影子，以及伴隨她的不絕記憶，使他不敢——也不忍再踏上這片佛土。自從那一次離開西湖後，他就算永遠離開她了。幾年前，S大城離它那樣近，最快只有兩三小時旅程，他都沒有重遊舊地，甚至好幾次拒絕莎卡羅及其他友人的邀請，引起他（她）們的不快。過去既這樣，現在更這樣。撇開這些不說，單只下面一宗，也夠了。這就是：現在，他怎麼敢再看姨媽的眼睛？他怎麼能再站在她面前？是那樣一個深愛他的長輩，他竟……

他不敢再想下去了。有些最殘忍的事，它的最真實的「殘忍」涵意，人只有在許多年後，才能更徹底的明白。

突然，他緊緊擁抱她的瘦瘦身軀，眼眶裡汪著淚水，深情而帶苦痛的道：

『最親愛的媽媽，我最好的媽媽！我不是一個好兒子，可是，我愛你勝過這個世界的一切。因為，你這一生，把一切都給予我，我卻從未回報你。不過，這是一個如此複雜的時代，複雜得遠超出你的想像。你的兒子不得不把自己一切獻給這個時代。為了歷史，為了未來，好媽媽，饒恕我吧！我希望這個戰爭在不太久的時間內能結束，那時候，我將永不離開你……。』

他說不下去了。他們兩人臉上全充滿淚水。他們哭了。

五

午後四點，印蒂斜躺在廊廡盡頭破舊籐圈椅上，想對這座古宅作最後一次凝望。假如說，整個古宅是一隻風化了的乾裂漿果，那麼，這片大院落則是一個荒枯的無蜂的蜂房。他望著，漸漸的——幾天來是漸漸漸漸的，這一刻卻又飆雷急閃般突然的，他發現一個大祕密：活了快四十年，童年幼年的生活，青年後，一次又一次的「歸來」，其實他從未看清楚這座古宅院落。只有這一次，這一剎那起，他才算認明白四周真形。也許，是生物學家的死、把他從夢中拖出來，逼他站在堅硬大地上。這些花、樹、草、石，過去即使他眼睜睜望著，它們仍帶記憶裡的色調、線條。他那個「望」，不是現在式，是過去式，而且，還是回憶的視覺「望」。今天，這個下午，四十年來第一次，他是用現在式「望」。面對面望，不是隔了層霧山雲水。慢慢的，他明白了，過去他觀看這些古舊的飛簷、紅柱，不是望簷望柱，是望另外一些東西——它們的精靈、祕密、思想，彷彿一瓦一木全是哲學家。或許，他洞透了它們的思想的祕密色素，他的思想與飛簷紅柱的思想密吻著。可是，一件大憾事是：他從未看清它們的肉體。沒有肉體註解，靈魂依然是一本難以翻譯的古希伯來經典。

今天，下午三點二十分零十一秒，他第一次，找到一點註解，一本字典，得來毫不費力，一切像風吹落花一樣。

是的，終於他「真正」看見它們了——一切都在這裡。

他曾見過它們內核，卻未見過外形。此刻，一切都清楚了，一個完整的形體。

他身前不是迴廊，是廊廡。四周並沒有迴欄曲折，只長長方方。但他記憶裡，卻一直覺得它們有點「迴」，或近「迴」，或「迴」一下，也無所謂。然而，他現在首先糾正自己：這是長長方方廊廡，這裡沒有卍字迴欄。

捲曲的飛簷，鏤空花葉的多格子木窗櫺，有著望柱與欄杆的寬大廊廡，是每一座古典宅第的特點，它們攔阻了太坦白的陽光、太直率的明亮，把光與影重新組織一次。西方的空間，從多圓柱——朵麗克的圓柱的雅典神廟起，就太沉醉於陽光與大氣中，正像奧林匹克火炬競走著。只在戈特式教堂中，這些競走者才變成靜靜修道士。東方建築始終是一些哲學家，隱遁在巨量陰影中。而一座古宅的調子，則擁有古剎和廟宇的旋律。那飛簷的鳥翅，雖然在飛翔，卻是沉思的飛翔，而且，終於是靜止的飛翔。思想太沉重，飛不動了，便化成簷角的或地上的巨大陰影，用它來沖淡昇入高空的衝動。於是，正屋四周便有寬大的長方廊廡，讓古宅裡的靈魂好在它的陰影裡散步、沉思。經過飛簷廊廡，再透過多格子窗櫺，陽光即使流入室內，也從貝多芬式的瀑布變為蕭邦式的溪流了。——這一切，使陽光帶了月夜感覺。

出現在陰影重重疊疊中的，是朝南三大間正屋，中間是客室兼飯廳，左邊是母親寢室，右邊是父親停止最後呼吸的空間。東西兩排廂房：靠東是印蒂早年的寢室客堂與書房，有許多年，他節制的承受著那經過紅漆木窗櫺的鏤空花葉的濾篩的朝陽光，似乎窗子不是接納陽光，而是為了拒絕它。靠西是生物學家的書齋和標本室，在這裡，夕陽西下時，他常常觀察死蝴蝶及活甲蟲，或其他昆蟲，或者，翻讀那些發黃的帶霉味的木版書，書裡常常爬出一尾銀色蠹魚。整個宅子構成一個平擺著的足球門形，彷彿等待一隻神祕的球踢進去。但誰也沒有見過這種球。

院落中的藤蘿架上，攀牽無花有葉的葡萄藤。其實，即使是枯藤，它們的赤裸裸的攀牽依然很美。是世界上極美麗的攀，極溫柔的牽，一攀一牽，全預約明天的紫色葡萄酒。藤蘿架四周，是四棵象徵性的樹：碧桃、古槐、八月桂，和叫做「骨裡紅」的梅樹。在那棵古槐的圓圓綠傘撐展下，十五年前，他曾和印修靜先生討論過瘠螽眼睛的顏色。面對那棵八月桂，他曾回憶過那個海上白衣少女，與那個埃及畫雕女人。可是，這次「歸來」，此刻，他並沒有像回憶那兩個女人一樣，來回憶西安那位少女，那個有一雙像湖水一樣澄澈眸子的少女。

她在他心靈水池內所投的石子，比前兩個女人小得多，雖然他在她湖水中所投下的卻非常巨大。為什麼他對她會如此克制、如此冷靜，幾乎和過去判若兩人呢？他說不清楚。他只明白一件事，今後任何這類新酒，幾乎完全與他嘴唇絕緣了。那種輝煌的火焰已達冷卻的時間。這個世界，在這方面，可能不會再有什麼對他貢獻了。可她現在怎樣呢？她今後將怎樣呢？她究竟將怎樣想像他、評價他呢？他不能想下去了。他抬起頭，視線又一次射到那幾棵樹上。

這四棵樹是四頁「季曆」。一種花朵在一棵樹上出現，便是新的一季出現。它們代表四季的顏色。印修靜先生栽植這四棵樹，是為了每一季都能見花，哪怕是一種花或一朵花。這時，季曆已出現秋，桂樹正在盛開，像一簇簇一叢叢金粒，閃爍於綠葉枝椏間。假如是春天，那株碧桃便放射一樹紅色，像剛從胭脂缸裡撈出來。它彷彿不是樹，而是一個有著無數紅嘴的女人——「多嘴的女人」。那本「骨裡紅」是梅樹，把它任何一條枝幹切開，樹肉全是紅色，所以叫「骨裡紅」。它開出的花色，有點像碧桃花，比胭脂還猩紅。童年時，印蒂曾錯覺：以為一些女人嘴上塗的不是口紅，而是碧桃花汁，或「骨裡紅」的汁液，像少女們愛用鳳仙花汁染指甲一樣。

正屋石階前，有兩棵小小蟠槐，枝葉盤得圓圓的，似獅子頭。園藝詩人創造它時，大約是從蔦蘿獅子座偷取的靈感。它的小小橢圓葉子茂密的披散得這麼美，你真以為是慣蓄長長髮鬈的兩位古代希臘少女的頭，綠色的頭。她們的身子大約活在地底下，因為頭髮太美了，所以只讓頭露在大地上，其餘的就永遠隱遁了。

四周斑駁的古牆上，爬著開始出顯黃葉的春藤。東牆一排玫瑰樹叢，綠葉也漸漸褪色。它們兩側，有兩株石榴樹。其中一棵，幾年啄木鳥曾來做過窠，由於貓專吃小鳥，牠們不再來了。這一會，不只鳥去無蹤，這仲秋季節，樹葉也色彩暗淡了。廊廡兩側，靠欄杆和望柱邊，安置了幾盆入臘紅、月月紅，另外有幾盆瓣蕊初吐的黃玉蟹菊花。

這古老的飛簷，這陳舊的廊廡，這褪色的窗櫺，這紅柱，榱題，這將頹的葡萄架，這古槐、碧桃、八月桂，「骨裡紅」，這石榴樹、春藤、玫瑰、蟠槐、入臘紅、月月紅、黃玉蟹，從前它們頗像一些鐵線篆——嶧山寺碑，他雖然看見，可認不清它們的一筆、一劃、一勾、一弧、一撇，此刻，它們卻像褚遂良正楷——孟法師碑或聖教序，一勾、一點、一撇、一直、一捺，全分分明明。從前是一雙看篆體的眼睛，此時卻是一副觀賞真楷的眸子，那些直線、曲線、S線、拋物線、方形、圓形、橢圓形，清明極了。真奇怪，從前它們是如霧如靄，雖擁有一切實體，卻抓不住現實形狀，他的視線似從未與它們真正形體摟抱過。彷彿視線一射出，就半途停止，另一半的途徑，由自己想像來補充，填足它半真、半幻、又真、又幻，是真實與幻覺的孿生物。現在，完全不同了。一切全真真實實。那些虛幻已滲透真實，不再煙煙霧霧，遮蓋形體了。幻覺變成精靈，真實化為真形。於是，這古宅有精靈、有真形，再不像過去只有精靈，而無固定形體了。這也是為什麼，這時視覺裡的古宅，幾乎與他記憶裡的完全不同。

真是怪極了，這些形體竟和記憶裡的是如此出入。他滿心充溢著記憶裡的幻象，期求印證，想不到它們卻用壓倒一切的另外感覺，澆熄他所有幻象。他正遲疑著，不知是幻是真，是幻幻，是真真，還是幻真或真幻時，這「現在」的形體本身卻已整個佔有他，把他塞得滿滿的。儘管他閉上眼，也仍無法使自己從它們中間抽空。這一切又一切，他想分析，但說不清楚，只覺得自己滿滿的，硬硬的，好像他的空虛手掌，突然抓住一個金屬門柄，光滑而又堅硬。主要是一種硬度。它告訴他：他的手掌不再是空的了。一切就是這麼一回事。

黑夜，盲目向前走，自己腦袋猛然撞一顆人頭，『啊！』假如抽掉當時的疼痛感，就是他現在的感覺。猛一撞，在虛空與虛空間，兩種實體相擊觸，虛空不再虛空，那一刹，宇宙滿滿滿滿了，像一片滿滿水池。當然，比水感要硬得多，那是肉體碰肉體的感覺，硬度接觸硬度的感覺。一切是面對面。他想起一個法文字：vis——a——vis。那是絕好註解。它形容一種面對面的二人舞，他現在彷彿正在跳這種 vis——a——vis 式的舞蹈。／　漸漸的，他的思想又從現在格的肉體，回到「過去格」的精靈。他開始想起，廿年前出走前的歲月裡，出走後的那些「歸來」中，他曾在這個古舊空間登記過無數潛意識、思想、情緒、聲音、動作。此刻，他伸開兩手，一點抓不住、摸不到，但他卻可用記憶的手抓它們、摸它們。也許，正由於這些，古宅才叫他感覺複雜，記憶神祕。一個人，哪怕在某處活過一次，甚至只存在過一秒，他就算永遠活在那裡了。即算他離開了，他的許多潛意識與思想，也代替他的肉體，佔有那兒的空間，與後者的精靈溶成一片。

歷史的錶永遠滴滴嗒嗒響，這個古宅也有它的神祕滴嗒聲。宇宙本是一爿大鐘錶店，有各式各樣的鐘、錶，有公開放在玻璃櫥窗內的，有祕密藏在珍貴匣笥裡的。正由於它們，生命才像五味奧格巧克律，味道複雜。然而，自從生物學家永遠走出這個古宅後，它的那隻祕密的錶，將逐漸停擺，因為，它主要的輪軸斷齒了。

六

這個下午，印蒂斜躺在破舊藤圈椅上，不只看清楚飛簷、窗櫺、廊廡，和廊廡上剝落的紅柱、榱題、桁木、入臘紅、月月紅，以及院落裡的古槐、蟠桃、碧桃、骨裡紅、八月桂、石榴樹、藤蘿架、牆上的春藤，牆邊的玫瑰枝叢，也看清了枝叢中的人臉，那些影綽綽的臉，那些若有若無的臉、髮、眉、眼、鼻、嘴。這裡面，第一張就是趙媽那副皺紋編織成的黃蠟臉。

過去幾十年，他總覺得，這是一張最簡單的臉，比桌上一盒火柴、路上一塊石頭，還要簡單。任何思想——她自己的，她以外的，不需要扮演凌霄花，與她攀親結緣。她只是灶房的一部分，而後者又是天地間最最無聊的一部份。可是，現在，他覺得，這個結論只是一條不足月的瘦小黃瓜。火膛裡的火光不只叫飯香、水滾、茶綠、瓜熟，它另外還激盪且助長些什麼。人們形容一個人或一件事的毀滅，千言萬語，總是兩個字：「倒灶」。而趙媽——一個舉火者，整個幾十年生命，卻在「守灶」。

當然，他此刻還不能最醒覺的估計這份激盪，助長，這些柴紅、茶綠、飯香，瓜熟，但他已開始正式估計了。從這一刻起，過去和她糾結在一起的他那些感覺，已經變形了。

從前，他看她，只是雲裡霧裡，她似乎是一種空氣，灶房內的氣氛。沒有她，那片空間就不完整。現在，他漸漸看清她的實體。她和他一樣，有獨立的靈魂空間，一顆發火、發火、有星星、有月亮的靈魂，只是光色火色星色月色稍稍不同罷了。

假如他的世界是這個世界本體，她的世界就是這面積十五平方呎的灶房。她統治它，像奧古斯都統治羅馬。後者的武器是弓矢、長劍、盾牌，她的武器是鐵叉、火剪、廚刀、鏟子、刨子、錘子……。她的群眾是雞、鴨、貓、狗、老鼠、跳蚤、蚊子、蒼蠅。她的寶庫是碗櫃、鍋灶、案板、柴堆。從早到晚，她發號施令，儼然像個羅馬皇帝。她不只不許外人侵犯疆土，就連印太太的逾量指導，也引起她的惴惴，彷彿面臨羅馬帝國的末日。這一切，突出的表現在最近一個多月。因為她熬上半夜看護土人，印太太體貼她，找了個臨時工錢嫂來幫忙，這就使她感覺大禍臨頭，彷佛有人在篡位。不管夜裡怎樣辛苦，白天仍抽空死守灶房，寸步不離。儘管自己不一定動手，她的嘴巴卻沒個停，左一個御旨，右一個金牌，幾乎叫錢嫂跟著她團團轉，像貓逐尾巴。她的意思，是表示自己的存在，她在這個空間二十幾年來的總重量，以及她對它的實際統治權。她「霸」家，「霸」灶房。正像一條地頭蛇「霸」老土地。柴怎樣在太陽裡曬？怎樣在灶洞口烤？該怎樣劈？劈多大？松柴怎麼燒？麻栗怎麼燒？雜柴又怎麼燒？一頓飯燒幾塊柴？何時發火？何時熄火？飯快熟了，何時用悶火煨，既不焦，又省柴火？怎樣熄浮炭？怎樣不浪費？燒什麼食物用松柴？燒什麼菜用麻栗？燒什麼東西用浮炭？單燒柴一件事，假如她是孔夫人，就可以在六經外添一本柴經。此外，對雞、鴨、貓、狗、杯、盤、碗、筷，她可以寫一本雞經、鴨經、貓經、狗經、杯經、盤經、筷經。灶房內一桌一凳，一匙一碟，她全可以背誦出它們的歷史。幾隻乾隆年的藍花大磁碗，上面每一個花篆，每一個缺口，每一補釘，一個舊燗，她都記得有關的年月日、人地時。她全副心血奔瀉到這裡面，不啻一隻老熊與她的老洞窟打成血肉一片。假如人們要她在羅馬帝國與灶房間選擇一樣，她寧擇後者，唾棄前者。

這個望六十的老婦人，中年喪夫，留下個遺腹子。由於印修靜先生的成全，獨子念完小學，介紹到一個大茶葉店做店員，歷年省吃儉用，頗有點小積蓄，去年已訂下一房媳婦，明年就要「圓房」了。做人做到這種地步，她覺得已爬上珠穆朗瑪峰頂。這一切，她歸功於兩個人：釋迦牟尼和印修靜先生。她躊躇著，不知道究竟對哪一個欠情更多些。當然，那個尼泊爾人比生物學家個子高大得多，至少，廟裡那座金身塑像是這樣告訴她。

她的話語很多，其主要內涵分兩組，一組只有單純四個字：「阿彌陀佛」。她高興是一聲「阿彌陀佛」！痛苦也是一聲「阿彌陀佛」！她想起丈夫，是「阿彌陀佛」！她惦念兒子婚事，也是一聲「阿彌陀佛」！貓不咬老鼠，是一聲「阿彌陀佛」！雞跳上桌，也是一聲「阿彌陀佛」！今年蘿蔔沒有去年大，是一聲「阿彌陀佛」！今天青菜漲了一文錢，也是一聲「阿彌陀佛」！當灶房一切層次井然，她坐在一張跛腳椅子上曬太陽，一顆一顆的手數一串杏黃佛珠，口念「阿彌陀佛」時，那就是說，她的帝國風調雨順，天下太平——這是她一天中最悠閒的時候。另一組，就很複雜了，它們的對象，除印修靜夫婦和么虎外，大部分的聽眾，倒是雞、鴨、貓、狗，人們幾乎以為她精通雞語、鴨語、貓語、狗語。她與這些家禽談不夠，還常常和牆壁說話，和柴火交談，與鍋碗盤碟共語，好像通曉牆語、柴語、鍋語、碗語、碟語、盤語。當然，她是個偉大的語言學家。她不只精通各種動物語言、植物語言、家具語言，還諳習風語、雨語、霜語、雪語。比如：

『你個老不死的風！老颳！颳！颳！颳！颳得我一壺水要多燒三塊松柴！』

再不：

『你個倒灶的雨！下！下！下你個發昏！下得我梅乾菜也曬不成！沒有一塊乾柴好燒！』

這樣的女人，個子是小的，眼睛是小的，口袋是小的，願望是小的，欣賞的花朵是小的，但她的真正享受並不小。多少人咬爛千經萬卷，想往西天蓮花世界鑽，卻一根頭髮也鑽不進。

這個小女人卻一面打雞罵狗，一面卻裊裊祥雲，前一朵蓮花，後一朵蓮花，一步一蓮花，將來要直昇瑤池極樂天地。另一方面，她也算完成了奧古斯都大帝所沒有完成的偉大事業。

這一切，印蒂過去沒有看清，現在卻開始看清楚了，就「完成」說，這個女人比他自己一生所「完成」的，要多得多了。

他想，真妙！這古宅裡，五個人倒有五種信仰。父親是生物學教（或「達爾文教」），母親是基督教，趙媽是佛教，么虎是命運教，他自己是「題未定」教。這五種存在，各自不同，但又是地球大廈森林式的巨柱中的幾柱。而且，柱與柱的關係並不壞，很和諧。

為什麼過去他沒有看見灶房中這根巨柱呢？

不只她，就是那個老邁的園丁么虎，先前，他以前早端詳透徹了，此刻，仍覺那時雲霧中看花，霧自霧，花自花，眼自眼。因為，過去他太著重他象徵面，忽略他寫實面。抽象的與不抽象的不該兩撅，應該渾淪一體。以前，為了建立抽象，他才找不抽象做材料。現在，次序得顛倒一下。金字塔不該倒置，應該還原。這個還原工作，可能要花若干年，也許，永遠還原不成，然而，無論如何，他現在已開始看見他們原形的片段了。

印蒂想著，從廊廡盡頭籐圈椅裡站起來，向灶房走去。他常想，假如有一天，他能像一條老狗，冬季睡在灶膛火光邊，稻草堆中，那將是他最幸福的時辰，灶膛邊是一個可愛的角落。身子煨得熱熱的，如果再加一杯酒，那麼，任何皇冕全等於爛泥了。偏他沒有這福氣。

么虎和趙媽卻有。么虎那條花狗也有。這一會，她們正坐在灶膛旁邊，閒談著這座古宅最近發生的一切。一切的陰影，到了這個角落，也像灶膛火光一樣幻麗。

『少爺，您別發愁。老爺子一世修福修善，上了西天，我佛爺一定特別照顧他。來世投胎，他還是個大學教授。說不定，我佛爺還留下他做羅漢呢！』她抹了抹眼淚，唸了聲「阿彌陀佛」，把一塊胖胖松柴塞到灶膛中，手腳那麼仔細，就像塞一塊烤雞肉到自己嘴裡。『我在這裡幾十年，就從沒見他老人家發過脾氣，真是連螞蚱（指蚱蜢）見了他，也沒了性子，不會跳蹦了。』停了停，接著猛然一句：『嗯，就說是我趙媽說的：他上了西天，一定是個羅漢！』

『一切都是命！閻老五勾魂牌一下，插翅也難逃。咦，命！命！……我算什麼？不過一陣風，一陣雨，颳過、落過，就算，沒什麼！……哪一片葉子不落？哪一朵花不謝？哪一隻果子不摘？沒甚麼！落就落吧！摘就摘吧！為人不作虧心事，就行！』么虎也擦擦眼淚，嘆了口氣，絲絲絲吸起長長湘妃竹旱煙管，煙鍋裡火頭一燜一燜的。『日子真快呀！我親眼看見老爺子長大的。小時候，他就歡喜桃子。我總爬上樹，摘桃子給他吃，那時，他還沒桃樹一半高呢。想不到，現在，他倒跑在我前面，真爬上西天，吃王母娘娘蟠桃去了。……可我就老不死！……咳，咳，閻老五還批准我再灌二十年黃湯呢！（註二）』

趙媽用鐵叉子在灶膛裡摟了一陣，放下它，猛的撲一撲手，帶著淚水笑罵道：

『你個老不死的！閻老五還欠你二十年酒債呢！你不喝乾一條長江，才不肯走呢！』唸了聲佛，又撲了撲手。『還不是前世修得好，善有善報，今世遇見這個個好東家。……嗯，做人就是個「中」字。鼻子在臉中，手心在掌中，心（指指心口）也要在當中，一點歪不得。老佛爺不凡，就因為他老人家心最「中」。心一歪，非黑不可。一盞燈黑了，裡裡外外，漆黑一片，連面前大石頭也看不見了。……我們信佛念佛，就為了個「中」字，心一「中」，一切明明亮亮。……這大世界，哪裡不黑，只要我心口亮，就不怕黑了。』

么虎一面吸煙，一面拍拍身邊黑花狗。『你這說對了，為人就不能心黑。……我相信個命。可只要心正，就不怕命軟。……嗯，我就相信個命。命根硬是命，命根軟也是命。一切命定了，拴定了，改也改不了。……就比方這隻雞，現在那根拴著牠的草繩，就是牠的命。牠想咬，也咬不斷這命。好大的命。好小的雞。嘿！嘿！』

四隻眼睛，都隨園丁的雙睛，轉到灶房外小院裡。印蒂不能肯定，這是二十年前那隻啄食瘠蝨的小雞的第六代？還是第十六代？據說牠是一隻烏骨雞，連牠骨頭也透黑。趙媽很珍惜，說吃了最補人，下的蛋也補。一年中，也不大「懶孵」，一個月裡，起碼倒有二十個蛋。可是，最近一月，可能因為宅子裡忙了，牠突然學哥崙布，歡喜航行到大門外找新大陸了。門不能開，一開，牠就出去串門子，走親家。趙媽怕牠跑野了，走失了，今天便狠心用一根粗草繩把牠推牢，說雞記性頂差，拴七、八天，牠就忘記大門外的三親六眷了。然而，這隻烏骨雞，現在卻拚命啄食腿上草繩，顯然想粉碎奴隸鎖鏈。繩粗啄細，哪裡啄得斷？但牠並不灰心，仍在啄！啄！啄！園丁們笑的就是這個。印蒂想，連一隻雞也不甘心被囚，失去自由。——這幅圖景給他印象很深。

趙媽笑道：『雞有個繩子，人也有個繩子，這就是冤仇。只有修善，才能解冤消仇。要不，這根繩子永遠斷不了。』

么虎眨著眼睛道：『你說修善，卻把這個烏骨雞捆牢了，叫牠受罪，這就不是阿彌陀佛了。』

『我這是為牠好。走失了，牠自己吃苦頭。這繩子對牠是好的。』

么虎哈哈大笑起來。『為牠好？我看你是捨不得一個月二十個蛋，另外一沙鍋烏骨雞湯。哈！哈！哈！哈！』

『別胡說！我原是為老爺子養的，盼他老人家病人滋補滋補，偏他又不能吃。唉！……過兩天，我想給少爺殺了，好好燉一缽頭湯。這些年，可憐少爺在外頭，風裡雨裡，冷的熱的，哪吃得到什麼好東西？瘦成一條黃瓜似地，唉！』聲音低下來，又用手抹抹眼淚。『這年頭！……這些東洋人！……我看他們全是酆都城出來的。……看城門的把鎖丟失了，都讓他們跑出來了！阿彌陀佛！』

七

離開這座被姦淫的迦太基以前，他想對它作最後一次巡禮。

在他生命中，永遠有那麼多「最後一次」，這是一個悲劇。人們還活著，走著，卻睜著最後的眼睛，思想著最後的思想，走著最後的走，活著最後的活。常常的，一些最初的與最後的聯繫著，糾纏著；舉起一杯茶，人們會想，這可能是最後一次啜飲碧綠了。面對太陽，卻想，這可能是最後一次太陽紅了，彷彿一覺醒來，第二天，東方會滾著一團黑太陽，或灰太陽。對於他，在這個時代，「最後」是太多太多了，歷史好像不是從幾萬萬年前肇始，而是從幾萬萬年後開始。

但這個瘋狂的大城，當真是他記憶中「最後一次」魔影。要不，它可能是人類歷史上最後一次黑暗記憶。再不，它將把人類拖入永恆的最後深淵。

到處是叢苑，巖影，洞窟，蠍子巢，野狼腳印，猩猩影子。到處是古代刀齒虎，非洲獅子，印度豹子，百腳大蜈蚣。到處漲滿黑暗，魔氣，鬼魅，魍魎。你是男人，將被殺死。你是女人，將被姦死。你是狗，將被吃掉。你是牛，將被剝皮。你是樹，將被拔掉。你是房子，將被火燒。你是瓦片，將被砸碎。你是石頭，將被拋擲。你是花，將被搓碎。你是書，將被撕裂。你是街，將被炸坍。你走，是犯罪；你不走，也是犯罪。你開口，是犯罪；你閉口，也是犯罪。你哭，是犯罪；你笑，也是犯罪。你望，是犯罪；你閉眼，也是犯罪。你坐，是犯罪；你睡，也是犯罪。不管你是生命中哪一種形態，不管你做生命中哪一種動作，你的命運都一樣。除非你自己也變狼、變虎、變獅、變蛇，把你每一滴血，全變成毒汁。

在這裡，連空氣也犯罪，毒蛇們便把它染成一片毒花花的。

武士們拿刺刀測驗一個人心臟的溫度，是極平常事。他們拿鎗刺逼一對善良兄妹當眾表演「人騎人」，不希罕。瘋癲式的殺戮與荒淫，這結果，鐵路上招考女警，便只有土娼應徵。還不到黃昏，許多店家，紛紛上排門。夜晚，「人」全躲藏起來。於是，這個大城的舞台扮演者和觀眾，永遠是野獸與野獸。

這個被佔領的迦太基，是一場「人性的黑暗」大展覽會，每一幅恐怖的畫，全赤裸出：人，這個動物，經過五千年精緻的打扮與典雅的鍛鍊，在他骨髓裡，究竟還存有多少滴野獸的血？在他眼裡，究竟還有多少個蠻狪的凝視？在他手裡，究竟還有多少把石鏟？石斧？石刀？石鏃？……

城外，靠長江邊的許多大街，被一場火浴衝洗盡淨，連每塊石頭都被剝得光光。數不清有多長的無情鐵絲網，圍繞這死亡了的荒場，又把它改造成專門製造新的死亡的軍用操場。人不能想像，在這片鐵絲網內，曾活蹦活跳過多少顆優美的靈魂，熱烈的心。

城內，到處氾濫陰氣、黑氣。每一座房子，像在辦喪事。每一條街像在大出殯。越是紅燈綠火，大豔大紫，越燃燒出一片邪惡。島國人都是羅爾派畫家，把一些最燦爛的彩色，令魔術式的改造得獰一片、惡一片、醜一片、怪一片，叫正直的人不敢睜開眼睛。夫子廟依舊琴簫管笛，迴旋的小喇叭，纏綿的弦子，但印蒂卻發現：彈奏的人沒有頭，只有一雙手在動；跳舞的人沒有顱頂，只有一雙腳在動；唱的人沒有眼睛，沒有耳朵，沒有腦殼，只有一張嘴在動。在最豔麗的花朵燈光邊，盡是一些無頭的人在活動，沒有頭，每個人便裝上一隻頭顱代用品，一個圓圓的賽璐珞球，日本本島工廠出品。

他走著，走著，走著，走著。走了不知多少時候，終於，他突然吃了一驚——他看見一座崩潰了的古老建築。不，這是一個崩潰了的空間。

一切又回到二十年前，他看見他的生命起點：從這裡，他邁出第一步，向宇宙深處踏出的第一步。正是從這座老舊宅子的最後一個房間，他開始一生的流浪。

師範學校時代，這是他的獨居房間所在地。二十年前，那個落雨黃昏，他替他那隻黃油布行李捲扣緊最後一個繩結，又用鑰匙鎖好那隻黑牛皮箱的白銅洋鎖，在那個美麗天真女孩子（後來竟變成他的熱烈情婦）的抖顫燭光下，他堅定的走入昏暗的雨霧中，從此，再沒有回過頭。現在——

可以說，他是被一陣陣神祕磁力牽引來的，為了找尋一個東西，一個日日夜夜包圍他、衝擊他，卻又抓不住摸不到的東西。這是一面神祕的網，他在這裡面已掙扎二十年了，將繼續掙扎二十年、四十年。現在，他打算回頭望望，當初他是怎樣陷入網罟的。也許，這要從母親子宮內算起，但有意識的掙扎，卻開始於這裡，他腳下所站的空間。

這是他的起點。

經過二十年奔走追逐後，他又回到原點。

令他震驚的是：當年逼他燃燒起火焰的一切，不再存在了。他被它們燒起來了，直燒到現在，但引火者呢？誘火體呢？

這座古舊宅子，當年直是個迷宮，從大門到後門，就不知經過多少穿堂、天井（註四），與客廳。真怪，一個古老宅子會有那麼多天井，建築者彷彿特意準備好許多天地，讓每戶一口天，每人一口天。他在住在最後一進最後一間，因為愛它的清靜。即使有那麼多天，那麼多井，前面許多進的人家，日常戰爭依然不停，永遠爆發數不清的糾纏、口舌。他這一間，是唯一的烽火外的空間。此刻，迷宮簡單了，各式各樣糾纏與口舌也永遠死去了，整個建築是一座被砍伐光了的森林，樹葉樹枝樹幹都沒有了，只剩下一些枯根，標明這裡好歹總算有過樹。

那許多穿堂、客廳、廂房、正屋，全被摘去天靈蓋，變成一口口天井，連柱子、板壁、地板、欄杆、窗子，也拆個淨光。間或有一半間破跛爛爛的，只有半個屋頂，大約是乞丐和難民之類曾住在裡面。現在看不見一個人，他們全出去了。從大門到後門，就一直在露天下走，承受著足夠的雲彩與光影，一片灰溜溜的天。他那間斗室，也變成天井，只剩下兩堵頹牆，地上一塊木頭也沒有。

一個聲音在他心裡響，反抗的響：『人真是一個奇異動物。人不是一種只能住房子的動物，也是一種能吃房子的動物。白蟻只能吃柱子、椽頭、木片，人卻還能吃磚頭、瓦片、石頭。一座古色古香的宅第，被吃成一片荒場。』

人能吃房子，也是他此次歸來所獲得的珍貴經驗之一。他親自看見許多房子，只剩下四堵頹圮泥牆，一片荒場，連一塊木頭磚瓦都不剩，不像火燒的，大也不會把磚頭燒成空氣，一點痕跡不留。後來問母親，才知道是人們「吃」掉了。戰爭最混亂時，主人逃難，空房子便被地頭蛇和流氓們搬拆一空，搬得真徹底，除了爛泥，什麼全搬走，而且，搬得可怕的快。人們花好幾個月，才建好一幢房子，幾晝夜間，都被搬個乾淨，真像天方夜譚上那段神話。手是那麼多，數不清的手來搬，從天上掉下來的手，從地底伸出來的，無窮無盡的手，手，手……

他坐在一塊污濁柱石上，凝望身前身後陰影：雲彩的陰影，頹牆的陰影，牆與牆之間的陰影，以及牆外園子裡僅有的一棵殘梅。他不禁發癡了。

這就是他偉大起點，一個崩潰了的空間！一個崩潰了的時間！一個崩潰了的建築！

這就是生命？為了它，他從生命走入生命，更深更深的生命——永恆的生命開展？

二十年來流浪，他並沒有抓住真正終點，此刻，卻抓住真正起點——這個世界所能給他的，永遠只是個起點。永遠開始，卻沒有終結。

從這裡邁出的第一步，到現在歸來，二十年從牆外溜過去了。今天，這裡卻沒有窗子，沒有遮蓋，一切崩潰了，只剩一片廢墟。二十年是一片廢墟。時間本身也變成一片廢墟。永遠是廢墟！廢墟！廢墟！

牆外園子裡僅有一棵殘梅，還能開花麼？

他沉思。深深深深的沉思著。

這個下午，他不知道怎麼過去的，他只有一個感覺：這片偉大天地，從沒有這樣寂寞過。這種寂寞，既非空虛，也不是現場充實，它是介於虛與實之間的另一種感覺。感覺並不渺小，也不「個人」，卻很偉大，很「天地」。好像是喜馬拉雅山無邊雪峰，到處是顏色，卻又沒有一種真顏色；到處是光，卻又沒有一條溫暖的真光。又好像是大海，到處是水，卻沒有一滴能解除他的渴望。他應該離去麼？但他肉體還坐著。他應該坐著麼？但這裡卻沒有一個空間邀請他坐。二十年前，在這裡，一張漆得紅紅的紅木椅子，一隻潔白的床，都在邀請他坐下，現在——

他開始意識到時間。他似乎從未比現在更接近它。它簡直是個肉體，他可以呼吸它的氣味、芳香，摸到它的柔滑。不過，這一切只是一剎那事。以後，它又像海潮，慢慢從他感覺沙灘上退去、消失。當他感覺到這個又鮮豔又苦痛的肉體，打算擁抱它時，它卻輕輕閃避開了。只在你不著急時，它蜻蜓點水式的、偶然掠過你，你一轉念，它又消失了。其實，就當他和它蜻蜓點水式的接觸時，那並不是他們結合的開始，卻是時間對他的最後告別式。它隱隱啟示他：他的時間支票上的存款，快透支空了，它這才露出真形，給他警告。這是一片消逝——一陣迷惘。只有當它快沒有時，它才真存在，因為，它的肉體本是一片空無。

他坐著，一手支頤，深深沉思。思想是一尾鯨魚，吸乾他所有記憶碎片。他沉思著，沉思著，似扮演北極海豹，要沉入一座黑暗的北極大洋。那裡，沒有白晝，沒有光，永遠是黑色午夜。他是一艘破冰船，在破碎冰塊間漂著、漂著。漸漸的，他開始感到經驗星球的極限。一切最無限的，現在化成有限。一切最幻變的，現在凝定。一切最無邊的，現在有邊。這灰天，這暗澹，這圮牆，這斷柱，這陰影，這殘梅，這潮濕的大地，一切是凝定的，有限，有邊。他可以用手摸到它們，抓住它們。

但他當真要抓住什麼時，一切又沒有了。在他面前，除了一堆崩潰，什麼也沒有。他只能坐在崩潰中沉思。

記憶是什麼呢？一張白紙？一顆孔雀翎眼？一片朱古律色海水？一隻巫覡的果子？一條沒有聲音的魚？一個化學愛情？一峰聳立的輪廓？一片漲裂的苦汁？一些病態的紅色？黃色？紫色？綠色？……？他只清楚一件事：二十年是沒有了。不折不扣的沒有了。多微妙啊！一剎那，彷彿感覺到時間肉體的凸與凹，方與圓，熱與冷，不，簡直聽得到摸得到抓得到這二十年。然而，正因為它真正沒有了，他才能抓到了。但這一抓，也只是一種「能」，有「能」無處施的「能」。因為，即使他能抓得到，但它們已沒有了，只有抓的主人，沒有抓的對象了。從前，它沒有失去時，從不逃避他的抓摸，他卻無「能」抓摸，因為，他心頭並沒有建立時間實感，像天堂沒有簪掛起銀河。此時，銀河要簪掛了，卻沒有天空。一切多陰險多奇妙啊！

他搖搖晃晃站起來。他在崩潰的陰影裡走著。他不知道自己應該往那裡去。他只知道一件事：他的腳步必須繼續留印跡在泥土上，在大地上。

註一：「樓搜」蘇北土語，意即找麻煩。
註二：「黃湯」指黃酒。
註三：「人騎人」指性交。
註四：江南有些地方所謂「天井」，指院落。